JN300179

# 刑事訴訟法

橋本 雄太郎 編著

平山 真理　内藤 大海　辻本 典央
公文 孝佳　伊藤 睦

# 入門

Introduction to the Criminal Procedure

八千代出版

## 執筆者紹介（執筆順）

| | | |
|---|---|---|
| 橋本雄太郎 | 杏林大学教授 | 第1章・第2章・第3章・第25章・第26章 |
| 平山真理 | 白鷗大学准教授 | 第4章・第5章・第6章 |
| 内藤大海 | 国士舘大学准教授 | 第7章・第8章・第9章・第10章・第11章 |
| 辻本典央 | 近畿大学准教授 | 第12章・第13章・第14章・第22章・第23章・第24章 |
| 公文孝佳 | 神奈川大学准教授 | 第15章・第16章・第17章 |
| 伊藤睦 | 三重大学准教授 | 第18章・第19章・第20章・第21章 |

# はしがき

　現行刑事訴訟法が1948（昭和23）年に制定・公布されてから約60年経過したところで、刑事司法改革が実施され、裁判員制度導入、犯罪被害者に配慮した法整備など、これまでの刑事訴訟に関する基本的な考え方にも触れる一大変革が行われました。他方、法律を学ぶ学部生の質の変化も認められるようになっていることに加え、ロー・スクールにおける未修者への対応など、講義を受ける側の視点に立った入門書、概説書の必要性も高まってきました。こうしたことを踏まえて、本書は、刑事訴訟法をはじめて学ぶ学生のためのホーンブックとして企図され刊行したものです。本のタイトルを「入門」としたのも、そのことを示すためでもあります。執筆者は、各大学で刑事訴訟法を担当している新進気鋭の若手の研究者で、「入門書」と名乗りながらも、最新の研究成果を踏まえた記述となっています。しかも、本書は、分担部分について執筆したものを寄せ集めしただけのものではなく、校正段階において執筆者間で互いの執筆部分についてメール等で指摘し合いながら作成しています。これは当初の打ち合わせ時には話し合われていなかった動きで、編集者としては、「よい本に仕上げたい」という熱き心を持った執筆者たちの行動に戸惑いつつも、ありがたく、それに従って作業を進めてきました。したがって、本書は、単独執筆の本に近い仕上がりになっているものと自負しています。

　本書の刊行にあたっては、八千代出版の大野俊郎氏と岩谷美紀氏に大変お世話になりました。とくに、大野氏には、いつもながら、本書の企画・編集・校正に至るまで、編集者をうまくリードしながら、完成に導いていただきました。大野氏、岩谷氏はじめ八千代出版の方々に厚く御礼申し上げる次第です。

橋本雄太郎

# 目　次

はしがき　i
凡　例　vii

## 第1章　刑事訴訟法とは ──────────────── 1
1　意　義　1
2　わが国における刑事訴訟法の歴史　2
3　法　源　4
4　適　用　5

## 第2章　刑事訴訟の基本原理 ─────────────── 7
1　刑事訴訟法の目的　7
2　実体的真実主義　7
3　適正手続（デュー・プロセス〔due process〕）の保障　8
4　実体的真実主義と適正手続の保障　9
5　弾劾主義訴訟構造　9
6　当事者主義　10
7　職権主義　10
8　迅速な裁判　11
9　「疑わしきは被告人の利益に」の原則　12

## 第3章　刑事手続の流れ ──────────────── 15
1　捜　査　15
2　公訴提起　19
3　公　判　20
4　日本的特色　22

## 第4章　刑事手続の担い手Ⅰ ────────────── 23
1　裁判所　23
2　裁判官　24
3　裁判官の任用　25
4　合議体と単独体（1人制）　25
5　裁判所の管轄　26
6　公平な裁判所　27

## 第 5 章　刑事手続の担い手Ⅱ ——————————— 29
1　警　　察　29
2　検 察 官　30
3　弁 護 人　32

## 第 6 章　犯罪被害者の地位・配慮 ——————————— 39
1　「事件の当事者」でありながら「刑事訴訟における当事者」ではない被害者　39
2　わが刑事国の刑事手続における被害者への配慮の芽生え　39
3　犯罪被害者基本法の成立——より細やかな被害者配慮　45
4　被害者参加制度　46

## 第 7 章　捜査手続Ⅰ ——————————— 51
1　捜査の意義　51
2　捜査の構造　51
3　捜査手続における諸原則　52
4　任意捜査と強制捜査　55

## 第 8 章　捜査手続Ⅱ ——————————— 61
1　捜査の端緒　61
2　職務質問　64
3　自動車検問　68
4　被疑者の取調べ　70

## 第 9 章　捜査手続Ⅲ ——————————— 71
1　強制捜査とは——概説　71
2　逮　　捕　71
3　勾　　留　77
4　逮捕・勾留に対するコントロール　79

## 第 10 章　捜査手続Ⅳ ——————————— 83
1　捜索・差押え　83
2　検証・鑑定　88
3　令状主義の例外——逮捕に伴う捜索・差押え、検証、鑑定　90

## 第11章　捜査手続Ⅴ ―――――――――――――― 93

1　捜査の限界――科学的捜査手法　93
2　違法捜査に対する救済　97
3　捜査の終結　98

## 第12章　被疑者の地位・防御活動 ――――――――― 101

1　被疑者の地位　101
2　捜査段階における弁護人の援助　103
3　被疑者の防御活動　107

## 第13章　公訴提起手続 ―――――――――――――― 111

1　検察官の訴追裁量とそのコントロール　111
2　公訴提起の手続　117
3　訴訟条件　119

## 第14章　訴因と公訴事実 ――――――――――――― 123

1　刑事訴訟の審判対象　123
2　訴因の変更　126

## 第15章　公訴提起の効果と公判準備 ―――――――― 133

1　被疑者から被告人へ　133
2　公判準備――公判前整理手続・証拠開示を中心に　136

## 第16章　公判手続の諸原則 ―――――――――――― 147

1　公判手続全体に関する原理　147
2　事実認定・証拠調べに関する原理　149
3　訴訟指揮権と法廷警察権　153

## 第17章　公判手続の実際 ――――――――――――― 155

1　概　観　155
2　証拠調手続　156
3　最終手続　166
4　簡易な手続　167

## 第18章　証拠法総論 ―――――――――― 171
1　証拠裁判主義　171
2　自由心証主義　172
3　証拠能力総論　173

## 第19章　自　　白 ―――――――――――― 177
1　自白とは何か　177
2　自白法則　178
3　自白の証明力　181
4　共犯者の自白　185

## 第20章　伝聞法則 ―――――――――――― 189
1　伝聞法則とは何か　189
2　伝聞と非伝聞　190
3　伝聞の例外　194

## 第21章　違法収集証拠 ―――――――――― 205
1　排除法則の根拠　205
2　証拠排除の基準　206
3　派生的証拠　208

## 第22章　裁　　判 ―――――――――――― 211
1　裁判の意義　211
2　裁判の効力　215
3　一事不再理原則　217

## 第23章　上　　訴 ―――――――――――― 221
1　上訴総論　221
2　各種の上訴　227

## 第24章　非常救済手続 ―――――――――― 231
1　非常救済手続の意義　231
2　再　　審　231
3　非常上告　236

## 第25章　裁判の執行 —————————————239
　　1　裁判の執行　239
　　2　付随手続　241

## 第26章　非行少年の処遇 —————————————243
　　1　少年非行の概念　243
　　2　家庭裁判所送致までの非行少年の処理手続　245
　　3　家庭裁判所における処遇決定手続　246

資　　料　249
索　　引　253

# 凡　例

1　法令の略称など

　法令名は以下の略称によることとし、略称例のないものはフルネームを用いた。条文の引用につき、カッコ内の同一法令条文番号はナカグロ（・）で、異なる条文の番号は読点（、）で区切った。また、とくに条文名を記していないものは刑事訴訟法を指す。

【法令名略称】

| | |
|---|---|
| 憲 | 日本国憲法 |
| 刑 | 刑法 |
| 警職 | 警察官職務執行法 |
| 刑訴 | 刑事訴訟法 |
| 刑訴規 | 刑事訴訟規則 |
| 刑訴費 | 刑事訴訟費用等に関する法律 |
| 刑補 | 刑事補償法 |
| 刑事収容 | 刑事収容施設及び被収容者等の処遇に関する法律 |
| 検察 | 検察庁法 |
| 検審 | 検察審査会法 |
| 裁 | 裁判所法 |
| 裁判員 | 裁判員の参加する刑事裁判に関する法律 |
| 少 | 少年法 |
| 総法 | 総合法律支援法 |
| 道交 | 道路交通法 |
| 通信傍受 | 犯罪捜査のための通信傍受に関する法律 |
| 犯罪被害保護 | 犯罪被害者等の保護を図るための刑事手続に付随する措置に関する法律 |
| 弁護 | 弁護士法 |
| 民訴 | 民事訴訟法 |
| 労調 | 労働関係調整法 |

2　判例の略称など

　判例の略記は慣例に従い以下のように表示する。なお、掲出の判例集・法律雑誌の略称一覧は別記する。

　　例）最高裁判所大法廷判決昭和27年3月5日最高裁判所刑事判例集

6巻3号351頁　⇒　最大判昭27・3・5刑集6巻3号351頁

【判例引用の略称】

| | |
|---|---|
| 大判 | 大審院判決 |
| 最大判（決） | 最高裁判所大法廷判決（決定） |
| 最判（決） | 最高裁判所小法廷判決（決定） |
| 高判（決） | 高等裁判所判決（決定） |
| 地判（決） | 地方裁判所判決（決定） |
| 簡判 | 簡易裁判所判決 |
| 支判 | 高等裁判所・地方裁判所支部判決 |

【判例集・法律雑誌略称】

| | |
|---|---|
| 下刑 | 下級裁判所刑事裁判例集 |
| 刑月 | 刑事裁判月報 |
| 刑集 | 最高裁判所刑事判例集 |
| 高刑 | 高等裁判所刑事判例集 |
| 裁時 | 裁判所時報 |
| 裁判集刑 | 最高裁判所裁判集刑事 |
| 判時 | 判例時報 |
| 判タ | 判例タイムズ |
| 民集 | 最高裁判所民事判例集 |

# 第 1 章

# 刑事訴訟法とは

## 1 意 義

　刑事訴訟法とは、刑法をはじめとする刑罰法規を実現するための手続を定めた法律のことをいう。あるいは、すでに発生した犯罪事実を明らかにし、刑罰権の具体的な実現をするための手続に関する法律のことを刑事訴訟法という。
　すなわち、刑法をはじめとする刑罰法規は、あくまで刑事訴訟法に規定されている手続によらなければ、犯罪が発生しても真相究明もできなければ、犯人を処罰することもできず、その目的を達成することはできないのである。それゆえ、「手続なければ刑罰なし」と標語されているのである。刑法は刑事訴訟法あってのものと言い得る。
　刑事訴訟法は、「訴訟法」と名乗りながらも、本来の訴訟手続である「公判手続」だけではなく、「捜査手続」についても規定している。それは、発生した犯罪事実を的確・適正に明らかにしていくためである。さらに、刑の「執行手続」も規定されており、刑事手続に関する全手続が刑事訴訟法には規定されている。したがって、「刑事訴訟法」という名称より、「刑事手続法」という名称の方が、法律の規定内容を的確に表現した名称と言い得、最近では、そうした名称を付した刑事訴訟法の教科書も散見される。
　同じ訴訟法でも、民事訴訟法は、民法をはじめとする民事法規を実現するための手続を定めた法律のことをいう。すなわち、私法上の権利の存否を確定するための手続に関する法律のことをいう。もっとも、民事紛争を解決す

るためには、裁判手続はもとより、必ずしも民事訴訟法によることを要せず、当事者の話し合いによる解決も可能である。なぜなら、契約をめぐるトラブル等の民事紛争においては、私的自治の原則が支配しているからである。これに対し、犯罪を原因として事案の真相を解明する刑事事件においては、最終的には国家刑罰権の発動を促すものであるうえに、真相究明＝真実発見と被疑者・被告人等の個人の人権を保障することが要請されているので、必ず刑事訴訟法という法律の規定に従って事件を解決することが求められているのである。憲法31条の適正手続の保障に関する条項は、そのことを謳っている。

## 2 わが国における刑事訴訟法の歴史

　刑事訴訟法においても、他の法律分野同様、大陸法系と英米法系の2つの法体系の相違がみられる。しかし、明治期以前においては、これら西洋法の影響はなかった。上代において盟神探湯（くがたち）という神託裁判の形で行われていたことが知られているが、8世紀に入ると中国の唐代に確立された律令の法体系（いわゆる唐律）が大宝律令（701年）として継受され、律令体制が定着し、現在の刑法と刑事訴訟法にあたる「律」によって刑事手続は実施された。しかし、その後律令体制は衰退し、次第に武家法制が発達した。

　明治維新により新政府は、律令制の復活を図り、刑事法規として制定された新律綱領（1870年〔明治3年〕）は明律・清律を範とするものであった。しかし、不平等条約解消のためには西洋流の刑法・刑事訴訟法の制定が喫緊の課題とされ、フランスからお雇い外国人ボアソナードを招き、フランス刑事訴訟法を範とする「治罪法」を1880年（明治13年）に制定・公布し、1882年（明治15年）から施行した（同時に刑法も制定・公布、施行された）。わが国にはじめて導入された西洋流の大陸法系の近代刑事訴訟法典である治罪法は、陪審制度は排除したものの、検察官制度をとり、附帯私訴が認められていた。第1審裁判所は、刑法における犯罪分類に応じて違警罪裁判所、軽罪裁

判所、重罪裁判所に分かれ、重罪については予審が必要とされた。この治罪法の制定により、わが国においても近代的な西洋流の刑事裁判制度が取り入れられることになった。しかし、治罪法制定後10年ほどで、近代刑事訴訟法としては2代目の「刑事訴訟法」が誕生した（1890年〔明治23年〕）。この制定は、大日本帝国憲法と裁判所構成法の制定（1889年〔明治22年〕）に伴い、必要な改正を施したものであった。ただ、憲法と裁判所構成法がドイツ法の影響を受けたもので、その後、1880年（明治13年）にフランスの刑法典を範として制定された「刑法」（いわゆる旧刑法）を改正し1907年（明治40年）に制定された「刑法」（現行刑法）もドイツ刑法の強い影響のものであったことから、刑事訴訟法についてもドイツ法化した法典の制定が求められることになり、1922年（大正11年）に、ドイツの刑事訴訟法の考え方を取り入れた3代目の「刑事訴訟法」が制定された（施行は1924年〔大正13年〕）。この刑事訴訟のことを、現行刑事訴訟法と区別して表現する場合に、「大正刑訴」あるいは「旧刑訴」と呼称している。この刑事訴訟法の特色は、強制処分の規制の強化、不告不理の徹底、弁護制度の拡充など、当時の自由主義的な色彩のみられるものであった。

　第2次世界大戦後、アメリカ法の強い影響のもとに、日本国憲法が制定・公布（1946年〔昭和21年〕）、施行（1947年〔昭和22年〕）されたのに伴って、大陸法系、とくにドイツ法の影響を強く受けた刑事訴訟法は、根本的な改正を求められた。しかし、憲法の施行に改正が間に合わなかったので、とりあえず「日本国憲法の施行に伴う刑事訴訟法の応急措置に関する法律」（いわゆる刑訴応急措置法）を制定（1947年〔昭和22年〕）して、最小限憲法の要請に適合するようにしながら、連合国総司令部（GHQ）の指導のもとで、刑事訴訟法の抜本的な改正作業を進めた。そして、第4代目となる現行の刑事訴訟法が1948年（昭和23年）制定・公布され、翌年から実施されることになった。主な改正点をあげれば、強制処分における令状主義の徹底、勾留理由開示制度の新設、準起訴手続・検察審査会制度の導入、起訴状一本主義の徹底、訴因制度の導入、伝聞法則の採用、自白規制の厳格化などであり、人権保障、当

事者主義訴訟構造などを考慮したものといい得る。なお、日本国憲法においては、全条文103カ条中、第31条ないし40条の10カ条も主として刑事手続に関する比較的詳細な規定が置かれており、憲法制定にあたって、刑事手続に相当配慮されていたのかをうかがい知ることができる。ちなみに、大日本帝国憲法において、刑事手続関連条文は3カ条しかなかった。現行刑事訴訟法は、占領終了後、1953年（昭和28年）に中規模な改正がなされた以外は、小さな改正はあったものの、実質的な改正を行われないまま今日に至っている。なお、裁判員制度は、2004年（平成16年）制定された「裁判員の参加する刑事裁判に関する法律」により2009年（平成21年）から実施されている。

このように、わが国の刑事訴訟法の歴史は、明治期以降、中国法、フランス法、ドイツ法、アメリカ法の各々の刑事訴訟法の影響を順次受けながら、発展してきているのである。

## 3 法　　源

刑事手続に関する最も包括的で基本的な、主要な法源は、刑事訴訟法（昭和23年法律131号）である。刑事訴訟法の上位規範である日本国憲法には、上述のように刑事手続に関する最も基本的な基準となる規定が、31条ないし40条、82条等置かれており、それらが刑事手続に関する法規の法源になることもある。そして、憲法のこれらの規定が下位法である刑事訴訟法によって具体化されていることから、刑事訴訟法は「応用憲法」と称されることもある。また、補充的包括的な法源として、憲法77条の規定を受け裁判所の規則制定権に基づいてつくられた刑事訴訟規則（昭和23年最高裁規則32号）がある。

さらに実質的意義における刑事訴訟法の主な法源となるのは、裁判所法（昭和22年法律59号）、検察庁法（昭和22年法律61号）、検察審査会法（昭和23年法律147号）、警察法（昭和29年法律162号）、警察官職務執行法（昭和23年法律

136号)、弁護士法（昭和24年法律61号)、少年法（昭和23年法律168号)、刑事補償法（昭和25年法律1号)、刑事訴訟費用等に関する法律（昭和46年法律41号)、国際捜査共助法（昭和55年法律69号)、法廷等の秩序維持に関する法律（昭和27年286号)、刑事確定訴訟記録法（昭和62年法律64号)、犯罪捜査のための通信傍受に関する法律（平成11年137号)、犯罪被害者等の権利利益の保護をはかるための刑事手続に付随する措置に関する法律（平成12年法律75条)、裁判員の参加する刑事裁判に関する法律（平成16年法律63号）等である。

## 4 適　　　用

　刑事訴訟法の場所適用範囲は、わが国の裁判所が審判する刑事事件に対して適用される。もっとも、犯罪のボーダレス化が進み、国外における捜査活

---

**コラム　刑事訴訟法の学び方**

　訴訟法あるいは手続法というものは、刑事訴訟法に限らず、民事訴訟法や民事執行法、民事保全法も含めて、実体法に比較すると、総じて分かりにくく、勉強しにくい科目とされている。それは、ビジュアル的にとらえにくいからであるように思われる。とくに、刑事訴訟法の条文構成は、総論と各論に分かれているうえに、例えば、捜査に関しては、「第1審」について規定している第2編の中の第1章に置かれており、さらに、222条には捜査手続に関して総論部分にあたる99条以下の条文を準用する規定が置かれていて、条文を手繰るだけでも分かりにくく厄介な構造になっている。当然、こうした条文構成に至ったのには歴史的背景が存在するが、現行法を理解するうえでは、むしろ学習の妨げになる。そこで、1970年代以降刊行された刑事訴訟法の概説書、教科書等は、理解しやすいように手続の流れに沿って記述されるようになっている。刑事訴訟法を迅速的確に理解するためには、まず、手続の流れを掴むことが必須であり、そのためには日々報道されている刑事事件や刑事裁判や日常体験した職務質問など身近な問題をフローチャートにあてはめるなどして、できる限り手続を具体的、ビジュアル的にとらえるようにすることが肝心である。したがって、本書においても、第3章を、まずお読みいただくことを薦める。

動も必要になってきており、この点は今後の検討課題となっている。

　人的適用範囲については、法律として国内で効力を持つので、日本国領土内に現在するすべての者に適用される。ただし、わが国の裁判権の及ばない者（例えば、天皇、外国のわが国駐在大使など）に対しては、強制処分等に関する規定の適用はない。

　時間的適用範囲については、刑事訴訟法には、刑法のように事後法の禁止がないから、新法を遡って適用することも不可能ではないばかりか、むしろ新法の方が旧法よりすぐれたものと考えられるから、遡及して適用するのが原則ということにもなる。しかし、すでに行われた行為の効力を否定すると、無用な混乱が生じるおそれがある。そこで、通常、施行法で、その時間的な適用範囲が定められる。例えば、1953年（昭和28年）の改正のときには、「新法は、新法施行前に生じた事項にも適用する」としながら、「但し、旧法によって生じた効力を妨げない」という規定が置かれた（昭和28年法律172号の改正の際の附則3項）。

【参考文献】
澤登佳人・澤登俊雄『刑事訴訟法史』風媒社、1968年
「特集『刑事訴訟法50年』」『ジュリスト』1148号、1999年

# 第2章

# 刑事訴訟の基本原理

## 1　刑事訴訟法の目的

　刑事訴訟法1条は「この法律は、刑事事件につき、公共の福祉の維持と個人の基本的人権の保障を全うしつつ、事案の真相を明らかにし、刑罰法令を適正且つ迅速に適用実現することを目的とする」と規定している。すなわち、刑事訴訟法は、①基本的人権の保障（適正手続の保障）と事案の真相を明らかにすること（実体的真実主義）、および、②刑罰法令を適正に実現することを目的として謳っている。そして、一般に、刑事訴訟法が手続法であることから、刑事訴訟における正義の問題である、主として①が刑事訴訟法の目的として取り上げられてきた。まず、実体的真実主義（真相究明）について考察する。

## 2　実体的真実主義

　刑事訴訟は事案の解決を図るための訴訟手続であり、当然のことながら、まず、事案の真相を明らかにしなければならない。的確な誤りのない事実認定が、有罪無罪の判断、量刑事情の判断の基礎になり、それが刑事手続の目標であることは疑いない。この真実に基づいて刑事事件を解決するという指導原理のことを実体的真実主義という。しかし、刑事事件においては、多くの場合加害者と被害者のみが犯罪現場に臨場しており、事件を取り調べる司法警察職員や検察官はもちろん、弁護人も、そして最終的な判断を下すこと

になる裁判官も、対象となる事件そのものを体験しておらず、いわば「神のみぞ知る事実」について判断を下さなければならないのである。したがって、ここでいう「真実」というのは「絶対的真実」を問うことは不可能であり、あくまで刑事訴訟法等に基づいて刑事手続上認定できた、誰もが合理的な疑いを入れる余地のない「事実」にすぎないということに注意しておくことが必要である。ただし、両当事者が主張している事実のみを原則として判断対象にする民事訴訟における形式的真実主義とは異なり、刑罰権を行使することになるので、刑事訴訟における真実は、捜査手続や公判手続を通して探知し得た可能な限り真相に近い事実である。もっとも、その真相究明過程では、様々な個人の権利との抵触する場面が少なからず存在する。

　この実体的真実主義には、犯罪は必ず発見して処罰しなければならないという積極的実体的真実主義と、罪のない者を処罰してはならないという消極的実体的真実主義の2つが存在する。積極的実体的真実主義を貫き、犯人必罰主義という方針をとると、真実発見のため、捜査が過酷になり被疑者の人権を侵害するおそれや、裁判官が真相究明のために積極的に行動に出るあまり争点に巻き込まれてしまって誤判のおそれも生じる。したがって、刑事訴訟法の目的として人権保障原理を実体的真実主義と並んであげていることからも、この両者の調和・両立することが求められており、消極的実体的真実主義の考え方が、現行刑事訴訟法上要請されている原理と理解することができる。

## 3　適正手続（デュー・プロセス〔due process〕）の保障

　基本的人権の保障は現行憲法の重要な柱の1つである。刑事手続においても憲法13条以下に規定する基本的人権は尊重されなければならない。とくに、刑事手続においては、逮捕勾留、捜索押収といった強制的に個人の自由やプライバシーを侵害する行為を用いらざるを得ないので、人権保障には十分配慮しなければならない。現行憲法は31条ないし40条に刑事手続に関する比較的詳細な規定を置いている。この憲法の規定を参照すると、人権保障

の内容にも積極的なものと消極的なものとがあることが理解できる。すなわち、憲法33条・35条で規定している令状主義、38条で規定している自己負罪拒否特権などは、被疑者・被告人は例外的に一定の要件のもとに強制処分を受け入れなければならないが、不当な侵害は受けないように配慮されており、消極的な人権保障の規定ということができる。他方、憲法37条2項の証人審問権、34条の弁護人依頼権などの規定は、自己の刑事手続に参加し、自己の主張をするための権利であり、積極的な人権保障の規定ということができる。

## 4　実体的真実主義と適正手続の保障

　実体的真実主義と適正手続の保障とが両立しながら手続が進行することが理想であり、刑事訴訟法1条に規定している内容である。しかし、両者が対立・矛盾する場合も存在する。すなわち、真実発見のために人権が侵害される場合、人権保障のために真実発見が妨げられる場合など、積極的真実主義と適正手続の保障とが衝突する場面も存在するのである。例えば、違法収集証拠の対象となる事案がそれにあたる。そのような場面においては、真実発見を優先させて考えるのか、人権侵害行為があれば折角明らかにされた真実を無視してよいのか、あるいはどの程度の人権侵害行為は許容されるのかが問われることになり、治安・社会情勢や個人の人権侵害等に配慮しながら現実的な解決を模索することになる（第21章参照）。

## 5　弾劾主義訴訟構造

　上述の刑事訴訟法の目的を達成するために刑事手続はどのような構造をとるべきなのか。歴史的にみると、神託裁判から出発した刑事手続は、訴追し裁きをする側と訴追され裁かれる側の二面構造、いわゆる糾問主義訴訟構造をとっていた。しかし、啓蒙主義思想によって市民革命が起こり、近代国家

が成立すると、人権保障の考え方が浸透し、刑事裁判手続においても、訴追する者と訴追される者と、その両者から独立した裁く者の、三面構造がとられるようになった。このような手続構造を弾劾主義と呼んでいる。現行刑事訴訟法も、検察官、被告人、裁判所という3つの訴訟主体による、弾劾主義訴訟構造を前提としている。それでは、この弾劾主義訴訟構造において、訴訟進行の責任を負うのは、検察官と被告人という当事者なのか、裁判所なのか。当事者が訴訟進行の責任を負うという考え方を当事者主義、裁判所が訴訟進行の責任を負うという考え方を職権主義と呼んでいる。一般に、積極的実体的真実主義と必罰主義を重視した場合には職権主義的色彩が強くなり、適正手続を重視すると当事者主義が相応しいと解されている。ただし、適正手続の重視、すなわち人権保障の強化は当事者主義の前提にはなるが、当事者主義そのものとは区別しておかなければならない。なぜなら、当事者主義とは当事者が手続追行の中核になることを意味する考え方であるからである。

## 6　当事者主義

　現行刑事訴訟法は当事者主義訴訟構造を採用し、訴追する者＝検察官と審判する者＝裁判所とを分離することを徹底した。刑事訴訟法256条6項の起訴状一本主義の採用はその典型である。これによって、検察官手持ち証拠は裁判所に引き継がれなくなり、裁判所は予断を持たず白紙の状態で公判に臨むことができるようになった。すなわち、捜査過程と公判過程とが明確に分離されることになった。また、刑事訴訟法248条は起訴便宜主義を採用し、起訴するか不起訴にするかの権限を検察官に委ねた。これも訴追する者と審判する者を分離するものである。

## 7　職権主義

　現行刑事訴訟法は当事者主義訴訟構造を原則として採用しているが、裁判

所に訴訟進行の主導権を与えたと考えられる条文も存在する。すなわち、裁判所の職権証拠調べ手続（298条2項）、訴因変更命令（312条2項）、訴訟指揮権（294条）などがそれにあたる。しかし、これらの職権主義的な規定は、あくまでも当事者主義を補正する例外的な規定と位置付けられなければならない。すなわち、職権主義的なあるいは職権進行主義的な規定が当事者主義訴訟構造を補っているのである。なぜなら、当事者主義といっても、両当事者である検察官と被告人とでは訴訟行為を行ううえで能力に大きな差があることは明白であり、当事者が対等であるためには、とくに被告人の攻撃防御能力が劣っている場合には、ある程度バランスを保てるように補っておかなければ、不公平な結論になってしまい、不利な判断を下されることになる当事者は到底納得できない。そこで、実質的に当事者対等を実現するために、被告人の防御能力不足を補うための裁判所による職権証拠調べの手続を認めているのである。したがって、こうした職権発動は当事者主義の考え方と矛盾するものではなく、むしろ当事者対等を実現するために必要なものということができる。この意味から、わが国の当事者主義訴訟構造は、実質的当事者対等主義訴訟構造ということができる。

## 8　迅速な裁判

　刑事訴訟にはいくつかの基本原理、基本原則が存在する。そのうち特定な手続にかかわるもの（例えば、起訴便宜主義、国家訴追主義、起訴独占主義、証拠裁判主義、自由心証主義、裁判の公開等）については関係箇所で触れることにする。本章では、刑事手続全体にわたるもののみを取り上げることにする。

　刑事手続全体にわたる刑事訴訟の目的あるいは目標として、「迅速な裁判」の要請がある。刑事訴訟法1条は、憲法37条1項の規定を受けて、適正手続の保障と実体的真実の発見という要請を満たしながら、手続が迅速に進められることを要求している。犯罪後相当な時間が経過して刑事手続を実施することは、的確に真実を発見する面からも、刑罰の意義を考えるうえか

らも、訴訟経済の見地から考えても、また被疑者・被告人の地位を長く継続することを考慮しても、望ましいことではない。とくに、裁判員裁判制度がはじまっている今日、裁判員のことを考慮すると、なおさら迅速性が要請されることになる。なお、「裁判の迅速化に関する法律」(平成15年法律107号)が制定され、第1審の訴訟手続については2年以内のできるだけ短い期間内に終局させることが目標とされた(同法2条1項)。プログラム規定にすぎないものの、裁判員裁判だけでなく、通常の刑事裁判手続においても、その趣旨は生かされなければならない。

あまりに遅延した長期にわたる裁判については、迅速な裁判の要請・実現のために、手続を打ち切ることも考えなければならない。しかし、裁判遅延を理由に手続の打ち切りを認める明文は存在しない。判例は、いわゆる「高田事件」判決(最大判昭47・12・20刑集26巻10号631頁)において、憲法37条1項は個々の刑事事件において審理を打ち切るという非常救済手段がとられることを認めており、諸般の事情を考慮して迅速な裁判の保障条項に反する事態に至っていると認められる場合には、免訴によって打ち切ることが相当であるとして、この事件については手続を打ち切っている。もっとも、その後迅速な裁判の保障条項に反するとして手続が打ち切られた例は存在しない。

## 9 「疑わしきは被告人の利益に」の原則

刑事訴訟では「疑わしきは被告人の利益に (in dubio pro reo)」という原則が妥当する。すなわち、被疑者・被告人は判決が確定するまでは、「無罪の推定」を受けるのである。そして、「疑わしきは被告人の利益に」という原則から、犯罪事実については、原則として検察官に挙証責任があることが導き出される(第17章参照)。さらに、この原則は再審手続においても妥当する(第24章参照)。

【参考文献】
鈴木茂嗣『刑事訴訟の基本構造』成文堂、1979年
田口守一『刑事訴訟の目的』成文堂、2007年

# 第3章

# 刑事手続の流れ

　手続法である刑事訴訟法を的確に理解するためには、刑事手続の流れを正確に把握することが必須である。そこで、本章では、チャート図に沿って、刑事手続の流れを概観する（図3-1）。

　刑事手続は、捜査段階と公判段階の2つに分けられる。

## 1　捜　　　査

　捜査の段階から考察する。さらに、この捜査段階も、第1次捜査機関としての警察の段階と、第2次捜査機関としての検察の段階の2つに分けられる。警察段階の捜査手続は、発生した犯罪を捜査機関である警察が認知したところからはじまる。警察の刑法犯認知件数は年間約270万件で、これに特別法犯と交通反則通告制度に基づく反則事件（一定期間内に所定の反則金を払うことにより罰金刑を科せられることがなくなる）を加えると、年間1100万件を超える（平成21年版犯罪白書による）。相当な件数である。しかし、この件数が犯罪発生件数のうちの氷山の一角であることは、例えば、身の回りで見聞きしている万引きや痴漢の実態、あるいは、自動車運転経験から容易に想像がつく。いわゆる暗数の存在である。すなわち、日常発生している刑罰に触れる行為のすべてが、捜査機関に届けられる、あるいは捜査機関に認知されるわけではない。したがって、刑事手続の対象となるのは、原則として捜査機関が認知した犯罪に限られ、それらのみが刑事手続の流れに沿って処理されることになる。

　捜査機関が認知する、すなわち、捜査の端緒となる行為には、どのような

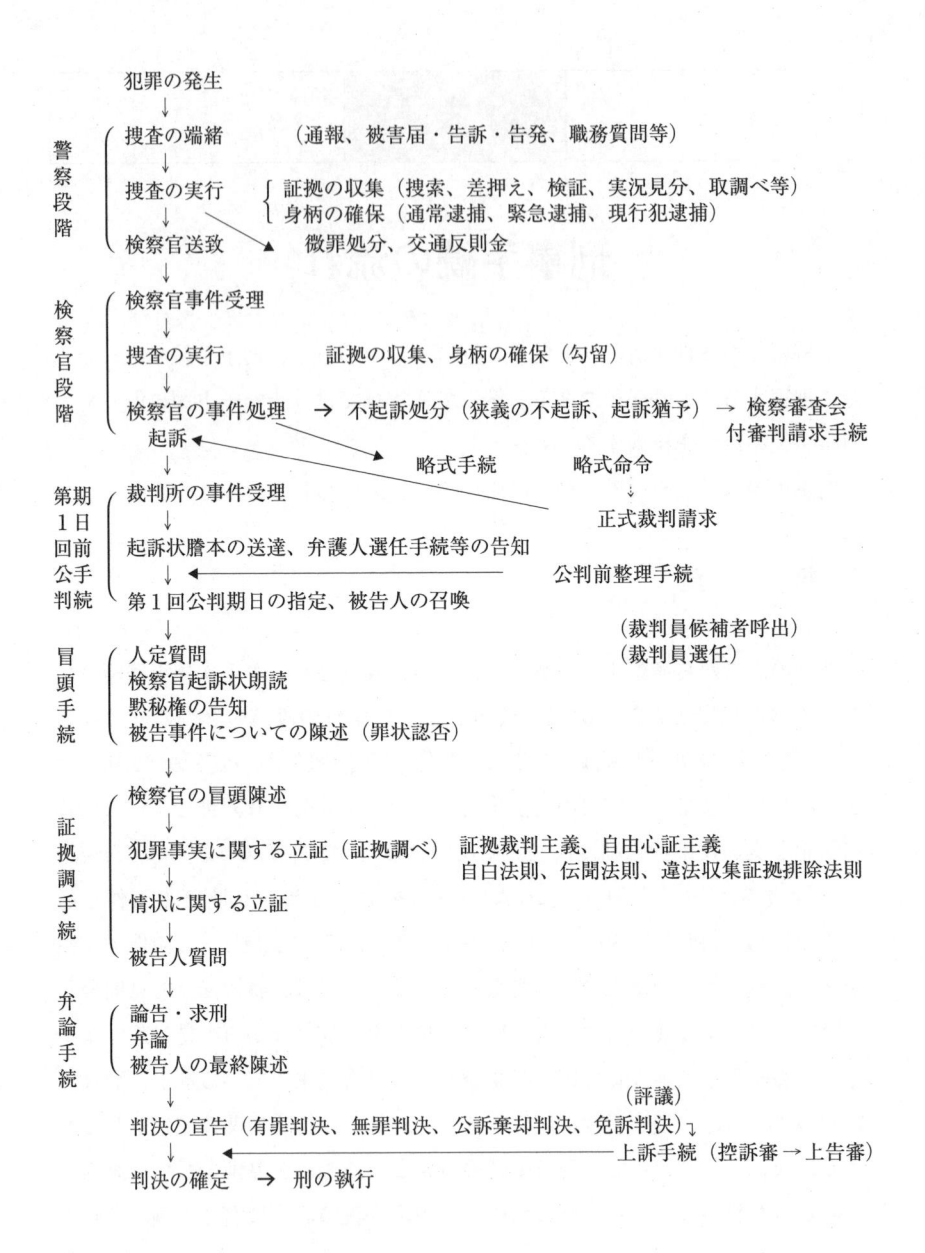

```
                犯罪の発生
                  ↓
警 ┌ 捜査の端緒      (通報、被害届・告訴・告発、職務質問等)
察 │   ↓
段 │ 捜査の実行   ┌ 証拠の収集(捜索、差押え、検証、実況見分、取調べ等)
階 │           └ 身柄の確保(通常逮捕、緊急逮捕、現行犯逮捕)
   │   ↓
   └ 検察官送致      微罪処分、交通反則金

検 ┌ 検察官事件受理
察 │   ↓
官 │ 捜査の実行      証拠の収集、身柄の確保(勾留)
段 │   ↓
階 │ 検察官の事件処理 → 不起訴処分(狭義の不起訴、起訴猶予) → 検察審査会
   │                                                     付審判請求手続
   └ 起訴 ←────────────┐
                        │
第 ┌ 裁判所の事件受理    │    略式手続    略式命令
期 │   ↓                │                  ↓
1 日│ 起訴状謄本の送達、弁護人選任手続等の告知  正式裁判請求
回前│   ↓         ←──────────────────
公手│ 第1回公判期日の指定、被告人の召喚      公判前整理手続
判続│
                                         (裁判員候補者呼出)
                                         (裁判員選任)
冒 ┌ 人定質問
頭 │ 検察官起訴状朗読
手 │ 黙秘権の告知
続 └ 被告事件についての陳述(罪状認否)
       ↓
証 ┌ 検察官の冒頭陳述
拠 │   ↓
調 │ 犯罪事実に関する立証(証拠調べ)   証拠裁判主義、自由心証主義
手 │   ↓                              自白法則、伝聞法則、違法収集証拠排除法則
続 │ 情状に関する立証
   │   ↓
   └ 被告人質問

弁 ┌ 論告・求刑
論 │ 弁論
手 └ 被告人の最終陳述
続    ↓
                                      (評議)
     判決の宣告(有罪判決、無罪判決、公訴棄却判決、免訴判決)┐
       ↓         ←───────────── 上訴手続(控訴審→上告審)
     判決の確定 → 刑の執行


非常救済手続(再審、非常上告)
```

図 3-1　刑事手続の流れ

ものがあるのか。捜査機関が犯罪を認知するケースとして最も多いものは、犯罪の被害者あるいは目撃者からの110番通報により、あるいは被害者あるいはその家族からの被害届や告訴、被害者あるいはその家族以外の第三者からの告発によるものである。その他、警察官が職務質問を実施した結果、犯罪が認知されることもある（被害届、告訴、告発の異同、および警察官の職務質問については、第8章参照）。このように捜査機関によって認知された犯罪行為について、捜査が開始されることになる。

　捜査とは、捜査機関が犯罪の発生を認知したときに、公訴の提起・遂行のため、犯人を発見・保全し、証拠を収集・確保する行為をいう。捜査は、その方法により、任意捜査と強制捜査に分けられ、任意捜査を原則とし、捜査される側の意思に反して実施される強制捜査は例外とされている。被疑者の取調べも、刑事訴訟法上は任意捜査と位置付けられている（なお、身柄拘束中の被疑者の取調べについては第8章参照）。なお、任意捜査と強制捜査との区分については第7章参照。

　強制捜査については、憲法33条および35条の規定により、逮捕令状、捜索令状等、裁判所の発する令状がなければ実行することができない（令状主義の原則）（任意捜査と強制捜査の概念については第7章参照）。例えば、身柄の確保のために行われる、逮捕というのは、被疑者の身体を拘束し、引き続き短時間身柄を拘束することであり、正当な理由なく行えば、刑法220条の逮捕監禁罪に該当することになる、人権侵害のおそれの強い行為である。したがって、逮捕には、通常逮捕、緊急逮捕、現行犯逮捕の3種類があるが、検挙人員中逮捕人員が占める割合は全体の4分の1にすぎない。4分の3の事件は、在宅のまま身柄不拘束の状況で捜査が実施されている。逮捕の種類の中では通常逮捕が全逮捕人員の半分を占め、現行犯逮捕が40％、緊急逮捕が10％の割合となっている。現行犯逮捕は、犯人であることが明白であり、逮捕の必要性が大きいことから、誰でも逮捕状なしに逮捕できる。通常逮捕は、検察官または警部以上の司法警察員の請求により、裁判官が、相当の嫌疑があり逮捕の必要性が認められるときに逮捕状が発せられ、被疑者に逮捕

状を示すことによって執行されるものである。緊急逮捕は、現行犯には該当しない事案で、逮捕状の発付を求める時間がない緊急の場合に、後で逮捕状の発付を求めることを条件として、まず被疑者を逮捕するものである。これらの逮捕によって、逮捕されたときから48時間身柄拘束を捜査機関は継続することができる。第1次捜査機関としての司法警察員が逮捕した場合には、司法警察員は逮捕時から48時間以内に、関係書類・証拠とともに身柄を検察官に送致するか、釈放しなければならない。検察官は司法警察員から送致された被疑者を受け取ったときから24時間以内に留置の必要がないときには釈放し、留置の必要があると考える場合には裁判官に勾留請求をし、あるいは公訴を提起しなければならない。したがって、1事件につき、逮捕行為に伴う身柄拘束時間は最大72時間ということになる。勾留には、起訴後被告人となった者の公判への出頭を確保し、証拠隠滅を防ぐために行われる「未決勾留」と、逮捕を前提として（逮捕前置主義）、逮捕に引き続いて被疑者に対して執行される勾留の2種類あり、刑罰としての「拘留」とも区別しておかなければならない。被疑者段階の勾留は原則として10日間認められ、1回のみ再勾留が認められるので、最大1事件につき20日間勾留することが可能である。勾留にあたっては、逮捕手続と異なり勾留質問が裁判官により直接被疑者に対して行われるほか、勾留理由開示請求することもできる。勾留期間が終了した時点で、検察官は起訴（公判請求、公訴提起）するか、略式手続によって処理することを請求するか、不起訴処分にするか、いずれかの事件処理を選択することになる。結局、身柄拘束事件の場合には、1事件につき、逮捕から勾留終了まで、最大23日間拘束されることになる。このように、被疑者の身柄拘束に関しては人権侵害のおそれがあることから、刑事訴訟法は時間的な制約を設けている。そこで、この時間的制約を掻い潜る方法として用いられる捜査側の手法の1つに「別件逮捕勾留」がある（詳細については第9章参照）。

　証拠の収集が強制処分として行われる場合、例えば、捜索・差押え、検証、通信傍受などの場合には、人の生活の平穏を犯すことになるので、裁判

官の発する令状がなければ行うことができない。また、押収したものについては、押収物品目録を作成し、交付するなどの事後的手続も刑事訴訟法に規定されており、できる限り的確適正に行われるような配慮が条文上もなされている。このようにして捜査は粛々として実施されるが、第1次捜査機関として警察が捜査した事件のうち、検察庁に送致される人員は年間170万人にすぎない。警察が受理した事件の多くが、警察段階で捜査を終結させているのが実態である。このように軽微な犯罪と警察段階でみなされて、検察官に送致しない手続を微罪処分と呼んでいる。一種の diversion である。

## 2 公訴提起

　検察官が受理した事件のうち捜査終結後の事件処理としては、通常の第1審公判請求する人員、すなわち起訴する人員は近年年間約12万人、略式手続による事件処理を請求する人員が約27万人、不起訴人員が約96万人である。不起訴には、犯罪の嫌疑が認められないあるいは不十分な場合、訴訟条件を欠く場合と、犯罪の嫌疑があり訴訟条件が備わっていても、犯人の性格、年齢、犯罪の軽重、情状、犯罪後の情況等により訴追を必要としないと検察官が判断した場合に起訴しない場合がある。このように検察官に起訴・不起訴についての裁量権を認める制度を起訴便宜主義という (248条)。そして、検察官がこのように諸事情を考慮して被疑者を起訴しない処理方法のことを起訴猶予 (処分) という。このように検察官に訴追裁量性を認めていることは、訴追を国家機関である検察官に限っている起訴独占主義とともに、わが国の刑事手続の特色の1つである (第13章参照)。これも一種の diversion である。そして、こうした制度を採用している関係から、起訴された事件の99％以上が有罪判決となっており、無駄のない訴追が行われている現状が刑事訴訟の日本的特色となっている。

　また、検察官が起訴するにあたり、起訴状には裁判官に事件について予断を生じさせるおそれのある書類その他の物を添付または引用してはならない

という予断排除の原則をとっており、起訴状のみを裁判所に提出することにしている制度を起訴状一本主義と呼んでいる（256条6項）。この制度より、捜査官の心証を裁判官が引き継ぐことがなくなり、裁判官は公判開始以降、事件について白紙状態から心証を形成することになり、捜査手続と公判手続が明確に分けられることになった。なお、2004年（平成16年）に刑事訴訟法の改正が行われ、第1回公判期日前に行われるものとして、公判前整理手続が新設された。さらに、裁判員裁判においては、裁判員の選任手続が第1回公判手続開始前に行われる（第15章参照）。

## 3 公　　判

通常の第1審公判手続は、第1回公判期日における冒頭手続からはじまる。この手続では、人定質問からはじまり、検察官起訴状朗読、黙秘権の告知、被告事件についての陳述（罪状認否）と続く。この手続終了後、証拠調手続に入る。

証拠調手続は、検察官の冒頭陳述からはじまる。この手続を通して、捜査手続によって解明された事件の全容、検察官手持ち証拠の内容および提出証拠、証人申請される人等が明らかになり、裁判所は以後の訴訟指揮の参考になり、被告人にとっては攻撃防御の対応方法を決めることができる（第17章参照）。もっとも、裁判員裁判をはじめとする公判前整理手続が実施される裁判においては、実質上、公判前整理手続の段階で、こうしたことが明らかにされるようになっている。この公判手続においては、証拠裁判主義（317条）、自由心証主義（318条）（第18章参照）、供述証拠に関する自白法則（319条）（第19章参照）および伝聞法則（320条ないし328条）（第20章参照）、違法収集証拠排除法則（第21章参照）などの原則が採用されている。そして、「疑わしきは被告人の利益に」の原則から、挙証責任は原則として検察官が負うことになっており、民事訴訟のように証明の分配等の問題は生じない。そして、裁判官は取調べられた証拠に基づいて、検察官の主張である起訴状記載

の訴因に該当する事実の存否を判断する。その際、証拠の証明力は裁判官の自由な判断に委ねられる。その唯一の例外は、本人の自白が唯一の証拠である場合に限られる。もちろん、この自由は合理的なものでなければならず、公判手続に関する規定や証拠能力に関する規定により事前の規制がなされている。裁判官が有罪の言渡しをするためには、合理的な疑いを超える程度の心証に達していなければならず、その程度に達しなければ、たとえ嫌疑が濃厚であったとしても、無罪の言渡しをしなければならない。

検察官による論告・求刑、被告人の最終弁論等により弁論手続は結審し、有罪無罪等の判決の宣告を行うことになる。なお、裁判確定人員のうち、有罪人員が近年53万人、無罪人員が80名程度となっており、起訴された事件の99％以上が有罪になっている（第22章参照）。

わが国の刑事裁判は三審制を採用しており、第1審に不服な当事者は、検察官も被告人も、上級審でさらに争うことも予定されている。その際、被告人が上訴することを躊躇させないために、不利益変更の禁止の原則が採用されている。なお、三審制をとっているといっても、まったく同じ内容の公判を3回繰り返すわけではなく、第2審である控訴審（必ず高等裁判所が審級管轄権を持つ）は、事後審査審の役割を担い、第3審である上告審（最高裁判所）は法律裁判所の性質を持つものとされ、控訴理由や上告理由も、そうした性質に対応したものになっている（第23章参照）。

ただし、人が神のみぞ知る事実を裁く以上、残念ながら誤判のおそれは存在しており、そのための制度として、非常救済手段として再審と非常上告の2つが制度として存在している。ただ、法的安定性を考慮すると、第4審とも受け取りかねない再審公判を安易に開くことはできず、再審は再審開始決定手続と再審公判手続の二段階構造になっている（第24章参照）。

非常救済手続は極めて例外的な手続であるが、三審制度に基づいて最高裁まで争った結果判決が確定した、あるいは下級審の判決結果に納得して訴訟係属が終了した、あるいは上訴取り下げによって訴訟係属が終了した場合にも判決は確定し、有罪の場合には、刑の執行手続に入る（第25章参照）。

## 4　日本的特色

　上述のようにわが国の刑事裁判手続は進行しているが、起訴された事件の99％以上が有罪判決という点が諸外国にはみられない際立った特色となっている。そうした数値になっている要因として、警察と検察官の2段階で捜査が徹底して行われ、十分な証拠固めをしたうえで、起訴便宜主義を採用していることもあり、確信が持てた事件のみが、また刑罰を科すに値する事件のみが公判請求されている現状があげられる。そして、自白事件が多数占め、被告人も事実認定に関して争う姿勢もみせず、捜査過程で作成された供述証拠が法廷に証拠として持ち出され、書証依存裁判の傾向がみられることも要因となっている。このような特色のことは「精密司法」と表現されており、無駄のない、精度の高い司法が行われていると評価されている。また、起訴便宜主義との関係から、有罪の心証を得ている事件しか起訴していないのではないかという見方から、公判が形骸化しており、実質的に検察官の訴追裁量によって刑事裁判が動かされているのではないかという視点から「検察官司法」と表現される場合もある。すなわち、こうした特色の背後には、適正手続の保障よりも真相究明に重点が置かれている傾向があるものと考えられる。アメリカのラフジャスティスといわれる、あっさり捜査・起訴して、公判でじっくり検討するやり方がよいのか、それでは無罪率が高くなり、訴訟の効率が悪いと考えるのか、精密司法と称されているやり方がよいのかは、さらに検討する余地があるように考える。

【参考文献】
田宮裕『刑事訴訟の理論と現実』岩波書店、2000年
平野龍一「現行刑事訴訟の診断」『団藤重光博士古稀祝賀論文集［第4巻］』有斐閣、1985年
松尾浩也「刑事訴訟の日本的特色」『曹時』46巻7号、1994年

# 第4章

# 刑事手続の担い手 I

## 1 裁判所

　すべて司法権は裁判所に属し（憲76条）、刑事手続においても裁判所の判断は様々な局面で求められる。

　ところで、「裁判所」とは大きく分けると、2つの意味において使われる。「訴訟法上の裁判所」と「国法上の裁判所」である。訴訟法上の裁判所とは、裁判官によって構成された裁判機関としての裁判所を指す。一方、「国法上の裁判所」とは、その裁判所に配属されている判事・判事補の集合体を指す。

　裁判所は最高裁判所と下級裁判所に分かれる。最高裁判所は大法廷（最高裁判所長官1人と最高裁判所判事の14人の合計15人）、3つの小法廷（5人構成）を有する。一方、下級裁判所は高等裁判所（札幌・仙台・東京・名古屋・大阪・高松・広島・福岡の8ヵ所）と地方裁判所と家庭裁判所（全国の都道府県庁所在地と、北海道だけは札幌以外に、函館・旭川・釧路の3ヵ所に置かれ、合計50ヵ所）と簡易裁判所（438ヵ所）で構成される。高等裁判所と地方裁判所、家庭裁判所にはそれぞれ支部が置かれている（高裁6・地裁・家

**最高裁判所大法廷**

裁各203)（以上、憲76条1項、裁2条1項・22条1項・31条1項・31条の5)。

## 2 裁 判 官

　裁判官は、官名として、最高裁判所長官、最高裁判所判事、高等裁判所長官、判事、判事補、簡易裁判所の6種類がある。裁判官の定員は、最高裁判所長官1人、最高裁判所判事14人、高等裁判所長官8人、判事1717人、判事補1020人、簡易裁判所判事806人である。裁判官の身分は憲法上保障されており、特段の事情がない限り、その10年の任期の途中で辞めさせられない（憲78条)。裁判官は良心に従い独立してその職権を行使する。裁判官は法廷では法服を着用する（ただし家裁における少年審判では通常着用しない)。法服は黒色であり、これは「何物にも染まらない」ということを意味し、公正・公平さの象徴としてとらえられる。

　裁判官の裁判官席は法壇と呼ばれ、法廷でやや高い場所に位置する。裁判官には法廷内の秩序を維持し、円滑に公判手続を進行させるための訴訟指揮権（刑訴294条）が与えられており、公判期日においては裁判長がこの訴訟指揮をとる。例えば訴訟関係人に対して釈明を求めたり、訴訟関係人の陳述が重複する場合などの制限などがあげられる。当事者はこれらの訴訟指揮を法令に違反していると考えれば、異議を申し立てることができる（刑訴309条)。

　また、2004年の刑訴法改正により、重複尋問に対する裁判官の訴訟指揮に検察官や弁護人が従わなかった場合は、裁判所は検察官を指揮監督する権限を有する者、弁護士については所属弁護士会または

**最高裁判所大ホールの
ブロンズ像「正義」**

日本弁護士連合会に通知して、適切な処置をとるべきことを請求できるようになった（刑訴294条4項）。これらの処置請求を受けた者は裁判所に対し、どのような処置をとったかを通知しなければならない（同条5項）。これらは裁判官による訴訟指揮の実効性を担保するものである。

また、裁判所は訴訟に対する妨害等を排除し、法廷内の秩序を維持する権限を有するが、これは法廷警察権と呼ばれる。公判廷では裁判長がこの権限を行使する。これは例えば退廷命令、発言禁止命令などをあげることができる。上述の訴訟指揮権との違いは、裁判そのものと関係がないことや、訴訟関係人以外の者（つまり傍聴人など）にも及ぶところにある。

## 3　裁判官の任用

判事は判事補、検事、弁護士等を10年以上経験した者から選ばれると定められるが（裁42条）、実際は判事補経験者が判事となるのがほとんどである。多様な経験を有した裁判官を確保し、裁判をより国民に近いものにするために「法曹一元制」（裁判官以外の法律家から裁判官を選ぶ）も提唱されており、実際に欧米諸国ではこれが主流である。しかしわが国では裁判官への任官を希望する弁護士が少ないなど、実現は困難なようである。2004年より「非常勤裁判官制度」（民事・家事調停官）の制度も採用されたが、弁護士が裁判官に任用されることはあまり多くない。「裁判をより国民に近いものに」というモットーは裁判員制度により実現されることがむしろ期待されているのかもしれない。

## 4　合議体と単独体（1人制）

裁判機関としての裁判所の構成は、1人制と合議制がある。1名の裁判官による場合を単独体、数名の裁判官による場合を合議体と呼ぶ。

簡易裁判所は1人制、高等裁判所（3人制）と最高裁判所（5人制）は合議

制である。地方裁判所では、1人制と3人制の両方が用いられる。地方裁判所の刑事事件で合議体で審理されるのは、①法定刑が死刑、無期または短期1年以上の懲役もしくは禁錮にあたる罪（裁26条）、②刑事訴訟法等において合議体で審議すべきものと定められた事件（刑訴23条2項・265条1項）、③合議体で審判する旨の決定を合議体でした事件（裁26条2項1号）に分かれる。①②を法定合議事件、③を裁定合議事件という。③については、どのような事案を合議とするかの基準はないが、複雑な法律問題を含む事件や社会的影響の大きい事件などが含まれることになる。

## 5　裁判所の管轄

　特定の裁判所が特定の事件について裁判をすることができる権限を管轄という。あらかじめ管轄が定められているのは、事件を各裁判所に適切に配分し、被告人の出廷や防御の準備の観点からもその利便性を図っているからである。管轄には、審級管轄（上述）と土地管轄、事物管轄がある。

　土地管轄とはつまり、区域によって振り分けられる第1審の管轄を指す。犯罪地または被告人の住所・居所・現在地を管轄区域とする裁判所が土地管轄を有することになる（刑訴2条1項、裁2条2項）。ここにいう、「犯罪地」とは当該犯罪の行為と結果の発生した土地をいう。また、被告人の「現在地」とは、起訴当時被告人が任意または適法な強制処分によって現在する地域をいう（最決昭32・4・30刑集11巻4号1502頁）。

　事物管轄とは、第1審裁判所として扱うことのできる事件についての限定である。地方裁判所は罰金以下の刑にあたる事件を除いたすべての事件の管轄を有する。ただし、高等裁判所が専属的な管轄権を持つ事件（内乱罪）についてはここから除かれる（裁16条）。

　また、簡易裁判所は(a)罰金以下の罪にあたる事件、(b)選択刑として罰金が定められている罪、(c)常習賭博罪・賭博場開帳罪、窃盗罪・同未遂罪、横領罪、盗品等に関する罪について管轄権を有する（裁33条）。簡易裁

判所は原則として禁錮3年を超える刑を科すことができない。

以上のように、管轄については法律で定められているが（法定管轄）、裁判の便宜上や被告人の防御の利益をはかる観点から、この法定管轄は一定の範囲内で修正されることがある。

例えば①「一人が数罪を犯したとき」、②「数人が共に同一又は別個の罪を犯したとき」、③「数人が共謀して各別に罪を犯したとき」（刑訴9条①）などの関連事件については、併合管轄や審判の分離、併合が認められる（刑訴3〜8条）。

また、管轄区域が明らかでないときや法律上または特段の事情等により管轄裁判所が裁判権を行うことができない場合などは、その事件について管轄権を有しない裁判所がその事件限りの管轄を裁判で定めることもできる（裁定管轄）。

検察官は公訴提起をする際には、第1審として事物管轄と土地管轄を有する裁判所に対して行わなければならない。

## 6　公平な裁判所

憲法37条1項は、被告人が公平な裁判所の迅速な公開裁判を受ける権利を保障している。

ところで、公平な裁判所による裁判を被告人が受ける権利の保障を具体化するための制度としては次にあげるものがある。

まず、除斥である。裁判官自身が担当する具体的事件の利害関係者であるなどの理由で公平な裁判ができないおそれがある場合や、前に同じ事件の裁判に関与するなどして、すでにその事件について一定の判断を生じさせているおそれのある場合、その裁判官は当然にその職務から除かれることになる（刑訴20条）。担当する裁判官が除斥事由があることを認めなければ、裁判所は職権で除斥の決定をする（刑訴規12条1項）。

次に、忌避である。これは、除斥の事由がある場合またはその他不公平な

裁判をするおそれがある場合に、当事者の申立てにより裁判官を職務の執行から除外するものである（刑訴21条1項）。事件について請求または陳述をした後では、不公平な裁判をするおそれがあるという理由で裁判官を忌避することはできない（刑訴22条）。裁判官の訴訟指揮に対する不服や訴訟遅延の目的の忌避申立ては認められない（刑訴21～25条）。

　また、自分に忌避する理由があると思う裁判官が自ら進んで裁判所に申し立て、その決定により職務から除かれる、回避という制度もある（刑訴規13条）。

　除斥原因があるか、もしくは忌避申立てが認められた裁判官が判決にまで関与した場合は、絶対的控訴理由にあてはまり（刑訴377条②）、その判決は破棄される。

【参考文献】
池田修・前田雅英『刑事訴訟法講義』（第3版）東京大学出版会、2010年
椎橋隆幸編『プライマリー刑事訴訟法』（第2版）不磨書房、2008年
椎橋隆幸編『ブリッジブック刑事裁判法』信山社、2007年
田中開・寺崎嘉博・長沼範良『刑事訴訟法』（第3版）有斐閣アルマ、2008年
三井誠・酒巻匡『入門 刑事手続法』（第5版）有斐閣、2010年

# 第 5 章

# 刑事手続の担い手 II

## 1 警　　察

　警察官とは、警察庁および都道府県警察の職員のうち、警察法に基づき警察官の名称を有する者をいう。

　警察官の階級は、警視総監、警視監、警視長、警視正、警視、警部、警部補、巡査部長および巡査である（警察法 33 条・55 条・62 条）。巡査部長と巡査との間に巡査長という階級が存在しているが、これは警察内部的な階級で、法律上規定されている階級ではない。

　わが国の刑事訴訟法においては捜査機関は①司法警察職員、②検察官、③検察事務官とされており（刑訴 189 条）、また第 1 次的捜査機関は司法警察職員である（刑訴 191 条 1 項）。

　司法警察職員とはつまり、警察官のことを指すが、これは司法警察員と司法巡査に分かれる（刑訴 39 条 3 項）。司法警察職員というのは警察法上の職名ではないが、刑事訴訟法上、捜査にかかわる警察官のことを指す呼称であり（刑訴 189 条 1 項）、これは司法警察員と司法巡査に分かれる（刑訴 39 条 3 項）。司法警察員とは階級でいうと巡査部長以上を指し、司法巡査は巡査（巡査長を含む）があたる。

　司法警察員と司法巡査においては細かな権限の違いがある。

　また、司法警察職員は一般司法警察職員と特別司法警察職員に分かれる。一般司法警察職員とは、警察庁と各都道府県警の警察官である。

　一方、特別司法警察職員とは、その職務上の特殊知識を活用し、特別の事

項について捜査の職務を行う行政庁の職員を指す。具体的には、海上保安官、麻薬取締官などがあげられる。

## 2 検 察 官

　検察官の行う事務を統括する場所は検察庁と呼ばれる。検察庁は、最高検察庁、高等検察庁、地方検察庁、区検察庁がある。

　また、検察官の官名は、検事総長、次席検事、検事長、検事、副検事となっている。検察官は各自が独立して検察権を行使する1つの行政庁であり、外部に対しては独立性を有しているが、内部的には検察官は検事総長をトップとする組織体の一員である。検察権の行使の統一性を保つことが要求されるのである。これを検察官の同一体の原則という。

　検察庁は行政機関であるので、その最高の長は法務大臣であり、各検察官に対し指揮命令を発揮することができる。ところが、検察庁法はその14条で、法務大臣は検察官の事務に関し、検察官を一般に指揮監督することができるが、個々の事件の取調べまたは処分については検事総長を通じてのみ指揮することができる、と定めている。このように、法務大臣の指揮権は個々の事件については検事総長を通じてのみ行われる。法務大臣の指揮権は検察官の捜査、訴追に係る絶大な権限行使に対する民主的コントロールとしてとらえることも可能である。

**検察官の果たす様々な役割**

　検察官は必要と認めるときは、自ら捜査をすることができ、第2次的捜査機関として位置付けられる（刑訴191条1項）。実際は検察官の数が少ないこともあり、独自捜査はごく一部である。これらには特殊な政治事件や細かい法律知識などを要する経済事件などがあげられよう。東京・大阪・名古屋の地方検察庁には、検察が独自に捜査を行う特別捜査部（いわゆる特捜部）があり、これらの事件に関する告訴・告発を直接に受理している。

また、検察官は警察に対し、一定の軽微な事件について警察限りの処分を許可する微罪処分についても指定することができる（刑訴246条但書）。

　検察官の有する何より大きな権限は公訴の提起にかかわるものである。わが国においては起訴の権限は検察官のみに属し（刑訴247条）（検察官起訴専権主義）、また起訴猶予にするか否かの大きな裁量も有する（刑訴248条）。ところで、読者はわが国では起訴された事件の何パーセントが有罪となっているかご存じであろうか。実にその有罪率は約99.8％である。ここから判断すると、検察官の起訴・不起訴の判断は裁判官による判決という、事件についての最終判断と非常に近いとも評価できる（検察官の裁判官的機能）。

　2008年12月より導入されている被害者参加制度（第6章参照）のもとでは、公判における被害者参加人と検察官の位置付けをどう考えるべきかも重要な問題となっている。

　また、検察官は公判においては当事者の一方として、公判で証拠を提出し、事実・法律につき意見を述べ、被告人（と弁護人）と対峙する（検察官の当事者的機能）。検察官は公判においては公益を代表し、裁判所に法の正当な適用を請求し、また、確定した刑の執行を監督する（検察官の行政官的機能）。

　ところで、検察官は単に被告人の有罪を請求するだけでなく、法の公正な適用と正義の実現に努めるべきであり、これを検察官の客観義務という。

　検察官は以上のように、様々な役割を刑事手続において担っていることが分かる。また、検察官が公益の代表者として位置付けられること（検察4条）、検察官は裁判官と同じく身分が保障される（同法25条）ことから、検察官は準司法官的な性格を有しているといえる。

　検察官と司法警察職員（後述）は互いに協力して捜査を行うが、お互いは独立した捜査機関である。しかしながら、検察官はその管轄区域により、司法警察職員に対して一般的指示をすることができる。この指示は、検察官が公訴を遂行するうえで捜査を適正化するための一般的準則を定めることによって行われる（刑訴193条1項）。

　また、検察官は、自ら捜査を行う場合には、その管轄区域により、司法警

察職員に対し、具体的事件の捜査について協力を求めるため必要な一般的指揮をすることができる（同条2項）。

　一方、検察官が第1次的な捜査機関となって捜査を行うときは、特定の司法警察職員を指揮して捜査の補助をさせることができ、これは具体的指揮と呼ばれる（同条3項）。司法警察職員は検察官によるこれらの指揮に従う義務があり、従わなければ懲戒や罷免されることもある（同条4項・194条）。

　ところで、検察官起訴専権主義の例外として、検察審査会による2度目の起訴議決による強制起訴（第13章参照）、また公務員の職権乱用等の罪に限ってではあるが裁判所により審判に付する決定がなされた場合（付審判制度）がある。

　また、検察権は検察官により主体的に行われるが、検察官を補佐する検察事務官の役割も重要である。検察事務官は検察官の補助者として捜査をする（刑訴191条2項）。また、区検察庁においては、検察官の職権を行使できる（検察36条）。これを検察官事務取扱検察事務官という。

## 3　弁　護　人

　弁護士は、基本的人権を擁護し、社会正義を実現することを使命とする（弁護1条1項）。被疑者・被告人は法律や刑事手続についての知識を十分に有していないことがほとんどである。この意味でも被疑者・被告人は捜査機関と比して絶対的な弱者ということになるが、その正当な権利を擁護するために弁護人は重要な役割を果たす。当事者主義（第2章参照）を実質的に保障するために弁護人からの援助は不可欠なものとなる。弁護人は当然ながら事件についての真相の解明のための「真実義務」も負うが、被疑者・被告人に対する「誠実義務」を負い、その不利益となる行動をとってはならない。このことは例えば、弁護人が「被告人は有罪である」との心証を得た場合に、その心証に沿った弁護活動をすべきか、それとも被告人の無罪を主張すべきか、という難しい問題を投げかける。弁護人は被告人の「正当な」権利を保

護する必要はあるが、社会「正義」の縛りをまったく受けないというわけではない。

ところで、弁護人は弁護士の中から選任される（刑訴31条1項）。弁護人という呼び方は刑事手続に特有のものである（民事事件では当事者を代理して活動する弁護士を「訴訟代理人」とか「代理人」と呼ばれる）。

例外として、地方裁判所、簡易裁判所においては裁判所の許可を得て、弁護士でない者を弁護人に選任することもでき、これは特別弁護人制度と呼ばれるが、これが認められるのは被告人段階のみである。私選弁護人として受任する場合は、着手金と報酬金が支払われる。着手金は裁判がどのような結果になったとしても着任時に支払われる。一方報酬金は、事件の結果（起訴・不起訴、裁判の結果いかんにかかわらず）に応じて支払われる。

ところでこの報酬金は2003年に弁護士法が一部改正されたことで、弁護士と依頼者が自由に決めてよいことになった。また、弁護士業務についての広告も自由化されることとなった。

一方、国選弁護人として事件を受任する場合にはその報酬は裁判所の定めるところにより支払われる。国選弁護人制度の拡充や裁判員制度の導入などにより、国選弁護人の負担は大きくなっており、これらの報酬には細かな定めがある。

## I　当番弁護士制度

以上のように、被疑者には弁護人選任権が認められているとしても、知り合いに弁護士がいない国民は多いであろう。弁護人選任をスムーズに行うための努力は各弁護士会により行われてきた。弁護士会は弁護士を弁護人推薦名簿に登録し、これらの弁護士を当番表によって当番日に割り当て、被疑者やその家族等から連絡があった場合に、その日担当となる弁護士（当番弁護士）が警察所等に出向いて被疑者と面会し、助言や援助を行えるようにしている。これを当番弁護士制度といい、1990年に大分と福岡の弁護士会が開始し、1992年からは全国の弁護士会で行われている。当番弁護士制度のも

とでは、初回の接見は無料となり、被疑者がその当番弁護士を弁護人として選任したいと考えれば、弁護人として受任することになる。

## Ⅱ 国選弁護人

被疑者・被告人にとって弁護人による助言や援助を受けることが重要なのは当然である。被告人が自ら弁護人を依頼することができないときは国でこれを付するものとされている（憲37③）。これを国選弁護という。経済的理由などで被告人が弁護人を選任できない場合でも弁護人依頼権（第12章参照）を実質的に保障するためである。

ところでこの国選弁護制度は従来、被告人にしか認められず、被疑者には国選弁護人選任請求権はない、と理解されてきた。しかし防御の必要性は捜査段階においても当然ながら高く、とくに身柄拘束されている被疑者に対しては国選弁護人請求権を認めるべきであると主張されることが多かった。このような要請に応える形で、2004年の刑訴法改正によって限定はあるものの被疑者段階にも国選弁護制度が拡充され、国選弁護人一般についてもその選任に関する手続が改正された。以下説明する。

1）国選弁護制度の拡充

被疑者国選弁護制度の拡充は、それを担当し得る人的体制と並行して行われる必要がある。したがってこの拡充は2段階に分けられて段階的に推進された。

当初はまず、2006年11月より、死刑または無期もしくは短期1年以上の懲役もしくは禁錮にあたる事件（殺人、放火、強盗、強姦等の重大な刑事事件）を対象として、被疑者に対する国選弁護人請求権が付与された（刑訴37条の2）。

続いて2009年5月より、その対象を長期3年を超える懲役・禁錮にあたる罪（必要的弁護事件）にまで拡大した。これにより、犯罪の認知件数のうち半分以上を占める窃盗が対象になったことは必要とされる国選弁護人の数に大きな影響を与えている。今後とくに弁護士の少ない司法過疎地域などにおいても全国的に均等で質の高い国選弁護制度の実現が求められることにな

る。

2) 被疑者に対する国選弁護人選任の要件・手続

　上述の対象事件について勾留状が発せられている被疑者、または対象事件について勾留を請求された被疑者は、貧困その他の事由により弁護人を選任できないときは裁判官に対して国選弁護人を付すよう請求することができる。これを請求による選任と呼ぶ。

　国選弁護人の請求をするためには資力申告書を提出しなければならないが、この資力はの基準額は政令で定められる（現在は預貯金等を合わせて50万円に満たない者）（⇒被害者参加人に対する国選弁護制度では、150万円に満たない者が対象となる）。

　この請求を受けた裁判官は、選任の要件が認められれば、当該被疑者に対し国選弁護人に付さなければならない。選任の時期が被疑者が勾留されてから（刑訴37条の2①）とされているのは、逮捕中の被疑者には請求権を認めるほど手続上の時間的余裕がないことが大きな理由であると思われるが、逮捕直後から国選弁護人の請求権を認めるべきであるという強い主張もある。

　また、国選弁護人の選任請求権があっても、精神上の障害その他の事由により弁護人を必要とするかどうかを判断することが困難である疑いがある被疑者について必要があると認めるときは職権で弁護人を付することができる（刑訴37条の4）。これを職権による選任と呼ぶ。

3) 国選弁護制度を担う法テラス

　2004年5月に成立した「総合法律支援法」のもとで遂行される様々な法律支援を担う機関として「日本司法支援センター（通称法テラス）」（総法13条）が設立されたが、この法テラスがその業務の1つとして、国選弁護人となろうとする弁護士（国選弁護人契約弁護士）の候補の指名および通知を行うこととされた（総法30条1項3号）。

　ところで、死刑または無期もしくは長期3年を超える懲役・禁錮にあたる事件を審理する場合は、弁護人がいなければ開廷することができない（刑訴289条1項）。これらを必要的弁護事件という。このような事件において被告

> **コラム** **刑事弁護人の被害者対応**
>
> 　弁護人は被疑者・被告人の権利を擁護することが求められる。一方、一定の重大な事件を対象に適用される「裁判員制度」や「被害者参加制度」においては、これまでにはなかった新たな「眼」が刑事裁判に加わることになったが、弁護人にとっても新たな役割を求められている、といえるのではないだろうか。その中でも重要と思われるのは弁護人の被害者対応である。わが国の刑事裁判は対審構造をとり、弁護人は被告人の主張を代弁する中で、被害者の証言に反論したり、その心情を害さざるを得ない場面が出てくることは回避できない。しかしながら、被害者参加制度と裁判員制度の両制度が適用される刑事裁判においては、弁護人がどのように被害者に接するかは、裁判員が被告人の反省の度合いについて抱く心証に影響を及ぼし得ることが予想される。
>
> 　このような視点に応え得るものとして、アメリカの公選弁護士事務所において採用されている、「弁護人からの被害者への働きかけ（Defense Initiated Victim Outreach、以下 DIVO）」がある。DIVO では、弁護人が被害者リエゾン（弁護人と被害者の間の橋渡し役となる）を介して被害者とコミュニケーションをとり、被告人の権利に抵触しない範囲で、被害者への情報提供や配慮を行うのである。DIVO のような試みは、わが国では例えば弁護人と被害者参加弁護士の間で裁判前に一定のコミュニケーションを図ることで、証人や被害者参加人として出廷する被害者が被告人側に対し何を望んでいるのかを知ることができ、それは必要以上に被害者を傷つけることを防止し、またひいては被告人の量刑に有利に反映し得ることも期待できる。

人に弁護人がいない場合、また弁護人がいたとしても出頭しないときまたは在廷しないときは、裁判長は職権で弁護人を付けなければならない（同条2項）。また、弁護人が出頭しない恐れがある場合も、裁判所は職権で弁護人を付することができる（同条3項）。これは、弁護人の不出頭による審理の遅延や空を防止するためである。

　なお、公判前整理手続（第15章参照）においても、被告人に弁護人がいないときには、裁判長は職権で弁護人を付けなければならず（刑訴316条の4）、その後の公判においても弁護人は必要的となる（刑訴316条の29）。

　また、2009年5月21日より開始された裁判員制度（第15章参照）では、一定の重大な刑事事件（裁判員3条）の裁判において、選挙権を有する国民か

ら選ばれた裁判員が裁判官と一緒になって事実の認定や法令の適用、量刑を行うこととなった。

さらにこれと同時に「検察審査会法」が改正され、検察審査会が2度目に出した起訴相当議決に法的拘束力が与えられるようになった（第13章参照）。

この意味で、今後は刑事手続の担い手をして「国民」も重要な役割を果たしていくであろうことにも注目する必要がある。

【参考文献】
池田修・前田雅英『刑事訴訟法講義』（第3版）東京大学出版会、2010年
椎橋隆幸編『プライマリー刑事訴訟法』（第2版）不磨書房、2008年
椎橋隆幸編『ブリッジブック刑事裁判法』信山社、2007年
田中開・寺崎嘉博・長沼範良『刑事訴訟法』（第3版）有斐閣アルマ、2008年
三井誠・酒巻匡『入門 刑事手続法』（第5版）有斐閣、2010年
宮澤節生・武藤勝宏・上石圭一・大塚浩『ブリッジブック 法システム入門』
　信山社、2007年

# 第6章

# 犯罪被害者の地位・配慮

## 1 「事件の当事者」でありながら「刑事訴訟における当事者」ではない被害者

　被害者は「事件の当事者」であることは間違いなく、自らが被害に遭った事件の加害者が逮捕されたのか、事件はどのように処理されたのか、また刑事裁判の結果などについて当然ながら大きな関心を抱く。しかしながら、わが国の刑事裁判は当事者主義をとり、被害者は「刑事訴訟における当事者」ではない。被害者は刑事手続においてはこれまで「証拠の1つ」としての扱いを受け、提供される情報も制限されることが多かった。ここでは、刑事手続における被害者の位置付けとその配慮について考察する。

　被害者は被害届や告訴（刑訴230条）など、犯罪の認知のための捜査の端緒において重要な役割を果たす。また、親告罪においては、告訴は単に捜査の端緒というだけでなく、告訴がなければ検察は公訴の提起ができない（338条4項）。ところで、この親告罪の告訴は告訴権者が「犯人が誰であるかを知った日から6カ月を経過すると」もはやすることができない（235条1項）が、とくに性犯罪事件の被害者は、告訴するか否かの意思決定を短期間で行うことが困難な場合があると判断されたため、この告訴期間が撤廃された。

## 2 わが刑事国の刑事手続における被害者への配慮の芽生え

　わが国の被害者配慮はとくに欧米諸国に比べると遅れてきたと評されるこ

とが多かった。この状況に大きな変化がみられたのは 1990 年代後半である。大きなきっかけとしてはまず、1995 年 4 月に起きた「地下鉄サリン事件」がある。多くの被害者を出したこの事件は、被害者支援の遅れを社会に突き付ける結果となった。また、同年 1 月の阪神・淡路大震災の影響も大きいといえる。これは自然災害であり、犯罪ではないが、心や身体が傷ついた人々に対する効果的な支援は官民の協力体制が必要であることを気付かせたきっかけとなった。

このような流れの中、1999 年 10 月 26 日、法務大臣から法制審議会に対し、刑事手続における被害者保護のための法整備に関する諮問が発出され、2000 年 2 月 22 日に審議会から法務大臣に対し「刑事手続における犯罪被害者保護のための法整備に関する要綱骨子」の答申がなされた。

これにより、2004 年 5 月 19 日「刑事訴訟法及び検察審査会法の一部を改正する法律」(以下 2004 年刑訴法等改正) および「犯罪被害者の保護を図るための刑事手続に付随する措置に関する法律」(以下「犯罪被害者保護法」) が公布された。

## I 警察段階における被害者への配慮

上述のように 1990 年代後半から進んだわが国における被害者支援は、警察がそのイニシアティヴをとってきたことに大きな特徴がある。警察は被害者が被害後まずはじめに出会う公的機関であり、警察で被害者への配慮が十分に行われなければ、被害者は司法や裁判に対する信頼まで失ってしまう可能性がある。しかしながら、かつては警察における被害者への配慮は十分ではなく、とくに、性犯罪被害者に対する配慮を欠いた対応 (いわゆるセカンド・レイプ) などに社会的な批判が高まったことが警察における被害者支援が進む大きな後押しとなった。

1) 被害者対策要綱

1996 年 2 月に「被害者対策要綱」(以下要綱) が発出され、各都道府県警に当面の基本的方針と推進すべき施策が示された。この要綱のもとでは、「殺

人事件の遺族」、「未成年の被害者」、「性犯罪被害者」にとくに重点を置くことがあげられた。

2) 警察から被害者への情報提供

「事件の当事者であるにも拘わらず、事件についての重要なことを教えてもらえない」という思いは被害者にとって大きな不満であった。このため、1996年に「被害者連絡実施要領」が制定され、身体犯の被害者に対しては、被疑者の氏名や住所、逮捕や起訴、またその処分の状況について通知されることとなった。

## Ⅱ 検察における被害者への配慮

検察は公益の代表者であり、被害者の利益を代表するわけではない。しかし検察は自らのアイデンティティを「被害者とともに泣く検察」と表現することがあるし、被害者や社会も同様の期待を抱くであろう。ところが検察においても被害者の心情に配慮した支援が行われてきたとはいえなかった。とくに被害者への情報提供が十分ではなかったことへの批判から、1999年4月より全国の検察庁において被害者に対し事件の処理結果についての情報を通知する「被害者等通知制度（以下通知制度）」が実施されている。

この通知制度のもとでは、検察庁で受理したすべての事件において、その通知対象者は①被害者、その親族またはこれに準ずる者、②目撃者その他の参考人、がその通知対象となる。また通知内容は、事件の処理結果（起訴か不起訴か）、公判期日、刑事裁判の結果、公訴事実の要旨、不起訴裁定の場合はその主文と理由の骨子、勾留および保釈等の身柄の状況と公判経過が含まれる。

さらに、後述の被害者参加制度（本章4）においては、その申出にはじまり被害者参加人の権限すべてに関し、検察官との綿密なコミュニケーションに基づくことになり、検察官が被害者と接する機会が一層重要視されることになる。

## Ⅲ 裁判における被害者への配慮

上述の「2004年刑訴法改正」により、刑事裁判において被害者が証人として出廷する際の配慮が大きく改善された。まずはそれらについてみてみたい。

1) 証人への付き添い（刑訴157条の2）

性犯罪の被害者や未成年者が証人として出廷しなければならない場合は大きな心理的負担を感じるであろうことは想像に難くない。そこで、これらの証人の精神的苦痛を和らげるため、証人への付き添いが認められることとなった。付添人の資格はとくになく、例えば少年の親や心理カウンセラーなどが考えられよう。ただし「裁判官若しくは訴訟関係人の尋問若しくは証人の供述を妨げ、又はその供述の内容に不当な影響を与えるおそれ」がある者は付添人として認められない。

2) 証人の遮蔽措置（刑訴157条の3）

とくに被害者証人の場合、被告人や傍聴人の面前で証言することに著しい心理的圧迫を感じるであろうことが考えられる。このような場合に、遮蔽（衝立）によって証人の姿を被告人や傍聴人からみえないようにすることができる。ところで、遮蔽措置が採用されると、被告人からは証人の様子が直接観察できないことになるが、これは被告人の証人審問権を侵害しないのか。この点につき最高裁は、「証人尋問の際、被告人から証人の状態を認識できなくする措置が採られた場合、被告人は、証人の姿を見ることはできないけれども、供述を聞くことはでき、自ら尋問することができるのであって、弁護人による証人の供述態度等の観察は妨げられない」とし、被告人の証人審問権を侵害しないとの判断を示した（最判平17・4・14刑集59巻3号259頁）。

この遮蔽措置は弁護人が出頭している場合に限りとることができる、と明示されているのも、被告人から証人がみえない分、弁護人による証人の様子の確認が不自由なく行われているかが重要となる。

3) ビデオリンク方式による証人尋問（刑訴157条の4）

性犯罪の被害者証人や未成年の証人など、法廷で証言すること自体に大き

な精神的負担を感じる場合は、裁判所の判断により、証人をビデオカメラとモニターを設置した別室で証言させ、それを法廷にいる訴訟関係者がそれぞれのモニターをリアル・タイムでみながら、証人とやり取りを行うことになる。上述の付き添いや遮蔽と違い、別室での証言を可能にするという意味で、被害者証人等に物理的安心感を与えるところに大きな意義がある。

ビデオリンク方式証言についても、被告人の証人審問権との関連が問題になる。最高裁は、この点につき「被告人は、映像と音声の送受信を通じてであれ、証人の姿を見ながら供述を聞き、自ら尋問することができるのであるから、被告人の証人審問権は侵害されていない」と判断した（最判平17・4・14刑集59巻3号259頁）。

**証人尋問のビデオ記録媒体の証拠能力**（刑訴321条の2）

上述のビデオリンク方式証言を利用した証人にその証言を繰り返させることは、いわば被害の再体験を何度も強いることであり、問題が大きい。したがって裁判所は、ビデオリンク方式の証人尋問を行う場合には、その証人が後の刑事手続で同一事実につき再び証人として供述を求められる可能性があり、証人の同意があるときは、証人尋問の状況を録画して記録することができる、とした。この証人尋問の録画は、公判調書の一部とされ、別の事件などの公判期日にこれを再生し、これに対し訴訟関係人が供述者に対する尋問の機会が保障されれば、このビデオを証拠として用いることができるようになった。この場合、そこに記録されていた証言と重複する尋問は制限される。

以上、刑事裁判において被害者が証人として出廷する際の配慮について見てきた。一方、被害者の中にはこのような「配慮」にとどまらず、むしろ刑事手続に積極的に関与し、裁判の結果にインパクトを与えたい、というニーズを表明する者も出てきた。これに応える形で、被害者等が意見を陳述する機会が認められることとなった。

4) 被害者等による意見の陳述（刑訴292条の2）

　被害者等または被害者の法定代理人は、「被害に関する心情」「その他の被告事件に関する意見」の陳述を希望するときは、あらかじめその申出を検察官にしなければならない。被害者からの申出があると、裁判所は審理の状況やその他の事情を考慮して、相当でないと認めるとき以外は、被害者に陳述をさせることとなる（本条7項）。「その他の事情」とは例えば、被害感情があまりに峻烈で法廷が混乱する恐れが高い場合や、また証言との区別がつきにくい場合などが考えられよう。

　また、陳述は口頭で行われることが原則であるが、例外的に意見の陳述に代えて書面を提出させることもできる（本条7項）。実際は書面による陳述を裁判官が代読する（本条8項）ケースが全体の大部分を占める。このことは、意見を陳述したいと思いながらも、そこまで回復できない被害者が多いということの裏返しかもしれない。

　被害者等が陳述する意見の内容は、「被害に関する心情」と「その他の被告事件に関する意見」であり、被害感情が中心となることが、後述する「被害者参加人による弁論としての意見陳述」（刑訴316条の39）と異なる点である。

　この被害者等による意見陳述は、通常は証拠調べ終了後、検察官の論告および弁護人の弁論に先立って行われることになる。

　ところで、重要なこととして、この意見陳述は犯罪事実を認定するための証拠とすることはできない（本条9項）。つまりは、量刑の一資料とすることは可能である。しかしながら、わが国の刑事裁判は英米の陪審裁判と異なり、事実認定と量刑の手続が二分されているわけではない。このため、被害者の生の感情の投入が、犯罪事実認定にも何らかの影響を及ぼし得るという大きな問題も拭い切れない。

　被害者等による意見陳述を犯罪事実の認定とするための証拠とするには、改めて被害者等を証人尋問することになる。

　この後より直接的な形で被害者の参加を可能にする被害者参加制度が実現

されるが、被害者による意見陳述はまさにその「芽生え」として位置付けられることができよう。

また、「犯罪被害者保護法」も刑事手続における被害者への配慮に大きな影響を与えている。ここにおいては、被害者等に対する公判手続の優先的傍聴（犯罪被害保護12条）、公判記録の閲覧及び謄写（犯罪被害保護3条）、また民事上の和解を記載した公判調書への執行力の付与（犯罪被害保護13条）が盛り込まれた。

さらにこの「被害者保護法」は2007年に改正され、損害賠償命令の制度が設けられた（犯罪被害保護17条）。従来は被害者が加害者による損害賠償を請求する場合は、民事訴訟を提起しなければならず、これは被害者にとっても大きな負担であった。そこで、被害者が刑事裁判の成果を利用できるようにし、その負担を軽減することが図られたのである。

損害賠償命令（犯罪被害保護17条）

故意の犯罪行為により人を死傷させた罪、強制わいせつおよび強姦の罪、逮捕および監禁の罪、略取誘拐および人身売買の罪等に係る刑事被告事件の被害者または被害者が死亡した場合はその相続人は、当該被告事件の係属する裁判所（地方裁判所に限る）に対し、その弁論の終結までに、当該被告事件の訴因を原因とする不法行為に基づく損害賠償の請求について、その賠償を被告人に命ずるよう申し立てることができる。この申立てについての裁判は、民事訴訟で実施される公開の法廷で行う口頭弁論を経ないで行うことができ、これを経ない場合、裁判所は当事者を審尋することができる（犯罪被害保護23条）。

## 3　犯罪被害者基本法の成立——より細やかな被害者配慮

2005年4月「犯罪被害者等基本法（以下基本法）」（2004年法律161号）が施行され、同年12月「犯罪被害者等基本計画（以下基本計画）」が閣議決定された。基本法は犯罪被害者のための施策をより広く総合的・計画的に推進し、

犯罪被害者の権利保護を目指したものである。

**被害者特定事項の秘匿**

このように、被害者に対するより細やかな配慮が求められる中で、2007年6月に公布された「犯罪被害者等の権利利益の保護を図るための刑事訴訟法の一部を改正する法律」によって、公開の法廷における被害者特定事項の秘匿のための措置がとれるようになった（刑訴290条の2）。

本条は、公開の法廷でその情報が明らかにされることでプライバシーの侵害や二次被害を受けがちな性犯罪の被害者の氏名等を秘匿することを可能にしたものである。

本条にいう「被害者等」とは、「被害者又は被害者が死亡した場合若しくはその心身に重大な故障があるばあいにおけるその配偶者、直系の親族若しくは兄弟姉妹」（同条1項）である。また「被害者特定事項」とは、「氏名および住所その他の当該事件の被害者を特定させることとなる事項」と定義される。

本条による秘匿決定があれば、起訴状の朗読および証拠書類の朗読は被害者特定事項を明らかにしない方法で行わなければならない（刑訴291条2項・305条3項）。公判においては被害者を記号で呼ぶなどの措置がとられることになろう。

ただしここでいう被害者特定事項の秘匿は、それによって犯罪の証明に重大な支障を生ずるおそれがある場合または被告人の防御に実質的な不利益が生ずるおそれがある場合には当該陳述や尋問を制限することができない（同条項）。

## 4 被害者参加制度

Ⅰ 制度の新設の背景

上述のように、刑事手続における被害者への配慮が進められる中で、被害

者の中にはさらなるニーズを主張する者も出てきた。単なる配慮ではなく、刑事裁判への直接的な関与を求める声である。

基本計画の中に「犯罪被害者等が刑事裁判に直接関与することのできる制度の検討及び施策の実施」が検討項目として盛り込まれ、これを受けて2007年に刑事訴訟法が改正され、被害者参加制度が設置された（刑訴316条の33以下）。

## Ⅱ　被害者参加制度とは

被害者参加制度のもとでは、一定の重大事件を対象（刑訴316条の33の1項）に、その被害者等（直接の被害者および刑訴231条の告訴権者がここに含まれる）もしくは当該被害者の法定代理人またはこれらの者から委託を受けた弁護士が手続への参加を申し出た場合は、裁判所は相当と認めるときはその参加を許すものとされる。これら、手続に参加する被害者等を以下「被害者参加人等」と呼ぶ。

被害者等が参加を希望する場合、その申出は検察官に対してなされ、検察官は意見を付して裁判所に通知するものとされている（刑訴316条の33第2項）。

## Ⅲ　被害者参加人等には何ができるか

1）公判期日への出席（刑訴316条の34）

裁判所は審理の状況、被害者参加人等の数その他の事情を考慮して相当でないと認めるときを除き、被害者参加人等の公判期日への出席を認めることになる。被害者参加を希望する者の数が多い場合などは制限されることになろう、また「その他の事情」とは例えば、法廷で不規則発言などをするおそれが非常に高い場合などが含まれよう。

被害者が着席する席は条文では明記されていないが、この被害者参加制度が検察官との事前の綿密なコミュニケーションを前提とする以上、検察官の隣等、その近くに着席することになる。

「バー（法廷の柵）の中に入りたい」という被害者の思いに応える規定であ

るといえる。

2）被害者参加人等による証人尋問（刑訴316条の36）

　被害者参加人等による証人尋問は検察官による証人尋問の後に行われることになる。この証人尋問はまずは尋問事項を明らかにして検察官にしなければならず、検察官は申出があった事項について自ら尋問する場合を除き、意見を付して、裁判所に通知する（同条2項）。被害者参加人等が証人に尋問できるのは情状に関する事項（犯罪事実に関するものを除く）に限定される。したがってその証人尋問は量刑の資料となるに過ぎない。

3）被告人に対する直接質問（刑訴316条の37）

　被害者参加人は将来行う意見の陳述のために必要があるときは、被告人に質問することができる。ここにいう「意見の陳述」とは、すでに述べた「被害者等による意見の陳述」（刑訴292条の2）と次に述べる「被害者参加人等による弁論としての意見陳述」を指す。被害者参加人等はこれらの意見陳述をより効果的に行うために、この質問を行うのである。質問事項は情状に関する事項に限定されず、したがって被害者参加人等と被告人の質問と応答は事実認定の証拠としても量刑のための資料にもなり得る。

4）弁論としての意見陳述（刑訴316条の38）

　被害者参加人等は証拠上認められる事実や法律の適用についての意見を述べることができる。従来より「被害者等による意見陳述」（刑訴292条の2）では被害者は意見や心情について陳述することを認められていたが、被害者が事実や法律適用についても意見を陳述する機会を認めたものである。すなわち本条は被害者参加人等が検察官とは別個に行う「論告・求刑」である、と位置付けることができよう。

　本条により被害者参加人等が意見陳述を認められるのは、裁判所が審理の状況・申出をした者の数・その他の事情を考慮して相当と認めるときである。このうち、とくに「その他の事情」については、被害者参加人等がその峻烈な被害感情をぶつけることなどで法廷が混乱することが懸念される場合などは、この意見陳述が制限されることが予想される。

> コラム　**刑事裁判の劇場化への警鐘**
>
> 　これまで「蚊帳の外」に置かれてきたと表現される被害者に対する配慮が刑事裁判において進んできたこと自体は評価すべきであろう。また、裁判員制度の導入により、これまで専門家や専門用語で占められていた刑事裁判に「見て聞いて分かりやすい裁判」というニーズが意識されていることは、裁判の進行や結果に大きな利害関係と関心を持つ被告人や被害者にとっても「分かりやすい」裁判となるのであるから、歓迎すべきである。
> 　しかしながら、刑事裁判を感情に支配させ、ヴィジュアル化することがどのような影響を持つかについては注意して議論する必要がある。
> 　2009年7月、連邦最高裁は刑事裁判において被害者の生い立ちを映した音楽付きビデオ映像の証拠採用について判断を下した。1993年にカリフォルニア州で起きた殺人事件の裁判の量刑段階において、殺害された被害者の女性の両親が娘の幼少期から成人するまでの生い立ちをもとに作成された20分間のビデオ映像（静止画の写真と動画からなる）に被害者が生前好きだった音楽をBGMとして付けたものが量刑資料の一部として採用された。これに対し、被告人は合衆国憲法修正第6条により保障されている「公平な裁判を受ける権利」を侵害されているとして連邦最高裁判所に裁量上訴を提出したが、連邦最高裁はこのBGM付きビデオが「単に悲しみを示したものであり、復讐を高らかに叫ぶものではない」などとして、被告人の異議を認めなかった。
> 　わが国でも刑事裁判においてとくに被害者参加制度と裁判員制度の両方が適用される場合などは、視覚に訴える立証活動が増えるであろうことは間違いない。大きな視覚効果を持つ方法で証拠調べが行われることは、裁判員に対する必要以上の効果をもたらすだけでなく、場合によっては裁判員を過度に感情により支配してしまう危険性がある。

　また、意見陳述が認められるのは「訴因として特定された事実の範囲内」であることに注意が必要である。例えば、傷害致死事件として起訴された事件の裁判において、被害者参加人が被告人は殺意があった旨陳述したり、傷害致死罪の法定刑として規定されていない死刑を求刑することなどは認められない。被害者参加人といえど当事者ではなく、訴因設定権は認められていない。また、この意見陳述は、検察官の論告・求刑と同様に、「意見」であるから、事実認定および法律の適用に関する証拠や量刑資料とすることはできない（刑訴316条の38第4項）。

【参考文献】
後藤昭・白取祐司『新・コンメンタール 刑事訴訟法』日本評論社、2010 年
高井康行・山本剛・番敦子『犯罪被害者保護法制解説』（第2版）三省堂、2008 年
東京弁護士会法友全期会犯罪被害者支援実務研究会編集『Q&A　犯罪被害者支援マニュアル』ぎょうせい、2010 年
宮澤節生・武藤勝宏・上石圭一・大塚浩『ブリッジブック 法システム入門』信山社、2007 年
守屋典子・京野哲也・高橋正人・岡村勲『犯罪被害者のための新しい刑事司法』明石書店、2007 年

# 第 7 章

# 捜査手続 I

　第7章から第11章では捜査手続における各論点を取り扱うが、その前提として本章では捜査の意義および捜査の構造、捜査手続における諸原則、任意捜査と強制捜査の区分論について概観する。

## 1　捜査の意義

　捜査とは、犯罪があると疑われる場合に、被疑者の身柄を確保し、証拠を収集・保全する行為をいう。捜査は、司法警察職員、検察官、検察事務官によって行われる。現行犯逮捕など、私人も捜査を行うことがないわけではないが、狭義では捜査機関によるものだけを捜査と呼ぶ。

　捜査には任意捜査と強制捜査があり、後者は刑訴法に特別の定めがある場合のみ行うことが許されている（198条1項但書）。両者の区別については後述する（本章4参照）。

## 2　捜査の構造

　訴訟構造に関する基本原理に、糾問主義と弾劾主義の2つがあり、さらに弾劾主義のもとで誰が訴訟進行の主導的地位を有するかにより職権主義と当時者主義とに分かれる（第2章、第13章参照）。この職権主義と当事者主義という訴訟構造は、捜査の場面にも及ぶ。当事者主義的訴訟構造のもとでは、捜査は、検察官が将来の公判に向けて証拠を収集するなどの準備活動と理解される。同時に反対当時者である被疑者も防御の主体として公判に向けた準

備を行い、防御主体としてふさわしい防御権を保障される（弾劾的捜査観＝通説）（図7-1）。これに対し、糾問主義と結び付いた職権主義のもとでは、被疑者は主体性を有さず取調べの客体

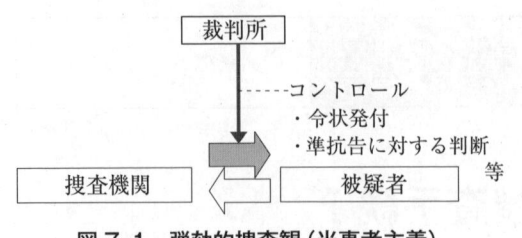

**図7-1 弾劾的捜査観（当事者主義）**

でしかない。そして、このことが強制を根拠づける要素となる（糾問的捜査観）。これら2つの捜査観の他にも、訴訟的捜査観と呼ばれるものが主張されている。これによれば、捜査は検察官が起訴・不起訴を決定するために、事実関係（＝訴訟条件）を明らかにすることを目的として行われる一連の手続であるとされる。すなわち、司法警察職員と被疑者をいわば狭義の当事者として対峙させ、検察官はこれを客観的立場からチェックすることになる。しかし、検察官に中立性・客観性を期待するその前提に疑問が投じられている。

## 3 捜査手続における諸原則

　通常、捜査は対象者の有する何らかの権利・利益に干渉することが想定される。そこで、憲法および刑訴法は種々の原則により、捜査機関による不必要な権利制約をコントロールしている。

### I 任意捜査の原則

　先にも述べたように、捜査には任意捜査と強制捜査がある。いずれの捜査においても対象者の有する何らかの権利・利益に制約を加えることが考えられる。だとすれば、捜査に伴う権利制約はできるだけ小さくなければならないことはいうまでもない。今日では、一定の権利侵害を伴う捜査手法が強制捜査と理解される（判例・通説）。したがって、任意捜査と強制捜査のいずれ

によっても同じ目的が達成できる場合は、任意捜査を優先しなければならない。例えば、覚せい剤を使用している疑いのある被疑者がいて、体内に残留する覚せい剤成分の鑑定のためにどうしても同人の尿が必要な場合、捜査機関としてはどのような措置を用いるべきであろうか。まず、被疑者に尿の任意提出を求め、提出された尿を領置するという措置（任意捜査）が考えられる。他方、判例は、強制捜査としての強制採尿を認めている（最決昭55・10・23日刑集34巻5号300頁）。しかし、それはあくまで被疑者が尿の任意提出を拒み、もはや任意捜査では目的が達成できない場合の最終手段として許容されるにすぎないと理解すべきである。このように任意捜査を優先すべきとする理念を「任意捜査の原則」という。任意捜査の原則に関して、刑訴法には明文の規定は存在しない。ところが、197条1項が本文で——強制捜査ではなく——捜査一般（原則）について、但書で強制捜査（例外）を規定しているため、その構造から同原則を読み取ることができる。さらに、刑訴法以外では、犯罪捜査規範99条が、「捜査は、なるべく任意捜査の方法によって行わなければならない」と規定し、任意捜査の原則を明確にしている。

## II 強制処分法定主義

197条1項但書により、強制捜査は刑訴法に特別の規定がある場合にのみ許されることになる。この原則を「強制処分法定主義」と呼ぶ。捜索・差押え、逮捕など典型的な強制捜査をみれば分かるように、強制捜査は任意捜査と比べて付随する権利侵害は大きい。そこで、法はある強制捜査が許されるか否かを、まず立法によるコントロールに委ねた。その背景には、憲法31条による適正手続（due process）の要請がある。同条は「法律の定める手続によらなければ」生命、自由を奪われ、刑罰を科せられることがないことを保障する。捜査の場面についてみてみると、例えば捜索・差押え、逮捕といった捜査手法が、対象者の有する何らかの権利を奪うことにつながる。また、捜査が刑事手続の一部であることを考えると、強制捜査も刑罰を科すための手続の一部であるといえる。そのため、法は強制捜査を個別的に規定す

ることを要求したと考えられるのである。

## Ⅲ　令状主義

　さらに、強制処分法定主義における具体的な「法定」の仕方として、憲法および刑訴法は令状主義を採用した。そのため、強制捜査を行う場合、現行犯逮捕など一部の例外を除いては、原則として裁判官の発付する令状に基づいて行わなければならない。例えば、憲法33条は、原則として裁判官が発付し、かつ理由となっている犯罪を明示する令状がなければ逮捕を行うことができないと規定している。また、これを受けた199条以下も、原則として逮捕が令状によらなければならないと規定し、さらに具体的事項について細かく規定する。逮捕以外の強制捜査についても、憲法35条ならびにこれを受けた218条以下の規定が、令状によるべきことを規定している。

　このように、憲法および刑事訴訟法が令状主義を採用した背景には、現行刑訴法の骨格をなす当事者主義が存在する。当事者主義の実現にあたっては、その前提として当事者が対等でなければならないことはいうまでもない。とはいえ、法は捜査機関にのみ強制処分権限を付与し、反対当事者である被疑者の権利に深く介入することも許容している。確かに、強制捜査そのものを否定することは現実的ではない。そこで、捜査機関による強制捜査について、その必要性・相当性等を中立な判断者である裁判所が吟味し、不必要な権利制約が生じないようにコントロールすることになる（司法的コントロール）。このように、令状主義は当事者主義の実現にとって非常に重要な地位を有しているともいえる。

## Ⅳ　捜査比例の原則

　通常、任意か強制かにかかわらず、捜査は対象者の有する何らかの権利・利益に対する制約を伴う。しかし、その権利制約と捜査の効果の間でバランスがとれていなければならない。このような考え方を「捜査比例の原則」と呼ぶ。任意捜査か強制捜査かで権利侵害の程度は異なるため、同じ効果が得

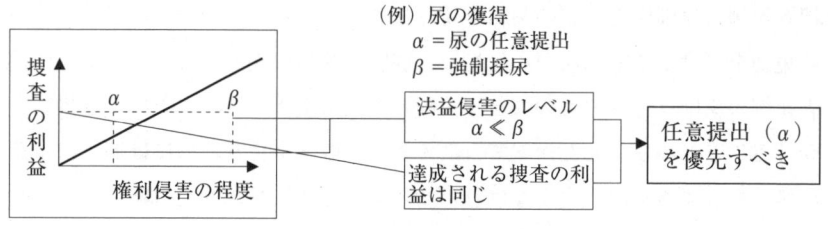

```
(例) 尿の獲得
     α＝尿の任意提出
     β＝強制採尿
```

捜査の利益 ↑
α, β
権利侵害の程度 →

法益侵害のレベル
α＜β

達成される捜査の利益は同じ

任意提出（α）を優先すべき

**図 7-2　捜査比例の原則**

られる場合には任意捜査を優先すべきことは先に述べたとおりである（任意捜査の原則）。しかし、程度の差はあるものの捜査自体が何らかの権利に干渉するものであるから、捜査比例という理念は捜査一般について妥当する。判例は、任意捜査であっても、必要性、緊急性等を考慮して具体的状況のもとで相当と認められる範囲で行うべきであるとしている（後掲最決昭51・3・16刑集30巻2号187頁）（図7-2）。

## 4　任意捜査と強制捜査

### I　任意捜査と強制捜査を区分する意義

すでに確認したように、強制捜査を行う場合、強制処分法定主義（立法的コントロール）および令状主義（司法的コントロール）という2つの側面からコントロールがかかることとなる（図7-3）。そのため、ある1つの行為を任意捜査とみるか、強制捜査とみるかで、当該処分の取扱いは大きく異なることになる。

例えば、盗聴は任意捜査か強制捜査か。仮に盗聴を任意捜査とした場合、

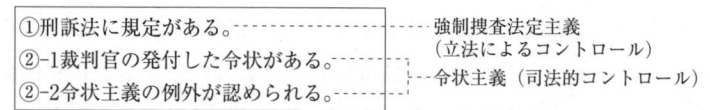

①刑訴法に規定がある。------- 強制捜査法定主義
②-1裁判官の発付した令状がある。-------（立法によるコントロール）
②-2令状主義の例外が認められる。------- 令状主義（司法的コントロール）

＊任意捜査であれば、①および②の形式的要件を満たす必要はない。

**図 7-3　強制捜査を行うための形式的要件**

捜査比例の原則から一定の制約を受けることになるものの、それ以外に特別の規制を受けることはない。反対に、盗聴を強制捜査であるとした場合、捜査比例の原則はもちろんのこと、強制捜査法定主義、令状主義による規制を受けることになる。したがって、この場合、盗聴を行うためには刑訴法にその処分を許す特別の規定がなければならず、さらに具体的な事案において裁判官が発する令状がなければならないことになる。つまり、ある捜査が任意捜査であるか強制捜査であるかの区別は、捜査機関や処分を受ける者にとって大きな違いとなって現れることになる。そのため、この両者を明確に区別することは重要な意味を持ち、この両者をいかにして区別するかは以前から重要なテーマとして論じられてきた。

## II　従来の基準——有形力説

　任意捜査と強制捜査の区別にあたっては、強制捜査が何かを定義したうえでそれ以外の捜査手法を任意捜査と位置付けた方が便宜であり、これまでもそのような手法がとられてきた。刑訴法の条文解釈においても、強制捜査が何かを定義付ければよく、任意捜査を積極的に定義付ける必要はない。したがって、任意捜査と強制捜査の区分論においては、もっぱら強制捜査とは何かが問題とされる。

　何を強制捜査とするかについて、かつては相手方の意思に反して物理的力を伴う処分（逮捕、勾引、勾留、捜索、差押え等）、および義務を課してそれに従わなかった場合に何かしらのペナルティを科す間接強制（召喚、提出命令等）を強制捜査とする見解が通説的であった。確かに、従来型の捜査においては有形力を基礎にしたこれらの基準でも問題がなかった。逮捕や捜索・差押えがその好例であろう。このように、処分の相手方に物理的な力を加え、強制的に捜査目的を達成する場合を強制捜査と定義する見解は有形力説と呼ばれる。しかし、盗聴のように有形力の行使は伴わないものの、重要な権利に深く干渉する捜査手法が用いられるようになり、有形力説は妥当性を失うことになる。例えば、AとBとの間で行われている電話での会話（通話）を、

ABいずれの承諾もないまま捜査機関が盗聴する場合、通話者であるAとBに直接物理的な力が働くわけではない。そのため、有形力説によれば盗聴は任意捜査に分類されることになる。そうすると、任意捜査である以上、強制捜査法定主義、令状主義という強制捜査の形式的要件を満たす必要がないことになる（詳細は第11章1-Ⅱ）。しかし、通信の自由は憲法が直接保障した重要な権利である（憲21条2項）。憲法が保障した重要な権利に制約を及ぼすにもかかわらず、強制処分法定主義、令状主義のコントロールが及ばないという従来の基準は問題視されるようになる。そこで、相手方の意思に反する有形力の行使ではなく、権利制約に着目した判断基準が主張されるようになっていった。

### Ⅲ 判例・通説——法益侵害説
#### 1) 概　　説

　捜査の対象者が受ける権利制約に着目した見解は、法益侵害説（権利侵害説、利益侵害説）と呼ばれ、通説化した。以下で取り上げる最決昭51・3・16も、やはり一定の権利侵害を強制捜査を定義づけるメルクマールとみている（刑集30巻2号187頁）。これによれば、先にあげた盗聴も強制捜査となり、強制捜査法定主義、令状主義のコントロールを受けることとなる。法益侵害説によりはじめて強制捜査として取り扱われることになる捜査手法の代表例としては、盗聴以外に、写真撮影などが考えられる。その多くは、科学技術の発展を背景にした秘密裏な情報収集という点で共通性を有するが、秘密裏な権利制約であるため、相手方の明示の意思に反する場合を想定することは難しい。しかし、通常、秘密裏な情報収集により自分のプライバシーが侵害されることを知っていて承諾する者はいないだろう（推定的意思）。そのため、明示の意思表示がなくとも権利侵害がある場合は、推定的意思に反する処分として強制捜査とすべきである。反対に、処分を受ける者の明示の意思表示によりプライバシー情報が提供されるような場合は権利侵害があるとはいえず、権利放棄があるとして任意捜査として取り扱ってもよい。ただ、戦前に

濫用された「承諾留置」のように、権利放棄があればすべて任意捜査として許容されるとするかについては争いがある。確かに、被疑者が任意で身体検査に応じるような場合、プライバシーの喪失があったとしても、権利侵害があったとはいえないだろう。なぜならば、身体検査を受ける被疑者は自ら自己のプライバシーを放棄しているとみなされるからである。つまり、自ら権利放棄することにより、もはや権利侵害は観念し得ないことになるのである。そのため、承諾留置に関しても、処分を受ける者が真意に承諾しているといえるのであれば、もはや権利侵害があるとはいえず、任意捜査とすべきであるという見解もある。しかし、権利喪失が重大な処分が問題となる場合の同意ないし承諾による権利放棄性については、なお慎重であるべきであろう。

　ところで、明示の意思表示による権利放棄がないにもかかわらず捜査機関が対象者の権利を制約したとしても、ただちに強制捜査となるわけではない。例えば、張り込みや尾行といったものまで強制捜査に該当し、強制処分法定主義、令状主義のコントロールが及ぶとするのは行き過ぎであろう。そのため、ある捜査手法が強制捜査となるためには、一定程度の（強度の）権利侵害が存在しなければならないことになる。

2）判例の分析

　リーディング・ケースといわれている前掲昭和51年決定についてみてみよう。本件では、飲酒運転の強い嫌疑を有する被疑者を警察署まで任意同行し、任意で取調べが行われていたところ、被疑者が突然立ち上がり取調室から退去しようとしたため、警察官の1人が被疑者の左斜め前に立ちはだかり、両手でその左手首を掴んで退室を阻んだという行為が問題となった。最高裁は、①強制捜査とは、「有形力の行使を伴う手段を意味するものではなく、②個人の意思を制圧し、身体、住居、財産等に制約を加えて強制的に捜査目的を実現する行為など、特別の根拠規定がなければ許容することが相当でない手段を意味する」としつつ、「③強制手段にあたらない有形力の行使であっても、何らかの法益を侵害し又は侵害するおそれがあるのであるか

> [コラム] **任意とは承諾か？**
>
> 　任意捜査という場合の「任意」とはどのような概念なのだろうか。強制捜査と任意捜査とを区別する場合、判例・学説ともに強制捜査を定義し、それ以外の捜査手法が任意捜査であるとする。したがって、任意捜査あるいは任意の積極的な定義付けはなされていないというのが現状である。ところで、一般的、辞書的意味においては、「任意」とは自由意思とか自発的とか承諾といった意味で理解される概念であろう。しかし、前出・最決昭和51・3・16をみても明らかなように、法的な意味において任意とは必ずしも自由意思、自発的、承諾ということを意味しない。むしろ、同決定によれば、推定的な意思ないし意識レベルにおいては、意に反する、あるいは少なくとも「自発的」とは決していえない場合でさえ任意捜査とされたわけである。ここでいう「任意」とは、あくまで「強制ではない」という意味で理解されるのであり、一般的、辞書的意味における任意とは別の概念であることに留意しなければならない。したがって、「しぶしぶ」とか「嫌々」という場合であっても、処分の対象となる法益が重大ではない場合は、「任意」と理解されるのである。

ら、状況のいかんを問わず常に許容されるものと解するのは相当でなく、必要性、緊急性なども考慮したうえ、具体的状況のもとで相当と認められる限度において許容されるものと解すべきである」（下線および番号は引用者）とした（最決昭51・3・16刑集30巻2号187頁）。

　最高裁は、強制捜査の定義付けについて積極的に判断を行ったというよりも、むしろ有形力の行使を伴う捜査手法であっても、一定程度の権利侵害が生じない場合は任意捜査として許される場合があることを述べたにすぎない。その過程で、有形力の行使自体はもはや強制捜査を基礎付けないことを明確にしつつ（下線部①）、「身体、住居、財産」といった「法益」の制約が強制捜査にあたるとした（下線部②）。そのため、かつての通説であった有形力説を否定するとともに法益侵害説に立つことを明言したものと一般に理解されている。最終的には、この事案で問題となった制止行為は、強制捜査を基礎付ける「身体に対する権利制約」にはあたらず、任意捜査であるとされた。

　昭和51年決定により、判例においても強制捜査の定義は法益侵害の有無

によることが確認された。今日、学説も一致して法益侵害説を支持している。むしろ、現在の議論の中心は法益侵害説における法益侵害をどのように定義付けるかにあるといえる。学説の中には重大な法益侵害を伴う場合のみを強制捜査とするものもみられるが、有力学説は少なくともプライバシー侵害を伴う場合は強制捜査となると主張している。

【参考文献】
井戸田侃『刑事訴訟理論と実務の交錯』有斐閣、2004年
井上正仁『強制捜査と任意捜査』有斐閣、2005年

# 第8章

# 捜査手続 II

## 1 捜査の端緒

### I 意　義

　犯罪があると考えられるとき、捜査機関は捜査を行う（189条2項）。その際、犯罪があると考えるに至ったきっかけを捜査の端緒という。ただし、一般に用いられている捜査の端緒という用語は刑訴法上のものではなく、法律上の行為に限定されない。捜査の端緒の代表例として、告訴（230条以下）、告発（239条）、自首（刑42条1項）のように法律上明文で定められているもののほか、匿名の申告、聞き込み、パトロール中の捜査官による犯行の現認などがある。また、これとは別に、犯人または被害者からの申告による場合（自首、被害届、告訴など）、第三者からの申告による場合（告発など）、捜査機関の活動による場合（聞き込み、犯行の現認、職務質問など）とに区分することもできる。このように、捜査の端緒とされるものは多種多様であり、限定されない。

### II 代表的な捜査の端緒

1）告　訴

① 告訴の意義

　告訴とは、被害者等の告訴権者が捜査機関に犯罪事実を申告し、その訴追を求める意思表示をいう。被害届が犯罪事実の申告にとどまるのに対し、告訴は犯罪事実の訴追までをも求める点で違いがある。主体に限定のない告発

も、訴追の意思表示を含むものであるが、告訴と告発との違いについては後述する。

② 告訴権者

告訴権者には、被害者（230条）、被害者の法定代理人または配偶者、直系親族または兄弟姉妹などが含まれる（231条以下）。告訴は訴追を求める意思表示を含む行為であるから、その意味である程度の意思能力（告訴能力）が求められる。判例では、13歳の強姦被害者に告訴能力を認めた例がある（最決昭和32・9・26刑集11巻9号2376頁）。また、名誉毀損について、死者の名誉毀損の場合および被害者が告訴せずに死亡した場合は、死者の親族または子孫が告訴権を有し（233条）、告訴権者がいない場合には検察官が告訴権者を指定することになる（234条）。

③ 親告罪と告訴

親告罪（申告罪ではない）とされている犯罪においては告訴が訴訟条件となっているため、告訴がない場合は起訴することができない（338条、刑180条・232条など）。訴追にあたり被害者の意思が尊重されている趣旨としては、被害者の名誉保護（強姦罪、名誉毀損罪など）、被害者と犯人との一定の関係性の保護（刑244条の親族相盗例など）、犯罪の軽微性（器物損壊罪など）といった理由が考えられる。これらの場合には、被害者の意思に反してまで犯人を処罰する必要がないと考えられているのである（第13章参照）。

④ 告訴の手続

告訴は、書面または口頭で検察官または司法警察員に対して行わなければならず（241条1項）、口頭でなされたときは調書を作成しなければならない（同2項）。書面による告訴について、法は告訴状の形式をとくに指定していないが、告訴状が提出されれば告訴は有効であり、証拠資料の添付等は必要とされない。また、犯罪の日時、場所、犯行態様等を明示する必要はないが（大判昭6・10・19刑集10巻462頁）、どのような被害を受けたのか犯罪事実を特定する必要がある（告発に関する広島高判昭26・11・22高刑4巻13号1926頁参照）。ただし、犯人の特定までは必要とされない（大判昭12・6・5刑集16巻906頁）。

司法警察員が告訴を受理した場合、関係書類および証拠物を検察官に送付しなければならない（242条）。告訴は、公訴提起があるまで取り消すことができる（237条1項）。親告罪以外の告訴期間について、法はとくに制限を設けていないが、親告罪の告訴期間については、犯人を知ったときから6カ月を経過したときは告訴ができないと規定している（235条1項）。ただし、被害者にとって事件後比較的短期間で意思決定をすることが困難であることに配慮して、強制わいせつ罪、強姦罪については告訴期間が撤廃されている（2000年法改正）。

⑤ 告訴の効果

共犯者の1人に対してなされた告訴または告訴の取消しは、他の共犯者に対しても効力を有する（238条1項）。これを告訴の主観的不可分の原則という。告訴不可分の原則について、238条1項の文理は親告罪に限定した規定となっているが、親告罪以外の犯罪についても準用されると解される。また、明文の規定はないが、1個の犯罪事実の一部に対してなされた告訴または告訴の取消しも、その全体について効力が及ぶ（通説）。これを告訴の客観的不可分の原則という。例えば、わいせつ目的誘拐と強制わいせつとが手段と結果の関係になっている事案において、誘拐に関する告訴の効力は強制わいせつにも及ぶ（東京高判昭45・12・3刑月2巻12号1257頁）。

また、告訴がなされた場合、検察官は起訴・不起訴、公訴の取消しについて告訴人に通知しなければならず（260条）、不起訴の場合に告訴人から請求があるときは不起訴の理由を告げなければならない（261条）。

2) 告発・請求

告発とは、捜査機関以外の第三者が、捜査機関に対し犯罪事実を申告し、訴追を求める意思表示をいう。告訴と異なり、告発は主体が限定されない（239条1項）。主体の限定に関すること以外については、原則として告訴と同様である（241〜243条）。

請求とは、外国の政府（刑92条2項）や労働委員会（労調42条）による、捜査機関に対する訴追を求める意思表示をいう。告発と同様に、請求について

も告訴に関する規定が準用される（237条3項・238条2項）。

3) 自　　首

　自首とは、罪を犯した者が捜査機関に発覚する前に、捜査機関に対し自ら自己の犯罪事実を申告し、処分を委ねる意思表示をいう。したがって、犯人が誰であるか捜査機関に発覚した後で自らの犯罪事実を告白しても自首にあたらない。自首があった場合、刑を減軽することができる（刑42条1項）。

4) 検　　視

　検視（検死ではない）とは、変死者またはその疑いのある死体がある場合に、その死亡原因が犯罪によるものかどうかを判断するために検察官が行わなければならない実況見分である（229条1項）。また、検察官は自ら検視を行う代わりに、検察事務官または司法警察職員に検視を行わせることができる（代行検視。229条2項）。具体的には、死因はもちろん、場合によっては死者、死亡時期等も特定される必要がある。犯罪の嫌疑を必要とせず、犯罪の嫌疑があるか否かを判断するために行われるので、捜査そのものではなく、無令状でも検証のための住居への立ち入り等が認められる。検視の結果、死亡原因が犯罪であることが判明した場合、捜査が開始されることになり（189条2項）、さらに詳細な分析を行うため鑑定処分等が行われる。

## 2　職務質問

### I　意　　義

　捜査の端緒としてうえで紹介したもの以外に、代表的なものとして職務質問がある。職務質問とは、警職法2条1項に定められている警察活動であり、警察官が不審者を停止させ質問する行為をいう。警職法2条1項で定められている不審者とは、犯罪を行ったことまたは犯罪を行おうとしていることが疑われる者、および犯罪が行われたことまたは犯罪が行われようとしていることについて知っていると疑われる者をいう。警職法は、行政警察活動について定めた法律である（警職1条）。しかし、職務質問とはこれら不審者

に対して行われる警察活動であるため、その処分の内容によっては司法警察活動としての性質をおびる場合がある。また、職務質問が捜査の端緒となりその後の司法警察活動へと発展していくケースも少なくない。

職務質問に関しては、停止の際の実力行使と付随して行われる所持品検査とが問題になる。以下、それぞれについて個別的にみておこう。

## Ⅱ 職務質問における実力行使の範囲

警職法2条は、前記不審者に対して「停止させて」質問することができると規定している。そのため、この条文上の文言の解釈にあたって、有形力の行使が認められるのか、認められるとすればどの程度まで認められるのかが問題とされてきた。

最も厳格に理解する立場によれば、職務質問は強制処分ではないから、停止する義務はなく、停止を強制してはならず、条文上の「停止させて」の文言は、せいぜい「呼び止めて」という程度の意味しか持たないため、腕力で停止させるという意味まで含むものではないとされる（名古屋地判昭28・3・3刑集8巻7号1137頁）。しかし、判例・実務の立場は、任意処分であることを前提にしつつも、実力行使をまったく許さないとするものではない。例えば、駐在所に任意同行され質問中逃げ出した被告人を追跡して背後から腕に手をかけ停止させる行為（最決昭29・7・15刑集8巻7号1137頁）や、薬物中毒が強く疑われる者が、自動車を運転させようとしたため、警察官がエンジン・キーを引き抜いて取り上げた行為（最決平6・9・16刑集48巻6号420頁）が適法な停止行為として認められてきた。この点、学説においては諸説主張されているが、その多くが犯罪の重大性、嫌疑の濃厚さなど一定の条件が認められる場合に有形力ないし実力の行使を認める。しかし、職務質問が任意処分であることに鑑みれば、やはり実力の行使が認められるとしても、相手の許否を残す形で説得に応じるよう肩に手をかける程度までのものに限られると解すべきであろう。

## III 所持品検査

　職務質問においてより問題となるのが、これに付随して行われる所持品検査である。警職法は、逮捕されている者については凶器所持の有無に関する所持品検査を認めている（警職2条4項）。しかし、所持品検査一般については、1958年にこれを認める内容の法案が提出されたが、結局廃案に終わったという経緯があり、現在でも所持品検査一般については、警職法上明文の規定はない。

　ところで、ひとくちで所持品検査といってもその類型は様々である。比較的軽度のものとしては、職務質問の対象者の携帯する所持品を外部から観察し、それについて質問をする、あるいは所持品の開示を求めるなどの行為が考えられよう。純粋に任意処分として行われる限り、このような行為は問題となりにくい。問題となる類型は、着衣や所持品に外部から触れて異常がないかをチェックしたり、実力行使により着衣に触れたり、所持品を開披する場合である。

　この点、所持品検査に関するリーディング・ケースといわれるいわゆる米子銀行強盗事件では、銀行強盗の検問に通りかかった被告人らが、職務質問に黙秘し、携帯していたボーリングバッグの開披を拒否したところ、警察官が同バックのチャックを開披した行為（開披行為1）が問題となった。最高裁は、「所持人の承諾のない限り所持品検査は一切許されないとするのは相当ではなく、捜索に至らない程度の行為は、強制にわたらない限り、所持品検査においても許容される場合がある」としたうえで、捜索に至らない所持品検査であっても対象者の権利を害するものであるから、「限定的な場合において……必要性、緊急性、これによって害される個人の法益と保護されるべき公共の利益との権衡などを考慮し、具体的状況のもとで相当と認められる限度においてのみ、許容される」とした。そのうえで、本件ボーリングバッグ開披行為を、職務質問に付随する行為として許容した。さらに、本件では、ボーリングバッグの開披行為の結果現金が発見された後、同じく携帯品である鍵のかかったアタッシェケースをドライバーでこじ開けた行為（開披

行為 2）が問題となっている。この点については、最高裁は所持品検査としては適法性を認めなかった（緊急逮捕ができる状況であったことを理由に、逮捕に伴う捜索・差押えとして許容した）（最判昭 53・6・20 刑集 32 巻 4 号 670 頁）。また、比較的最近では、ホテルの客室内において、テーブル上に置いてある財布のファスナーの開いていた小銭入れの部分から、ビニール袋入りの白色結晶を発見して抜き出したという行為が問題となった事案がある。これについて最高裁は、注射器を握るなど覚せい剤の使用が強く疑われ、前科を有する者に対して、現場に存在するであろう覚せい剤を緊急に保全しなければこれが散逸する危険性があり、一方で、同人による明示の拒否の意思表示がないままなされたものであることを指摘したうえで、この程度にとどまる本件所持品検査は適法であるとしている（最決平 15・5・26 刑集 57 巻 5 号 620 頁）。

他方、米子銀行強盗事件判決の同年、最高裁はいわゆる大阪覚せい剤事件において再び所持品検査を違法とする判断を行っている。この事案では、覚せい剤中毒が強く疑われる者に対し、承諾がないまま上着の左胸内ポケットに手を入れて、所持品を取り出した行為が問題となった。最高裁は、米子銀行強盗で示されたのと同じ基準を用いつつ、被告人の承諾がない限り職務質問に付随して行われる所持品検査としては限度を超えたものであるとして、所持品検査を違法とした（最判昭 53・9・7 刑集 32 巻 6 号 1672 頁）。

所持品検査の適否に関しても、最高裁は最決昭 51・3・16 刑集 30 巻 2 号 187 頁と基本的に同様の見解に立つものと思われる（第 7 章参照）。米子銀行強盗事件においても、問題となったボーリングバッグ開披行為（開披行為 1）は捜索に至らない所持品検査に該当するが、その適否は、必要性、緊急性、侵害利益と公共（捜査上）の利益とを衡量して判断すべきとされている。その後も判例は、このような判断基準を維持している。そうすると次に問題となるのは、どの程度の権利侵害までは「捜索にあたらない所持品検査」とされるかという点である。米子銀行強盗事件においては、施錠されたアタッシェケースをドライバーでこじ開けた行為（開披行為 2）が、大阪覚せい剤事件では着衣の内ポケットに手を差し入れる行為がそれぞれ違法とされている。

これらと米子銀行強盗事件の開披行為1とは、権利侵害の性質・程度においてどのような違いがあるか。ここで侵害の対象となる権利・利益は、所持品に対するプライバシーである。一般に、施錠された硬質のケースの内容物に対するプライバシーの期待度は、施錠されていないバッグのそれよりも高い。したがって、開披行為2の法益侵害性は開披行為1と比べて大きく、強制捜査となる可能性が高い（実際、緊急逮捕に伴う捜索・差押えとして許容される旨判示されている）。同様に、着衣の内ポケットという身体と同視できるような場所に対しては、プライバシーの期待は強いと考えられよう。その他、薬物使用が強く疑われ、前科・前歴を有する者が運転する自動車を、同人の明示の拒否がないままシートを前後に動かすなどして内部を丹念に調べた行為について、承諾がなければ許されないと判示したものがある（最決平7・5・30刑集49巻5号703頁）。反対に、前掲最決平15・5・26のように、すでに露見している財布のファスナーの開いている小銭入れの内容物に対しては、プライバシーの期待度はそれほど大きくないと考えられよう。

　ただ、判例が考えるように、所持人の承諾のないまま所持品を実力で開披する行為まで権利侵害性が強いとはいえないかといい得るかは、なお慎重に判断すべきであるように思われる。とくに、米子銀行強盗事件における開披行為1についても捜索でない所持品検査にあたるとするならば、強制捜査法定主義および令状主義のコントロールを受けるべき捜索との峻別は困難なものとなろう。

## 3　自動車検問

　自動車検問とは、警察官が走行中の自動車を停止させて質問等を行うことをいう。自動車検問はその目的に応じて、交通違反の予防検挙を目的とする交通検問、不特定の一般犯罪の予防検挙を目的とする警戒検問、特定犯罪の検挙等を目的として行われる緊急配備検問とに区分される。このうち緊急配備検問は、発生した具体的な犯罪の捜査のため、当該事件との関係で不審車

輛を停止させることになる。そのため、197条1項の任意捜査として行うことが許されるし、警職法2条1項の職務質問として正当化されうる。問題とされるのは、交通検問や警戒検問のうち無差別一斉に行われるものである。ここでは、典型例であるいわゆる飲酒運転摘発のために実施される一斉検問について検討してみたい。

　例えば、走行中ふらつきがみられるなど、外見上飲酒運転が疑われる車輛のみを停止させて、短時分質問を行うのであれば、すでに説明した職務質問に関する警職法2条1項の規定が想起されよう。確かに、罪を犯していると疑われる不審車を停止させるのであれば、同条による正当化が可能である。しかし、実務上行われている飲酒検問では、ある地点を通過する自動車を無差別に停止させる措置がとられている。そこで、走行中の自動車を停止させる法的根拠をどこに求めるかが問題となる。

　下級審判例ではあるが、大阪地判昭37・2・28下刑4巻1・2号170頁は、無差別一斉に実施される自動車検問は根拠規定を欠くため違憲であるとした（違法説）。これに対し、その控訴審である大阪高判昭38・9・6高刑16巻7号526頁は、職務質問を実施すべきか否かを確かめるための短時間の停止は認められるとした（警職法2条説）。

　最決昭55・9・22刑集34巻5号272頁は、警察法2条が「交通の取締」を警察の職務として掲げていることを根拠に、自動車を停止させることも許されるとする。しかし、作用法としての警職法があるにもかかわらず、組織法である警察法に授権機能を認めることに対しては学説から批判が多い。ただし、本決定は、あくまで任意処分としたうえで、「相手方の任意の協力を求める形で行われ、自動車の利用者の自由を不当に制約することにならない方法、態様で行われる限り」適法であるとする。そのため、停止は短時分でなければならないのはもちろんのこと、道路に障害物を置くなどの物理的手段による停止まで認める趣旨ではないという理解もある。

## 4 被疑者の取調べ

　捜査機関は、犯罪捜査のために必要があるときは、被疑者の出頭を求め、同人を取り調べることができる (198条1項)。しかし、これはあくまでも任意同行および任意の取調べを規定したものにすぎない。身柄の拘束を受けている場合でなければ、出頭を拒むことができ、また出頭後いつでも退去することができる (198条1項但書)。これに関連して、逮捕・勾留中の被疑者について取調受忍義務があるか否かという議論があるが、第9章で触れることとする。ここでは、任意同行および任意の取調べについて述べる。

　最決昭59・2・29刑集38巻3号479頁［グリーンマンション事件］では、被告人が4泊5日にわたり警察官とともにホテル等に宿泊し、その間取調べが行われた。被告人自ら旅館に泊まらせて欲しい旨申し出ていたが、任意捜査として許される限度を越えていないかが問題となった。最高裁は、任意捜査として妥当とはいい難いとしつつも、任意性が認められ、「事案の性質上、速やかに被告人から詳細な事情及び弁解を聴取する必要性があったものと認められる」などの具体的状況を考慮して、任意捜査として許容される限度を越えた違法なものとはいえないとした。ただし、本決定には、任意捜査としての手段・方法が著しく不当で、許容限度を越える不当なものであったという少数意見が存在する点に注意すべきであろう。

【参考文献】
出射義夫『検察・裁判・弁護』有斐閣、1973年
渡辺修『職務質問の研究』成文堂、1985年

# 第9章

# 捜査手続Ⅲ

## 1　強制捜査とは——概説

　今日的理解によれば、強制捜査とは、対象者に対してある一定の権利制約を及ぼす処分をいい、有形力の行使によるか否かを問わない（第7章参照）。本章の対象である逮捕・勾留について述べるならば、逮捕・勾留は対象者（被逮捕者）の身柄を拘束する処分である。したがって、行動の自由、身体の自由という重要な権利を制約する措置であり、強制捜査ということができる。憲法および刑訴法は、強制捜査に対し強制捜査法定主義（197条1項但書）および令状主義（憲33条・35条）という2つの原則により厳格にコントロールしている。本章では、強制捜査のうち身体に対する処分である逮捕・勾留について述べる。

## 2　逮　　捕

### Ⅰ　意義および目的

　逮捕とは、罪証隠滅および逃亡の防止を目的とした、人の身体を短時間（最長72時間）拘束する処分をいう。厳密には、身体拘束の着手行為と、その拘束を継続する処分とに分かれる。原則として裁判官による令状を必要とし、現行犯逮捕の場合は令状を必要としない（憲33条、刑訴213条）。さらに、刑訴法は緊急逮捕も認めている（210条）。198条1項は、捜査機関に被疑者を取り調べる権限があることを規定し、被疑者は逮捕・勾留されている場合

を除いては出頭を拒むことができ、いつでも退去できると規定する。そのため、実務では、逮捕・勾留されている被疑者には取調受忍義務があると考えられている。

## Ⅱ　逮捕の手続
### 1) 通常逮捕
　逮捕は、原則として令状によらなければならない (憲33条)。199条1項は、逮捕権者を検察官、検察事務官または司法警察職員とし、被疑者が罪を犯したことを疑われる相当な理由があるときには、裁判官が事前に発付した逮捕状により、逮捕することができると規定する。ただし、法定刑が一定の重さに達しない比較的軽微な犯罪事実に関する場合は、被疑者が住居不定の場合でなければ逮捕を行うことができない (同項但書)。法は、逮捕権者と比べて、逮捕状請求権者を検察官および司法警察員 (警察官の場合は警部以上の者) としており、限定している。また、犯罪の嫌疑が認められる場合であっても、明らかに必要性がない場合には逮捕状は発付されない (199条2項)。

　検察官または司法警察員は、逮捕状請求状に疎明資料を添付して逮捕状を請求する (刑訴規139条)。逮捕状請求状には、被疑者の氏名、年齢、職業および住居、罪名および被疑事実の要旨、逮捕を必要とする理由等を記載しなければならない (刑訴規142条1項)。

　裁判官は、逮捕状請求状および添付された疎明資料をみて、令状を発付するか否かを判断する。この際、逮捕の理由と必要性という2点が令状発付の要件となる。すなわち、被疑者が被疑事実を犯したことを疑うに足りる相当な理由が存在すること (199条)、そして逮捕の必要性があることである。逮捕の理由がある場合でも、被疑者の年齢、境遇等に照らして逃亡および罪証隠滅のいずれのおそれもない場合、逮捕の必要性は認められない (刑訴規143条の3)。逮捕状は、被疑者を特定する事項 (氏名、住居、罪名、被疑事実の要旨) および引致すべき場所、発付年月日、有効期間等が記載され、裁判官が記名押印したものでなければならない (200条)。

逮捕状により逮捕を行う(逮捕状を執行する)場合、被疑者に対して逮捕状を示さなければならないが(201条1項)、逮捕者が令状を所持しておらず急を要する場合はいわゆる緊急執行も許される(同条2項)。この場合、被疑者に対し被疑事実の要旨および令状が発付されている旨告知するとともに、可及的速やかに令状を呈示しなければならない(73条3項)。権利告知等の逮捕後の手続については、以下で述べる現行犯逮捕等にも共通する部分がほとんどであるため後述する(本章2-Ⅲ)。

2) 現行犯逮捕

憲法33条は、「現行犯として逮捕される場合を除いては」令状が必要であると規定する。そのため、現行犯逮捕の場合、令状は必要とされない。これを受け、法は、「現に罪を行い、又は現に罪を行い終わった者」を現行犯人とし(212条)、誰でも現行犯人を逮捕できると規定する(213条)。このように、現行犯逮捕は、令状主義の例外となっているばかりでなく、逮捕権者にも限定がなく、一般人でも逮捕を行うことが認められている(通常逮捕に関する199条2項参照)。このように、現行犯逮捕について要件が緩やかな理由は、現行犯人の場合、犯人であることが明白であり、誤認逮捕等の人権侵害の危険性が極めて低いためであると解されている。そのため、現行犯逮捕が認められるためには、誤認逮捕のおそれがないといえるレベルで、逮捕される者が犯人であることが明白であることが要求される(京都地決昭44・11・5判時629号103頁)。これは明白性の要件といわれているが、どのような場合に明白性が認められるかについては争いがある。前出・京都地決昭44・11・5では、被害者の通報を受けて現場に駆けつけた警察官が被疑者を発見し、同人を被害者に引き合わせたうえ、被害者の供述に基づき被疑者が真犯人であると確認して、犯行から約20分後、犯行現場から約20メートル離れた場所で現行犯逮捕を行った点が問題となった。確かに時間的場所的接着性は認められ、また被害者からみて被疑者が真犯人であるという明白性は低いとはいえないかもしれない。しかし京都地裁は、現行犯逮捕が許されるためには、逮捕される者が真犯人であることが「逮捕者自身においても直接明白に覚知し

うる場合」でなければならないとして、本件現行犯逮捕を違法とした。反対に、最判昭50・4・3刑集29巻4号132頁は、密漁船を3時間追跡した後に行われた現行犯逮捕について適法としている。ここで最高裁は明白性の要件については触れていないが、犯行から比較的長い時間が経過した場合に適法性を認めている背景には、海上における追跡が明白性の要件の存在を極めて強く推認させる要素となっているものと思われる。

　ところで、212条2項は、一定の状態にある被疑者も現行犯人とみなすことで、令状主義の例外を広く認めている（準現行犯逮捕）。すなわち、犯人として追呼されている者（1号）、贓物（盗品）または明らかに犯行に用いたと思われる凶器その他の物を所持している者（2号）、身体または被服に犯罪の顕著な証跡がある者（3号）、誰何（「誰か」と問いただすこと）されて逃走しようとする者（4号）で、かつ犯行後間がないと明らかに認められる場合がこれにあたる。しかし、緊急逮捕についてもいえることであるが、憲法33条は、令状主義の例外として現行犯逮捕しか規定していない。にもかかわらずこれらを現行犯逮捕とみなし、無令状での逮捕を認めてよいのかという憲法上の疑念も投じられている。学説の多くも準現行犯逮捕に積極的ではなく、かなり厳格な解釈のもとで認めようとするものが目立つ。他方、最決平8・1・29刑集50巻1号1頁［和光大学内ゲバ事件］は、犯行後1時間40分経過した後に、現場から約4キロメートル離れた地点での準現行犯逮捕を適法としている。

3) 緊急逮捕

　憲法33条との関係で、準現行犯逮捕以上に問題があるのが緊急逮捕である。緊急逮捕の逮捕権者は通常逮捕の場合と同じであるが、対象犯罪等について限定がある点で通常逮捕と異なる。緊急逮捕が許されるには、死刑または無期もしくは長期3年以上の懲役・禁錮にあたる罪を犯したことを疑うに足りる十分な理由がある場合で、急速を要し、令状発付ができない場合であることが要件となる（210条1項）。また、逮捕後はただちに逮捕状の請求がなされなければならず、逮捕状が発付されない場合には被疑者は釈放される

(同条)。

　先にも述べたように、少なくとも憲法33条の文言上は、逮捕は通常逮捕と現行犯逮捕の2種類しか規定されていない。そのため、逮捕後の令状請求により司法審査に服させることで、通常逮捕と位置付けるのが判例の見解である（最大判昭30・12・14刑集9巻13号2760頁）。他方、現行犯逮捕の一類型とみる見解（前出・最高裁判決における小谷・池田裁判官補足意見）、アメリカ法における逮捕に関する令状主義の例外に示唆を得て新たな令状主義の例外として理解するもの（同・斎藤裁判官補足意見）などもみられた。しかし、令状主義が当事者間での一方的な権利制約に対する司法的抑制のための制度であるとするならば、事前審査を経ない点で令状主義違反であるという批判も存在する。

## Ⅲ　逮捕後の手続

　逮捕後の手続は、司法警察職員による場合と検察官または検察事務官による場合とで若干の違いがある。まず、司法警察職員による逮捕が行われた場合の手続についてみておこう。司法警察職員は、司法巡査と司法警察員とに分かれるが、司法巡査により逮捕が行われた場合、司法警察員に引致しなければならない（202条）。司法警察員が自ら逮捕した場合または司法巡査から被疑者の身柄を受け取った場合は、犯罪事実の要旨および弁護人選任権があることを告知したうえで、弁解の機会を与えなければならない。その結果、継続して留置する必要がない場合は被疑者を釈放し、その必要がある場合は48時間以内に書面および証拠とともに被疑者の身柄を検察官に送致する手続をとらなければならない（203条1項）。書面・証拠とともに被疑者の身柄を検察官に送致することを送検という。上記期間内にこの手続ができない場合は、被疑者は釈放されなければならない（同条4項）。

　次に、司法警察職員による逮捕を経ずに、直接検察官が逮捕を行う場合がある（204条）。この場合も、司法警察職員による場合と同様に、まず犯罪事実の要旨および弁護人選任権の告知がなされなければならない。そのうえ

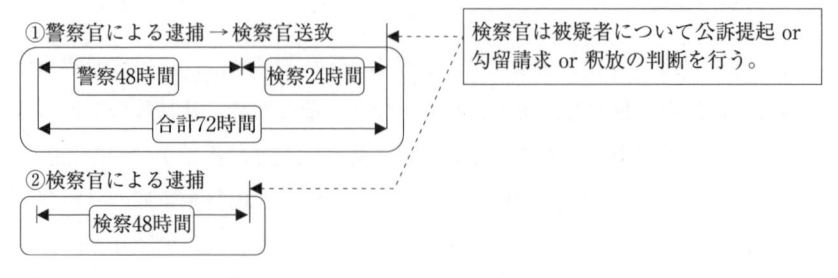

```
①警察官による逮捕→検察官送致        検察官は被疑者について公訴提起 or
  ┌──警察48時間──┬─検察24時間─┐  勾留請求 or 釈放の判断を行う。
  └──────合計72時間──────┘
②検察官による逮捕
  ┌──検察48時間──┐
③私人による現行犯逮捕
  ・私人→司法警察職員 or 検察官
```

**図 9-1　逮捕の際の身柄拘束時間**

で、弁解の機会を与え、留置の必要がある場合は身柄の拘束を継続し、その必要がない場合には釈放しなければならない。この場合の身柄拘束期間は48時間であり、検察官はこの期間内に勾留請求または公訴提起を行わなければならず、そのいずれも行わない場合は釈放しなければならない（同条1項）。司法警察職員が逮捕に着手し継続して身柄を拘束し、送検後さらに逮捕による身柄の拘束が継続される場合、逮捕に伴う身柄拘束のマクシマムは72時間（警察48時間＋検察24時間）である（図9-1①）。これに対し、はじめから検察官によって逮捕が行われる場合は、逮捕に関しては全体で48時間の身柄拘束期間しか認められていないことになる（図9-1②）。

　私人による現行犯逮捕が行われた場合、ただちに被疑者を司法警察職員または検察官に引き渡さなければならない（214条）（図9-1③）。司法巡査が被疑者を受け取ったときは、速やかに司法警察員に引致しなければならない（215条1項）。司法巡査が被疑者を受け取ったときは、逮捕した者の氏名、住居および逮捕の理由を聴取しなければならならず、逮捕者に対しても公官署に行くことを求めることができる（同条2項）。その他の手続に関しては、通常逮捕の規定が準用される（216条）。

## 3 勾　　留

### I　意義および目的

　逮捕後に行われる勾留（刑罰の1つである拘留〔刑16条〕とは異なる）とは、未決拘禁のことをいい、被疑者勾留（起訴前勾留）と被告人勾留（起訴後勾留）とがある。ここでは前者について述べる（以下、本章で単に勾留という場合は、被疑者勾留をいうものとする）。勾留が行われるためには、必ず先に逮捕が行われていなければならない（207条1項）。この原則を逮捕前置主義という（なお、被告人勾留については逮捕前置主義は妥当せず、その他いくつかの点で被告人勾留とは異なる。第15章1-Ⅲ参照）。勾留は最長20～25日間（208条、208条の2）にも及ぶ比較的長期の身柄拘束である（208条、208条の2）（図9-2）。そのため、逮捕を先行させることで、全体で23日間（208条の2の場合は28日間）にも及ぶ身柄拘束の比較的初期段階において二重の司法審査が可能となる。かつては逮捕を先行させず直接勾留を認めた方がむしろ身体拘束が短くなる分被疑者にとって利益であるという考え方もあった。しかし、最大で72時間という逮捕期間の追加という不利益を考慮したとしても、初期の段階で二重のチェックを可能とする逮捕前置主義の機能はこれに優越するといえる。

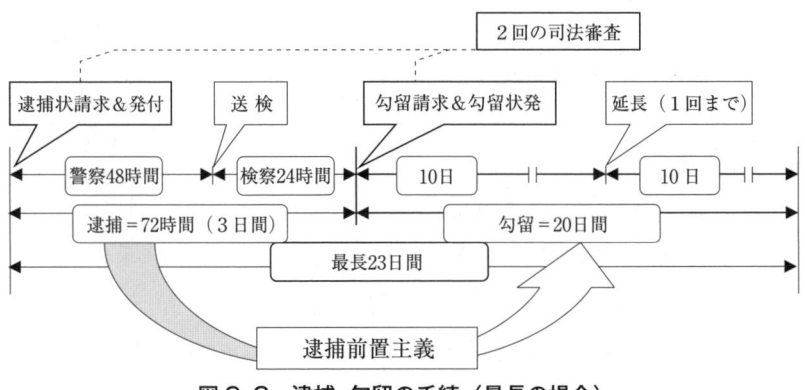

**図9-2　逮捕・勾留の手続（最長の場合）**

## II　勾留の手続

　勾留は裁判官または裁判所によって行われる被疑者の身柄拘束の裁判およびその執行をいう。勾留の請求を行うのは検察官であり、司法警察員等に請求権は認められていない（204条1項・205条1項）。また、職権による勾留は認められない。被告人勾留に関する60条以下の規定は、207条1項によって被疑者勾留にも準用される（ただし、被疑者保釈は認められていない）。37条の2第1項の規定は被疑者国選弁護制度について規定しているが、204条ないし206条の請求を受けた裁判官は、この権利について告知する義務がある（207条2項）。勾留請求があった場合、検察官はその日から10日以内に公訴提起するか、そうでなければ被疑者を釈放しなければならない（208条）。請求を受けた被疑者に対して被疑事実を告げ、これに対する被疑者の陳述を聴いた後でなければ勾留を行うことはできない（61条）。これを勾留質問という。裁判官が勾留の理由がないと認めるときは、被疑者を釈放しなければならない。勾留の実体的な要件としては、住居不定、罪証隠滅のおそれ、逃亡のおそれのいずれかが認められなければならない（60条1項）。同時に勾留の必要性もなければならない（87条1項）。

　勾留期間は勾留を請求したときから10日以内に行わなければならないが（208条1項）、やむを得ない理由があるときはさらに10日間の延長ができる（同条2項。さらに208条の2は、内乱罪等の一定の重大犯罪については、さらに5日間の延長を認めている）。検察官はこの期間内に公訴提起を行わない場合は、ただちに被疑者を釈放しなければならない（208条1項）。

## III　勾留の場所

　勾留は裁判官が指定する刑事施設において行われる（64条1項）。ここでいう刑事施設とは、懲役等の刑罰を執行する施設（刑事収容3条1号）ではなく、逮捕された者（同条2号）または勾留される者（同条3号）を収容する施設のことをいう（刑務所〔前者〕ではなく拘置所である〔法務省設置法8条および9条参照〕）。これとは別に警察にも留置施設が設置されており（刑事収容14条1

項)、刑事施設の代わりに留置施設において勾留の執行を行うこともできる（同15条1項）。検察官は裁判官の同意を得て、被疑者を移監することもできる（刑訴規80条1項）。判例は、裁判所の職権による移監を認めているが、被疑者には移監請求権を認めていない（最決平7・4・12刑集49巻4号609頁）。そのため、移監命令が発せられないことに不服がある場合でも、以下で説明する準抗告の対象とならない。

## IV 不服申立

　勾留の裁判に対して不服がある者は、その裁判をした裁判官の所属する裁判所に準抗告を行うことができる。429条1項は、勾留については準抗告を認めているが（2号）、逮捕については準抗告を認めていない。逮捕について準抗告を認めるべきだという見解も主張されてきたが、判例は明確に否定している（最決昭57・8・27刑集36巻6号726頁）。逮捕を短期間の処分ととらえ、直後の勾留請求の段階における司法審査によるチェックで十分であると考えられているようである。勾留請求の手続自体に違法がない場合でも、逮捕前置主義との関係上、先行する逮捕に重大な違法がある場合はこれを前提とする勾留請求は却下すべきである（例えば、前出・京都地決昭44・11・5）。

## 4　逮捕・勾留に対するコントロール

### I　事件単位の原則

　逮捕・勾留は事件ごとに行われなければならない。このことを事件単位の原則という（通説・判例）。犯罪の被疑事実を逮捕・勾留の基礎とするため、被疑事実が複数存在すれば同一被疑者について被疑事実の個数に応じた逮捕・勾留を行うことが許される。これに対し、かつては逮捕・勾留は「人」ごとに行われるものであるとする人単位説も存在した。これによれば、逮捕・勾留は本質的には人に対して行われる処分であり、そのため複数の被疑事実が存在する場合でも同一被疑者に対する逮捕・勾留は1回しか認められ

ない。しかし、現行法は令状主義を採用し、令状には被疑事実の記載が求められている（200条・64条1項）。したがって、裁判所は当該事件について身柄の拘束を認めていると解され、犯罪の嫌疑ごとに逮捕・勾留がコントロールされる。その結果、当該被疑者について別の事実の嫌疑が存在し、これに関しても逮捕・勾留を行うべきときは、改めて別個の手続をとらなければならない。そう考えると、逮捕勾留を「人」に対して認める人単位説の方が、身柄拘束の期間という点で被疑者に利益であるようにも思われる。しかし、人単位説によれば、被疑者に対する一般的嫌疑から逮捕・勾留が認められやすい。また、別件逮捕・勾留（下記Ⅲ）も、事件単位の原則でなければ問題とすることができない。

## Ⅱ　逮捕勾留一回性の原則（再逮捕・再勾留の禁止）

　法は逮捕・勾留について、身柄拘束の時間的制約を厳格に規定している（上記2-Ⅲ、3-Ⅱ参照）。ここから、1つの犯罪事実については、逮捕・勾留は1回しか行うことができないという逮捕勾留一回性の原則（再逮捕・再勾留の禁止）が導かれる。同一被疑事実について逮捕・勾留を何度も行い得るとすれば、法が身柄拘束期間を厳格に定めた趣旨は損なわれてしまうためである。ただ、193条3項は再逮捕を前提とした規定になっており、法は再逮捕・再勾留をまったく許さないと解すことはできない。著しい事情の変更があり、再逮捕・再勾留を許すことが不当な逮捕の蒸し返しにならない場合に限って例外的に許されると解されている（東京地決昭44・4・4刑月4巻4号891頁）。

## Ⅲ　別件逮捕・勾留

　別件逮捕という用語は法律上のものではなく、その定義については争いがあるが、一般的には次のように理解されている。すなわち、もっぱら別の重大犯罪についてのみ取調べを行うことを目的に、要件を満たす軽微な犯罪事実で令状の発付を受け逮捕・勾留を行うことである。例えば、殺人罪が疑わ

れる被疑者がいるが、殺人罪については嫌疑が十分ではないため逮捕状を請求しても発付を受ける見込みが極めて低い場合に、確実に令状の発付を受けることができる窃盗について逮捕し、その期間もっぱら殺人罪についてのみ取調べを行うような場合である。事件単位の原則および逮捕・勾留一回性の原則から問題となる。この例を用いて考えてみよう。まず、事件単位の原則からは、裁判官は窃盗罪について逮捕の必要性を判断し、当該（窃盗）被疑事実について身柄拘束を許可している。他方、殺人罪については何も判断しておらず、身柄の拘束も認めていない。にもかかわらず、実質的には殺人罪のための身柄拘束が行われることになれば、強制捜査抑制のための制度である令状主義は機能しなくなる。また、窃盗罪に関する逮捕・勾留の後、これを利用して得られた殺人罪の嫌疑を基礎にして改めて殺人罪について逮捕・勾留が行われることになれば、実質的には殺人罪の捜査を目的とした逮捕が2度行われていることになり、逮捕・勾留一回性の原則にも反する（東京地判昭45・2・26刑月2巻2号137頁［東京ベッド事件］ほか）。

**【参考文献】**
川出敏裕『別件逮捕・勾留の研究』東京大学出版会、1998年

# 第10章

# 捜査手続Ⅳ

## 1 捜索・差押え

### Ⅰ 意　義

憲法35条は、捜索および押収に関する令状主義について規定している。これを受けた218条以下は、捜索・差押え、検証および鑑定について具体的な規定を設けている。以下、捜索・差押えからみていく。

1) 捜　　索

捜索とは、場所、物、身体について物または人を発見するための活動をいう（219条1項参照）。したがって、一般に知られている家宅捜索のみならず、空間を有する物や身体に対しても捜索を行うことが予定されている。

2) 差　押　え

差押えとは、証拠物や没収すべき物の占有を強制的に取得する処分のことをいう。憲法は、これを押収と呼び（憲35条参照）、刑訴法がいう差押えと異なる用語を用いているが、内容は同じである。ただし、刑訴法上も押収という概念が存在し、これと憲法上の押収（すなわち刑訴法上の差押え）は必ずしも一致しないので注意する必要がある。刑訴法上の押収には、差押えのみならず、領置（101条・221条）および提出命令（99条2項）が含まれる。領置とは、犯行現場における遺留品や任意提出された物の占有取得をいう。占有取得（開始）時は任意処分としての性質を帯びるが、占有取得後（占有継続）については目的物を返還する必要がなく、強制処分となる。提出命令とは、裁判所が起訴後に行う処分であり（99条2項）、捜査機関による捜査とは異なる。

## Ⅱ　令状による捜索・差押え
1)　令状の要件と処分対象の限定

　　検察官、検察事務官または司法警察職員は、犯罪捜査のために必要がある場合、裁判官の発する令状により捜索・差押えを行うことができる（218条1項）。捜査の必要は、犯罪の態様、軽重、差押対象物の証拠価値、罪証隠滅の危険、当該処分による被処分者の不利益の程度等を総合考慮して判断される（最決昭44・3・18刑集23巻3号153頁［國學院大学映研フィルム事件］）。この場合、令状の請求権者は、検察官、検察事務官および司法警察員であり、逮捕の場合と同様、令状執行者よりも限定されている（ただし、逮捕の場合、検察事務官は含まれない）。この令状には、被疑者もしくは被告人の氏名、罪名、差し押さえるべき物、捜索すべき場所、身体もしくは物、有効期間および有効期間経過後は返還すべきこと、令状発付の年月日等を記載しなければならない（219条1項）。このうちとくに問題となるのが、捜索場所および差押物件の特定である。憲法35条は、「捜索する場所及び押収する物を明示する令状」と明記しており、219条1項もこれを受けた規定となってる。処分対象の特定の趣旨は、かつてイギリスで横行した一般令状の禁止にあり、単に令状があるからといって無制約な捜索・押収ができるわけではない。ただし、令状請求時において、捜索場所にどのような証拠物があるかをすべて網羅的に把握することは不可能である。そのため、実務では、捜索差押えの対象となる物件をある程度例示した後、「その他本件に関係ありと思料せられる一切の物件」といった記述が用いられている。最大決昭33・7・29刑集12巻12号2776頁［東京都教組事件］は、このような概括的記載が行われた令状について明示として欠くところはない、としている。確かに、請求時において差し押さえるべき物件をすべて明示することは不可能を求めることであり、現実的ではない。しかし、「本件に関係あり」と考えられる物件かどうかは、被疑事実および罪名・罰条といった令状に記載される他の項目によって十分に限定される必要がある。なお、前出最大決昭33・7・29で問題となった令状には、罪名として地方公務員法違反としか記載されていない。

次に、捜索・差押えの執行の適正性が問題となる。前出最大決昭33・7・29のように、判例は差押物件の特定についてある程度概括的記載を容認しているが、令状執行の場面で直接記載されていない物件の差押えがどの範囲で許されるか問題となる。最判昭51・11・18判時837号104頁では、恐喝の被疑事実について、恐喝被疑事件に関係ある「暴力団を標章する状、バッチ、メモ等」が、差し押えるべき物として記載されており、賭博開帳に関するメモ196枚が差し押えられたことが問題となった。最高裁は、恐喝事件が暴力団O組との関係のもとで行われたものであると考える場合、本件メモが被告人とO組との関係や事件の組織的背景を解明するために必要な証拠であったとして、本件令状による賭博メモの差押えも令状に記載された差押えの目的物にあたるとしている（なお、原審の大阪高判昭49・3・29高刑27巻1号84頁は、本件メモは恐喝事件と関係するものとはとうてい認められず、「暴力団を標章する状、バッチ、メモ等」に該当するものとはいえないとして、本件差押えを違法とし、被告人を無罪としている）。他方、モーターボート競争法違反被疑事実につき、「本件を立証するメモ、ノート類、日記帳、通信文、預金通帳、スポーツ新聞」を差し押えるべき物とする令状で、当該事件に関する証拠は何ら発見されなかったが、横領罪の証拠である通帳、印鑑、現金が領置された事件について、最高裁は本件捜索・差押えがいわゆる別件捜索差押えであることを示唆して、違法としている（広島高判昭56・11・26判時1047号162頁）。

令状に記載された差し押えるべき物と執行の関係で、やっかいなのがコンピュータや電子記録媒体の差押えである。最決平10・5・1刑集52巻4号275頁では、電磁的公正証書原本不実記録、同供用被疑事実に関して発付された捜索差押許可状に基づき、パソコン1台、フロッピーディスク合計108枚等を差し押えた行為が問題となった。パソコンの場合、そのハードディスク等に保存された情報自体が重要性を有する。したがって、保存された情報が被疑事件との関係で価値を有する（被疑事件と関係性がある）場合に、証拠物としての性格を有することになる。しかしながら、従来の情報記録媒体である紙等と比べ、外見からその内容を把握することは極めて困難である（ファ

イル名やフォルダ名が適切に登録されているとは考えにくい)。また、捜索・差押えの現場でファイルを1つ1つ開いて内容を確認していたのでは膨大な時間を要し、被処分者から妨害を受け、場合によっては情報を毀棄される可能性もある。そのため、最高裁は、捜索現場で内容を確認すると記録された情報が破棄される危険があるときは、内容確認をせずにフロッピーディスク等を差し押えることも許されるとした。

　被告人立ち会いのもとで捜索・差押えを執行中、宅配物が届き、被告人がこれを受け取った後に、執行中であった令状を根拠に当該宅配物に対して捜索を行ったという事案がある。令状の執行開始時点では存在しなかった物が、令状の執行中に現場に存在するに至った場合に、当該物件が令状記載の差し押えるべき物に該当するかが問題となる。最高裁は、捜索現場に配達され被告人が受領した荷物に対する捜索差押許可状の効力を肯定している（最決平19・2・8刑集61巻1号1頁）。

　甲に対する令状で甲の居室を捜索場所とする令状の発付を受け、その執行におもむいたところ、甲は外出中であり、その代わり同居人である甲の内縁の夫である被告人がおり、ボストンバッグを携帯している場合、このバッグに対する捜索は認められるか。最高裁は、このような事実関係のもとにおいては、前記捜索差押許可状に基づき被告人が携帯する右ボストンバッグについても捜索できるとして、捜索現場に居あわせた第三者（被告人）に対しても令状の効力を認めた（最決平6・9・8刑集48巻6号263頁）。ただし、本件被告人は、甲とはまったく無関係の第三者とはいえず、同居していた内縁の夫であったという点に注意する必要がある。

2) 適正な令状執行の確保

　捜索・差押許可状が適正に発付されたとしても、捜査機関がこれを適正に運用しなければ、令状主義の要請は実現されない。執行の適正性を担保する制度として、114条1項および2項（222条1項により準用）は、公務所内における捜索・差押えの執行に責任者の立会を義務付けている。そして、公務所以外で行われる場合は、住居主もしくは看守者またはこれらの者に代わるべ

き者の立会を義務付けている。処分を受ける者が自ら立ち会うことで、自らの権利に対する処分に行き過ぎがないかをチェックすることが可能となる。しかし、被疑者、弁護人に立会権は認められていない。一方で、222条6項は、捜査機関は必要がある場合に被疑者を立ち会わせることができるとしているが、これは被疑者に立会権を認めるものではないとされている。

　次に、110条（222条1項により準用）は、被処分者に対する令状の呈示を義務付けている。憲法は捜索・差押えをも令状主義に服させ、さらに捜索・差押えの対象を令状によって限定化することで、被処分領域を限定しようとした。この点、「令状の事前呈示そのものは、もともと憲法の令状主義自体の要請ではない」とした下級審判例もあるが（札幌高判平9・5・15判時1636号153頁）、令状による被処分領域の限定という点に鑑みると、処分範囲が明記された令状を処分を受ける者に示し、もって適正性が担保されるのは憲法上の要請というべきであろう。加えて、令状を複写、あるいは写筆する権利は認められるか。法は、明文では令状の呈示までしか認めておらず、複写権ないし写筆権までは認めていない。しかし、解釈でこれを認めようとする見解もある。確かに、明文では呈示義務までしか認めていないが、処分の対象を確実に把握しなければ、令状の記載事項を基礎とした防御は期待できないからである。ただ、当事者主義における実質的防御の保障という点からも、令状の複写、写筆は認められるべきであるように思われるが、過去に消極に解した判例もある（東京地決昭34・5・22下刑1巻5号1339頁）。

3）偽計を用いた令状の執行

　法は、令状の執行にあたり、必要な処分を認めている（111条・222条1項により準用）。

　令状の執行に先立ってこれを呈示すべきとするのが法の趣旨であるが（110条・222条1項により準用）、令状執行前に来意を告げると、被疑者等によりその場で罪証隠滅等が図られる危険性がある場合もある。そこで、例えば「宅配便です」などと告げてドアを開けさせ、室内に立ち入った後に捜索・差押えを行うことが考えられるが、このような執行方法は妥当か。大阪高判平

6・4・20 高刑 47 巻 1 号 1 頁は、このような行為について、有形力を行使したものではなく平和裡に行われた至極穏当なものであり、手段方法において社会通念上相当性を欠くものとまではいえないとしている。さらに、最決平 14・10・4 刑集 56 巻 8 号 507 頁は、捜査官が来意を告げることなく、ホテル客室のドアをマスターキーで解錠し、中に立ち入って捜索差押えを行った行為について、事前の令状呈示が原則であるが捜索・差押えの実効性確保のためにやむを得ない措置であったとする。

### III 不服申立

429 条 1 項 2 号は、押収（本章 1-I-2 参照）の裁判に対して不服があるときは、準抗告を申し立てることができる旨規定し、430 条 1 項および 2 項は捜査機関がなした押収の処分について準抗告を申し立てることができる旨規定する。この他、123 条は、押収物の還付（1 項）および仮還付（2 項）について規定しており、留置の必要のない押収物は元の持ち主に返される。その他、手続外の救済方法として、国家賠償法に基づく救済を求めることもできる。

## 2 検証・鑑定

### I 検　　証
1）意　　義

検証とは、物の占有を取得できないような場合に、場所、物または人について、五感の作用を用いて、その形状等を強制的に感知する処分をいう。法は、検証を準抗告の対象としていない（429 条 1 項参照）。おそらく、検証が物の占有取得を伴わない処分であるため、押収と比べて権利侵害性は低いと考えられたのではないかと推察される。ただし、プライバシー侵害を伴う点では他の捜査手法と異なるところはない。したがって、立法論としては不服申立の対象とすべき余地もある。検証には、令状を必要としない任意捜査とし

ての実況見分と、強制捜査としてのいわゆる検証とがある。例えば、交通事故等における現場での事故状況の確認、写真撮影（現場検証）や、被害者の同意を得て事故の被害車輛を写真撮影するような場合が前者の実況見分にあたろう。これに対し、被処分者のプライバシーを犯す身体検査などの行為は、強制捜査となり原則として令状の発付を受けて行うことになる。ここでは、後者の意味での検証を取り扱い、単に「検証」という場合はこの意味で用いる。ただし、逮捕に伴う検証については令状を必要としない（220条1項2号）。検証は直接強制が可能であり（218条1項・139条）、間接強制までしか認められない鑑定とは異なる（225条1項および4項）。

2）令状請求の手続

令状により検証を行う場合、その手続は捜索・差押えの場合とほぼ同じである。令状の請求権を有するのは、検察官、検察事務官または司法警察員であり、令状の執行にあたるのは検察官、検察事務官および司法警察職員である（218条1項および3項。その他、令状の記載事項については前記1-Ⅱ-1）参照）。

3）検証としての身体検査

218条1項後段は、検証としての身体検査（狭義の身体検査）を行う場合について、とくに身体検査許可状の発付を要求している（218条1項）。ここでいう身体検査は、人の身体の外表に対する処分をいい、人相、容貌、体格（身長等）、痕跡（注射痕等）を確認する処分をいう。身体検査は強制処分であるため、被疑者が身体検査に応じない場合は強制することができるが、まずは間接強制を行い（137条・138条）、それでも効果がない場合は直接強制を行うことができる（139条）。ただし、直接強制とはいえ、対象者を裸にし、体表、体腔を検査するのが限界であるとされる。ただし、身体拘束を受けている被疑者については、裸にしない限り令状によることを必要としない（218条2項）。

Ⅱ 鑑　　定

　鑑定とは、特別の知識・経験によってのみ知り得る法則またはその法則を具体的事実に適用して得られた意見・判断をいう。鑑定の性質上、通常捜査機関が自ら鑑定を行うことよりも、ある分野の専門家によってなされることが一般的である。223条1項は、嘱託鑑定について規定しており、検察官、検察事務官および司法警察職員は、捜査のため必要があるときは、被疑者以外の者に鑑定を嘱託することができる旨規定する。鑑定そのものは任意捜査であるが、鑑定のための処分は強制の性質を有する。検察官、検察事務官および司法警察員は、鑑定のために鑑定留置に関する処分を必要とするときは、裁判官にその処分の請求をすることができる (224条1項)。その他の処分について必要がある場合、鑑定の嘱託を受けた者は裁判官の許可を受けてこれを行うことができるが、その請求を行うのも、検察官、検察事務官および司法警察員である。

　鑑定は、ある程度人体内部への侵襲行為が許容された処分であるとされるが、その反面直接強制はできない (225条1項および4項は139条を引用せず)。

## 3　令状主義の例外——逮捕に伴う捜索・差押え、検証、鑑定

### Ⅰ 意　　義

　憲法35条は、逮捕の場合には令状を必要としない旨規定する。これを受けた、220条1項は、被疑者を逮捕する場合において必要がある場合に令状なしで捜索・差押え、検証をすることができると規定している。捜索・差押え、検証を行い得る範囲については、「逮捕する場合」、「逮捕の現場」をどう理解するかによって差違が生じることになる。これらの違いは、憲法35条および刑訴法220条が、かかる捜索・差押え、検証を令状主義の例外とした理由から考える必要がある。

## Ⅱ 令状主義の例外である趣旨

### 1）合理説（相当説）

逮捕時、逮捕現場には証拠物が存在する蓋然性が高いため、逮捕に伴う捜索・差押えが令状主義の例外とされているというのが、判例の見解である（最大判昭36・6・7刑集15巻6号915頁）。したがって、逮捕現場に証拠物が存在する蓋然性が高ければ、令状はいらないことになり、ひいては逮捕と捜索・差押え等の処分の時間的接着性は緩やかに解されることとなる。

### 2）緊急処分説（限定説）

これに対し、通説的理解によれば、憲法35条および刑訴法220条が令状主義の例外を規定しているのは、逮捕の現場においては、証拠物が毀棄隠匿される危険性が高く、そのための最低限度の処分を認めたものにすぎないという。また、これに加えて、逮捕現場においては、被疑者の逃亡防止や逮捕者の安全確保の必要性も、無令状での捜索・差押え、検証を認める根拠と理解される。この見解によれば、逮捕に伴う一時的な緊張状態における緊急処分のために、捜索・差押え、検証等の処分が認められることになる。したがって、逮捕と処分とは、必然的に時間的、場所的に密接でなければならないこととなる。

## Ⅲ 判例の傾向

### 1）逮捕の着手に先行する捜索・差押えの実施

逮捕からどのくらいの時間経過まで、逮捕に伴う捜索・差押え等の処分を行うことが許されるか、あるいは逮捕行為の実施前にかかる処分を行い得るか。判例は、逮捕行為の着手前に行われた捜索・差押えを適法と解している（前出・最大判昭36・6・7）。

### 2）逮捕現場から離れた場所での捜索・差押えの実施

場所的接着性についても、判例はこれを比較的緩く解する傾向にある。例えば、逮捕の場所から約500メートルないし3キロメートル離れた警察署に連行後行われた被疑者の装着品、所持品に対する差押えについて、逮捕現場

における差押えと同視することができ、適法であるとしている（最決平8・1・29刑集50巻1巻1号［和光大学内ゲバ事件］、福岡高判平5・3・8判タ834号275頁、東京高判昭44・6・20高刑22巻3号352頁等参照）。

# 第11章

# 捜査手続V

## 1　捜査の限界——科学的捜査手法

　科学技術の発展とともに、おそらく刑訴法が予定していなかった新しい捜査手法が登場するようになった。その中には有形力の行使を伴わないものの、対象者の重要な権利・利益に干渉するものがある。現在では権利侵害を伴う捜査手法は強制捜査として理解されている（法益侵害説／第7章参照）。ところが、捜索・差押えのように捜査方法が刑訴法上明記されているものとは違い、新しい捜査手法は明文の規定によって認められているものは少ない。そのため、強制捜査法定主義との関係で、刑訴法が認めた捜査手法のうちどれにあたるかが問題となる。

### I　写真撮影

　犯行現場の写真撮影は許されるか。写真撮影等は、被写体の状態、要旨・容貌を把握し、記録化するため、一定程度のプライバシー侵害を伴う処分であり、五感の作用を用いて形状等を認識し、把握する処分であるため検証にあたると考えられる（218条2項）。しかし、判例は、違法なデモ行進を無令状で、かつ相手方の同意なく写真撮影した行為について、①現に犯罪を行っているか犯行後間がないと認められる場合で、②証拠保全の緊急性・必要性があり、③撮影方法が相当であることを根拠に許容されるとしている（最大判昭44・12・24刑集23巻12号1625頁［京都府学連デモ事件］。なお、最判昭61・2・14刑集40巻1号48頁も同旨）。では、犯行状況の証拠保全ではなく、犯人の特定

のための写真撮影は許されるか。この場合、先の①の要件（現行犯性）が認められない。これについて最高裁は、被告人に対する相当な嫌疑および処分の必要性（②）があって、「通常、人が他人から容ぼう等を観察されること自体は受忍せざるを得ない場所」で行われたこと（手段の相当性＝③）を理由に、写真撮影を適法と認めている（最決平 20・4・15 刑集 62 巻 5 号 1398 頁）。

## II 通信傍受（盗聴）

例えば、A と B という 2 人の間でなされている通話（電話）を盗み聴く行為は許されるか。通信の秘密（憲 21 条 2 項）という憲法が直接保障した権利を侵す捜査手法であるため、少なくとも AB いずれも承諾していない場合は強制捜査となる。以前は通信傍受を認める規定は存在しなかったが、2000 年に施行された通信傍受法により、通信傍受に関する 222 条の 2 が新設された。ただし、同条は実質的な内容を有するものではなく、強制捜査法定主義（197 条 1 項但書）との関係上刑訴法に特別の定めが必要となるため、形式的に追加された条文である。立法以前は、電話検証令状（最決平 11・12・16 刑集 53 巻 9 号 1327 頁）などが用いられていた。しかし、これに対しては、明文の規定がないにもかかわらず、解釈によって新たな令状を作出したという批判があったものの、同法の立法（およびこれに伴う刑訴法 222 条の新設）により強制捜査として通信の傍受（盗聴）が正面から可能となった。

通信傍受の対象となるのは、組織的殺人、違法薬物取引等の組織犯罪である（通信傍受 1 条）。通信傍受令状の発付要件は、①犯罪嫌疑、②関係通信の存在する蓋然性、③補充性である（通信傍受 3 条 1 項）。この令状は、検察官または司法警察員（218 条 2 項と比較）が地裁の裁判官に対して請求を行い（通信傍受 4 条 1 項）、10 日以内の期間を設けて実施されることになる（通信傍受 5 条 1 項）。さらに、検察官、司法警察員の請求により 10 日以内の期間を定めて延長することが可能であり、全体としては最大 30 日間の傍受が認められる（通信傍受 7 条）。令状には被疑者の氏名等の基本事項を記載するとともに、傍受すべき通信、傍受期間、実施条件等を記載しなければならない（通信傍

受6条1項)。

　令状の執行にあたっては、スポット傍受と呼ばれる一時的な傍受が行われる。この短時間の傍受の際に関係する通信が行われているか否かを判断することになる(通信傍受13条1項)。スポット傍受中に別件の通信が行われた場合、死刑・無期・短期1年以上の懲役か禁錮にあたる罪に関する通信も傍受できる(通信傍受14条)。

## Ⅲ　体液等の採取

　法は体液等の採取について明文の規定を置いていない。しかし、飲酒運転や薬物犯罪(自己使用)の捜査において、血液や尿の採取は実際に行われており、強制捜査法定主義との関係上問題となる。

　まず、医師等により医学的に相当な方法で実施される血液の採取は、強制採尿と比べて被採血者に対する身体の侵害の程度は軽微であり、苦痛や危険もそれほど大きいものとはいいがたい。しかし、身体に対する侵襲行為である以上、被採血者の同意のない限り令状なしに行うことは許されない。下級審判例には鑑定処分許可状によるべきことを示唆するものがある(仙台高判昭47・1・25刑月4巻1号1頁、札幌地判昭50・2・24判時786号110頁)。学説においては身体検査許可状によるべきであるとするもの、またはこれら2つの令状によるべきであるとする見解(併用説)もあるが、いずれにせよ令状のない強制採血は許されないというべきである(併用説に触れた判例として、高松高判昭61・6・18刑月18巻5・6号709頁)。

　次に、強制採尿についてであるが、血液のように生体の一部を構成するものとはいいがたい。しかし、拒否する被疑者の身体を力ずくで拘束し尿道口を露出させたうえ、尿道にカテーテルと呼ばれる管を挿入し膀胱に貯留された尿を直接抜き取る措置であるため、捜査方法として許されるのかが問題とされてきた。むしろ、学説においては強制採血以上に抵抗が大きい。下級審裁判例においても、身体検査許可状と鑑定処分許可状の双方に基づき、医師によって行われた強制採尿について、被疑者の人間の尊厳を著しく害すると

して違法としたものがある一方で、このような採尿手続を適法としたものも存在した（名古屋高判昭54・2・14刑集34巻5号314頁、東京高判昭54・2・21判時939号132頁）。判例においても見解が分かれる中、最高裁は捜索差押許可状によるべきとする見解を示している。すなわち、「体内に存在する尿を犯罪の証拠物として強制的に採取する行為は捜索・差押の性質を有する」ので、その実施にあたっては「捜索差押令状を必要とする」。ただし、「人権の侵害にわたるおそれがある点では、一般の捜索・差押と異なり、検証の方法としての身体検査と共通の性質を有」するので、「令状の記載要件として強制採尿は医師をして医学的に相当と認められる方法により行わせなければならない旨の条件の記載が不可欠」であるとした（最決昭55・10・23刑集34巻5号300頁）。最高裁の見解は、体内にある尿を証拠物と取扱い、生体の一部を構成する血液やその他の体液とは性質が異なるという理解を前提としている。確かに尿は、いずれは排出される老廃物ではある。しかし、生体から生成され

---

| コラム | **おとり捜査は許されるのか？** |

任意捜査の限界について、おとり捜査は許されるのか。おとり捜査とは、捜査官またはその協力者が身分を隠して対象者に働きかけ、同人が犯行に及んだところを検挙する捜査手法である。とくに直接の被害者が存在せず、秘密裏に実行される薬物犯罪等で用いられ成果をあげている。しかし、おとり捜査は対象者をだますという行為を中核とし、国家が犯罪の成立に関与するという点で問題とされてきた。最決平16・7・12刑集58巻5号333頁は、薬物犯罪等の直接の被害者がいない犯罪について、他の捜査手法ではこれを検挙することが困難である場合に、犯罪を行う意思がある者を対象に実施されるおとり捜査（機会提供型）は、任意捜査として許容されるとした。このような判断基準は、直接の被害者の不存在、捜査の補充性に加え、既存の「犯意」の存在を適法性判断のメルクマールとするため、主観説と呼ばれる。この基準によれば、犯意がなかった者に働きかけ犯意を生じさせ、犯行に至らしめたおとり捜査（犯意誘発型）は、違法となる。おとり捜査を機会提供（適法）と犯意誘発（違法）とに分けるこの基準は、一見分かりやすく、妥当であるようにも思われる。しかし、犯意がもともとあったか否かの認定は困難であるし、犯意がある者に対してはどのような働きかけを行っても適法となるのかなどの問題点が指摘されている。

未だ体内に存置されている尿を、体腔内に隠匿された異物などと同じように取り扱ってよいのか疑問が持たれる。

## 2 違法捜査に対する救済

### I 手続内における救済方法
1) 違法収集証拠排除法則

　憲法38条1項・2項およびこれを受けた刑訴法319条1項は、違法に獲得された自白の証拠能力を否定する。他方、証拠物について憲法および刑訴法は、これに相当する明文の規定を有していない。しかし、憲法が適正手続（憲31条）を保障し令状主義（憲33条・35条）のもとで捜査を厳格にコントロールしているにもかかわらず、これに反して獲得された証拠を有罪の立証に用いることが許されるとすれば、これら法の趣旨は無に帰すことになりかねない。そこで、自白の場合と同様に違法に獲得された証拠物についても証拠能力を奪い、有罪立証のための材料として用いることは許されないと解すべきである。これは、アメリカで判例法上発展してきた違法収集証拠排除法則と呼ばれるものであり、わが国でも最決昭53・9・7刑集32巻6号1672頁で同原則自体が採用され（実際に証拠排除はなされていない）、最高裁レベルでも違法捜査を理由に実際に証拠排除を行った例がある（最決平15・2・14刑集57巻2号212頁）。詳しくは、第21章で論じる。

2) 手続の打切り

　証拠法上の処理とは別に、違法捜査に基づく公訴提起自体にコントロールをかけ救済を図るべきだという有力な主張がある。すなわち、違法捜査に基づく公訴提起に公訴権濫用を認め、公訴棄却または免訴による手続の打切りを認めようというのである。公訴提起によるべきか免訴によるべきかなど、理論構成には違いがあるものの、学説は公訴権濫用に基づく手続打切りに積極的であるといえる（とくにおとり捜査など）。しかし、判例は否定的である（最判昭41・7・21刑集20巻6号696頁）。

## II 手続外における救済方法

　証拠排除や手続打切りが、当該被疑事件に関する刑事手続の中で行われる勝利であるのに対し、これとは別に訴えを起こして違法捜査の救済を求めることもできる。まず、刑法は、特別公務員職権濫用罪（刑194条）や特別公務員暴行・陵虐罪（刑195条）で、検察・警察職務に従事する公務員の違法捜査を通常の暴行罪等と比べ厳しく取り締まっている（例えば、刑208条参照）。また、捜査官の活動（とくに強制捜査）は、通常処分を受ける者の法益を犯すため、何らかの犯罪構成要件に該当する行為は令状発付等の正当化がない限り処罰の対象となることはいうまでもない（例えば、住居侵入〔刑130条〕、器物損壊〔刑261条〕など）。

　また、捜査官による行為自体は犯罪構成要件に該当しなくとも、民事上の不法行為として国家賠償を求めることもできる。接見交通権に対する違法な制約が国家賠償訴訟で争われた例は多いし（前出最判平3・5・10民集45巻5号919頁、最判平12・6・13民集54巻5号1635頁、最決平17・4・19民集59巻5号563頁）、過剰な有形力が用いられ退去の自由が認められなかった任意の取調べについて違法と判断したものがある（鹿児島地判平19・1・18判時1977号120頁）。

## 3　捜査の終結

　通常、捜査は、捜査の端緒（第8章参照）によってはじまり、嫌疑の高まりとともに任意捜査から強制捜査へ、最終的には逮捕・勾留という身柄の拘束へと発展していく。警察が被疑者を逮捕した場合、48時間以内に検察官に送致され、身柄ともに事件を受理した検察官は24時間以内（検察官が直接逮捕した場合は48時間以内）に勾留請求を行わなければならない。勾留請求が認められれば、さらに最長で20日間の身柄拘束が認められる。検察官は、認められた身柄拘束期間が切れる前に、公訴提起を行うか、被疑者を釈放しなければならない。すなわち、逮捕終了時、最初の勾留終了時（10日後）、あるいは勾留延長期間が終了時のいずれかの段階で、起訴・不起訴（釈放）の判

断を行うことになる。これにより、捜査は集結し、公訴提起があり、起訴状が裁判所に受理された場合は、事件は裁判所の処理に委ねられることになる。

# 第 12 章

# 被疑者の地位・防御活動

## 1 被疑者の地位

### I 被疑者とは

 「被疑者」とは、捜査中の事件において、当該犯罪を実行したことの嫌疑をかけられている者である。一般に、「容疑者」と呼称されることも多いが、刑訴法では被疑者と称する。また、嫌疑がまだ明確ではない段階で、「重要参考人」として取調べを行うことがある。参考人と被疑者の区別は、とくに黙秘権告知の必要性に関して重要である (198条2項・223条2項参照)。

 刑事手続では、裁判が確定するまでは、その対象者が真犯人であったとしても、「犯人」という呼称は原則として用いられていない。刑訴法189条2項は、「犯人……を捜査する」と規定しているが、これは、真犯人が誰であるかを解明するという意味であり、その過程で捜査の対象となった被疑者がただちに犯人として扱われるという意味ではない。

 被疑者は、逮捕・勾留や、取調べの場面において、捜査手続の客体であることは否定できない。しかし、純粋な糾問的訴訟観に立たない限り、被疑者は、手続に主体的に関与するべき地位も認められる (第7章参照)。わが国の刑事裁判における有罪率の高さゆえに、多くの事件においてその結論は捜査段階で決せられるということを考えると、被疑者に対しすでに捜査段階で主体的な地位を認めることが不可欠であると思われる。

## II 被疑者の権利・義務

### 1) 被疑者の権利

　被疑者は、捜査手続におけるその地位に応じて、様々な権利が保障されている。被疑者は、捜査手続の客体としての地位において不当な扱いを受けることがないよう、勾留取消請求権（207条1項・87条）、準抗告申立権（429条・430条）、黙秘権（憲38条1項）といった権利（消極的防御権）を与えられている。黙秘権は、言いたくないことは言わなくてよいという消極的な側面だけでなく、言いたいことを好きなときに言ってよいという意味で、積極的な側面（積極的防御権）も併せ持つ。証拠保全請求権（179条1項）も、積極的防御権の1つにあげられる。

　そもそも、被疑者がこのような権利を保障され、どのような場面でそれを行使できるのかを知らなければ、権利保障は実効性のないものとなる。それゆえ、強制処分に際しての令状提示、被疑事実および弁護人選任権等の権利告知など、捜査機関側から一定の情報を受けることができるようになっている（情報獲得権）。

　さらに、被疑者は、多くの場合、自分が置かれている状況を冷静かつ正確に分析し、法律上保障された権利を適宜に行使することが困難である。それゆえ、法律の専門家であり、刑事手続に精通した者から援助を受ける必要がある。そこで、被疑者には、手続のあらゆる段階において弁護人選任権（30条）が付与され、身体拘束を受けている場合でも、その弁護人と面会等による接見交通を行う権利（39条1項）が保障されている。

### 2) 被疑者の義務

　被疑者は、その地位において、次のような義務を課せられる。被疑者は、逮捕・勾留、捜索・差押え等の処分の対象として、手続が適法に行われる限り、処分を受忍しなければならない。また、捜査機関は、必要とあれば、任意で被疑者を取り調べることができるが、捜査実務においては、身体拘束中の取調べは被疑者がこれを受忍するべき義務を負うとされている（第9章参照）。

## 2 捜査段階における弁護人の援助

### I 弁護人依頼権

　被疑者は、弁護人に依頼する権利を保障される。この弁護人依頼権は、憲法34条前段では、身体拘束を受ける場合に限定されているが、刑訴法30条では、手続の全段階で保障されている。被疑者は、資力等の理由で自ら弁護人を選任することが困難であるときには、国選弁護人の選任を求めることもできる。この被疑者国選弁護人制度は、2006年に新設され、2009年にその対象事件が拡張された（刑訴37条の2）。

　前述のとおり、捜査段階での被疑者の防御にとって、弁護人依頼権が重要であることは明らかである。もっとも、弁護人依頼権は、当初から現在のような形式であったわけではなく、長い年月をかけて拡充されてきた。しばしば、「弁護権の拡充は刑事訴訟の歴史である」といわれる。刑事訴訟の歴史において、被疑者・被告人の主体的地位の承認とともに、その手続的権利の保障への関心が高まってきたが、その中心は、弁護権の拡充であった。刑事訴訟はその国の縮図であるともいわれる。弁護人依頼権の保障は、国家と市民との関係における人権保障のあり方を反映するものといえる。

### II 捜査段階における弁護

　被疑者・被告人の罪責を審理するのは公判であるから、刑事弁護も、本質的には、その中心が公判手続にある。しかし、わが国の実状からは、事件の結論は、たいてい起訴の時点で決定している。裁判官の心証形成が、主として、捜査段階で作成された調書に基づくということも、わが国の特徴的な現象である。このような「精密司法」、「調書裁判」といわれるわが国の刑事裁判の問題性は、それ自体、十分検討されなければならない。もっとも、実践的には、捜査段階における弁護人の役割が重要であることも否定できない。

　弁護人は、捜査段階において、次のような活動を行う。第1に、被疑者に

対し、その手続的権利や手続状況を説明する。被疑者自身が権利行使できない場合、それに代わって、権利の実現に向けた措置をとる。第2に、被疑者が逮捕・勾留されている場合、適宜に面会等を行い、身体の拘束に伴う様々な不安を除去し、家族の様子を報告するなどして、孤立感を緩和させる。第3に、捜査の動向を監視し、捜査機関が不当な行為に出るときは、その是正に向けた申立てを行う。第4に、被害者との示談交渉や、被疑者の社会復帰に向けた環境整備を行う。この点は、量刑段階において有利な情状となるだけでなく、起訴猶予（248条）の判断に際しても考慮される。したがって、弁護人は、被疑者に有利な事情があれば、適宜、検察官にこれを示し、その起訴判断に影響を与えることも行う。

## Ⅲ　接見交通権

### 1）接見交通権の意義

　弁護人依頼権は、被疑者の防御に不可欠のものであるから、それは、単に弁護人に依頼するだけでなく、実効的に弁護を受けることができるという意味で理解されなければならない（最大判平11・3・24民集53巻3号514頁）。実効的な弁護が行われるためには、被疑者と弁護人とが密接に意思疎通を図ることが必要である。しかし、被疑者が身体を拘束されている場合、弁護人との連絡が困難となる。そこで、刑訴法39条1項は、身体の拘束を受けている被疑者・被告人に対し、弁護人（弁護人になろうとする者を含む）と、立会人のない接見または書類や物の授受をすることができる権利（接見交通権）を保障している。これにより、被疑者は、弁護人より手続状況に応じて適宜の助言を受け、自身が置かれている状況を知り、それに応じた防御を行うことが可能となる。

　接見交通権は、弁護人にとっても、「その固有権の最も重要なものの1つである」（判判昭53・7・10民集32巻5号820頁）。弁護人は、被疑者・被告人の正当な利益を保護するために、彼らと綿密な情報・意見交換を行い、その希望を的確に把握するべく、十分な意思疎通を図らなければならない。

刑訴法は、このような趣旨において、弁護人と被疑者・被告人との接見交通権を、捜査機関等の干渉を排除するという形での秘密性を付与して、保障している。その他の者との接見（207条・80条・81条）と比較しても、弁護人との接見交通権がいかに重要であるかが理解されるであろう。このような接見交通権の秘密性は、監視や盗聴といった直接的な方法によるだけでなく、取調べに際して弁護人との会話内容を質問するといった間接的な方法によっても害されてはならない（鹿児島地判平20・3・24判時2008号3頁）。もっとも、秘密性の保障は、被疑者側から放棄することも可能である。例えば、被疑者が接見設備のない検察庁舎内で取調べ中に弁護人が緊急の用件で面会を求める場合、その希望に応じて、立会人等を置いて接見させる方法（面会接見）も認められてよい（最判平17・4・19民集59巻3号563頁）。2007年5月からは、弁護人が検察庁舎等の指定場所から被疑者と電話で接見を行う方法（電話接見）も、試験的に実施されている。

　接見交通の重要性は、被疑者が身体拘束されている場合に限られない。例えば、被疑者が任意同行により取調べを受けている最中に、弁護人が面会を求めて来庁したような場合も、当然ながら、被疑者は、弁護人と立会人なく接見することができる（福岡高判平5・11・16判時1480号82頁）。

2）接見交通権の制限
① 制限の一般的許容性

　刑訴法39条3項は、「捜査のため必要があるとき」に、捜査機関が接見の日時、場所、時間を「指定」するという形で制限することを認めている。このような形で接見交通権の制限を許す規定は、そもそも許容され得るか。

　この問題について、最高裁大法廷（前掲最大判平11・3・24）は、接見交通権は「憲法［34条前段］の保障に由来するもの」と述べたうえで、この権利も絶対的な保障を受けるものではなく、「刑罰権の発動ないし刑罰権発動のための捜査権の行使」との関係で一定の制限に服すると判示した。そして、現行法規定は、あくまで接見交通の実現が原則とし、その制限は必要最小限度にとどまるものであるから、弁護権保障の趣旨を実質的に損なうものでは

ないとして、憲法違反ではないと結論付けられている。

② 指定の方式

接見指定の方式は、捜査機関の合理的裁量に委ねられる（最判平3・5・10民集45巻5号919頁）。かつては、捜査中の事件について一般的に接見を禁止し、弁護人から接見申出がなされた場合に、個別にこれを許可するといった方法（一般的指定）がとられていた。しかし、このような方法は、接見交通権の行使が原則であり、その制限は例外的であるべきとの法の趣旨を逆転させるものであると批判され、これを違法とする下級審判例が続出したことから、実務でも姿を消した。

現在は、対象事件について、検察官が留置施設の長に対して、弁護人から接見申出があった場合は、接見指定の判断を行うために連絡を求める、という趣旨の書面を発する方法がとられている（巻末資料①、②参照）。この書面は、捜査機関と留置施設との内部文書であり、被疑者や弁護人において何ら法的効力を持つものではないから、仮に連絡の間、弁護人が一定時間待たされるとしても、それが社会通念上相当と認められる範囲内のものであれば、違法ではないとされている（最判平16・9・7判時1878号88頁）。

③ 指定の要件

接見指定は、「捜査のため必要があるとき」でなければならない。この要件該当性について、かつては、捜査状況にかかわらず広く認められるとする見解（無限定説）が有力であった。一般的指定方式も、この見解を基礎にしていた。しかし、接見交通権の原則的保障という前提からは、その制限も必要最小限度にとどめられなければならない。取調べなどの被疑者の身体を利用した捜査を行う場合等、捜査に顕著な支障が生じる場合に限られるとの見解（限定説）が、現在は通説となっている（前掲最大判平11・3・24）。

また、接見指定は、それが被疑者の防御準備を不当に制限するものであってはならない（39条3項但書）。例えば、逮捕直後に弁護人から接見申出がなされたが、弁護人と十分な協議を行うことなく、一方的に翌朝の接見時間を指定することは、たとえ被疑者の取調べの最中であっても、接見時間の指定

などにより捜査に顕著な支障が生じることを避けることができた場合には、違法である（最判平12・6・13民集54巻5号1635頁）。

## 3　被疑者の防御活動

### I　防御の目的
　被疑者は、捜査段階において、自らまたは弁護人を通じて、様々な防御活動を行う。その目的は、手続の状況、被疑者自身の目標によって異なる。弁護人は、臨機に応じた活動を要請される。

### II　具体的な防御活動
1）取調べへの応対
　無罪を求める場合、被疑者は、取調べに際して、黙秘または否認することになる。被疑者・被告人には、憲法38条1項の自己負罪拒否特権を基礎に、刑訴法上はより広く、包括的な黙秘権を保障されている（198条2項・311条1項）。これに反して供述を強制された場合、自白の証拠能力が否定されることになっている（第19章参照）。もっとも、黙秘権を超えて、積極的に否認すること、とくに被疑者が真犯人である場合に「嘘をつくこと」まで、権利として保障されるかは問題である。この議論は、とくに被疑者の嘘に弁護人が加担した場合の可罰性を考えるときに、意味を持つ。

　被疑者は、自身の罪を認め、寛大な処分を求めることもできる。わが国の刑事手続では、このような自白事件が圧倒的多数である。被疑者が取調べに対して従順な態度で臨み、事案の解明に積極的に協力することで、十分な反省が認められるとして、量刑上有利に考慮されたり、起訴猶予処分が得られることにつながる。

2）証拠保全
　捜査機関は、事案の解明に向けて、被疑者に不利なものだけでなく、有利となる証拠も収集しなければならない。また、被疑者は、そのような証拠の

収集を、より積極的に、自身の調査活動によって収集することもできる。もっとも、被疑者および弁護人は、捜査機関と異なり、強制処分を行うことができない。刑訴法は、この点について、裁判官に対し一定の処分の実施を求めることができる（証拠保全請求権）ということで対応している（179条）。これにより、被疑者側は、自身に有利な証拠を、後の裁判に備えて保全しておくことができる。

　もっとも、証拠保全は、あくまで裁判官の手続であるから、収集された証拠は裁判所に保管され、弁護人（弁護人がいないときは被疑者本人）がその閲覧および謄写を行うことができるにとどまる（180条）。また、本手続は、捜査機関の証拠収集保全を補充することを趣旨とするものであるから、すでに捜査機関が収集した証拠を本手続の対象として保全請求することはできない（最決平17・11・25刑集59巻9号1831頁）。

3）その他の防御活動

　被疑者側は、上記以外に、捜査機関から不当な扱いを受けた場合に不服を

---

**コラム**　　**黙秘権と嘘をつく権利**

　被疑者・被告人は、刑事手続において、黙秘権を超えて、より積極的に「嘘をつく権利」まで認められるか。

　この問題は、憲法・刑訴法に明示の手掛かりはない。他方、刑法をみると、被疑者・被告人は、偽証罪や証拠隠滅・偽造罪の主体から除外されている。つまり、これらの規定が保護する刑事司法の利益は、被疑者・被告人との関係では保護されないことになっている。このことから、被疑者・被告人が嘘をついても、それは法が許容するところであり、その結果、彼らに嘘をつく権利が保障されていると考えることもできそうである。

　しかし、刑事被告人が偽証罪の主体から除外されているのは、わが国の刑事訴訟では被告人に宣誓義務を伴う証人適格が否定されていることが理由であり、また、証拠隠滅・偽造罪から除外されているのは、期待可能性の欠如という責任阻却に不処罰の根拠を認める見解が多数である。このことから、刑事司法の適正な運営という利益は、被疑者・被告人との関係でも保護されているのであり、彼らがこれを侵害する場合、法的には違法であるとの評価が妥当する。それゆえ、被疑者・被告人には、「嘘をつく権利」はないといわなければならない。

申し立てる（429条・430条）、被疑者に有利となる事情（例えば、被害交渉が成立したこと）などを検察官に提示して不起訴処分を求めるといった防御活動を行う。また、近時は、捜査機関側による記者会見などを通じた情報発信に対抗して、被疑者側も弁護人を通じて被疑者に有利な情報を発信することも許されてよいとする見解も主張されている。裁判員裁判を意識した見解であり、情報の平等性を目的としたその趣旨は注目されるが、より本質的には、裁判がはじまる前から裁判官（員）に予断を生じさせるような情報の流通を是正するという形で、検討されるべきである。

【参考文献】
石川才顯『捜査における弁護の機能』日本評論社、1993年
岡田悦典『被疑者弁護権の研究』日本評論社、2001年
佐藤博史『刑事弁護の技術と倫理―刑事弁護の心・技・体』有斐閣、2007年
高田昭正『被疑者の自己決定と弁護』現代人文社、2003年
柳沼八郎・若松芳也編著『新接見交通権の現代的課題―最高裁判決を超えて』
　　日本評論社、2001年
渡辺修『刑事裁判と防御』日本評論社、1998年

# 第13章

# 公訴提起手続

## 1 検察官の訴追裁量とそのコントロール

### I 公訴提起における検察官の権限

1) 公訴提起の基本原理

　公訴提起とは、特定の刑事事件について、国家が原告として裁判所の審判を求めて行う意思表示のことである。現代の刑事裁判は、裁判所自身が事件を拾い上げて審判するというシステム（糾問主義）ではなく、原告側の訴えに対して裁判所が第三者的立場から審判するというシステム（弾劾主義）を採用している。

　誰が原告として訴追活動を行うかについて、2つの方式がある。第1は、事件の当事者である被害者（または、その代理として警察等の公的機関）がこれを行う方式（私人訴追主義）であり、第2は、国家が訴追を引き受けるという方式（国家訴追主義）である。わが国の刑訴法は、「公訴は、検察官がこれを行う」（247条）と定めているとおり、国家機関である検察官にその権限を独占させていることから、国家訴追主義を採用している。

　検察官は、「犯人の性格、年齢及び境遇、犯罪の軽重及び情状並びに犯罪後の情況により訴追を必要としないときは、公訴を提起しないことができる」（248条）。検察官による公訴提起のあり方として、所定の条件が整えば原則として起訴しなければならないとする方式（起訴法定主義）もあるが、わが国では、検察官に広範かつ強力な裁量権が与えられている（「起訴便宜主義」または「起訴裁量主義」）。

このように、わが国の刑訴法は、公訴提起に際して検察官に強い権限を与えている。これにより、法律および刑事政策の専門家である検察官が、様々な利益を考慮したうえで、適切な刑事裁判の運用に向けて柔軟な対応を行うことができる。

2) 公 訴 権

検察官が公訴を提起し、その後の訴訟を追行する権限を、「公訴権」という。この公訴権の本質について、民訴法学からの影響も踏まえて、古くから議論（公訴権論）がある。

かつては、犯罪により生じた刑罰権を裁判の場で確認する権利である（実体的公訴権説）、ともかく公訴を提起して何らかの裁判を受ける権利である（抽象的公訴権説）といった見解も主張されたが、現在は、裁判所に対し有罪または無罪の実体判決を求める権利であるとする見解（実体判決請求権説）が支配的である。

## II 検察官の公訴権限に対するコントロール

1) コントロールの必要

前述のとおり、検察官は、公訴提起に際して強い権限を与えられているが、その判断が絶対的に正しいということはできない。また、そのような権限が恣意的に行使されることになれば、刑事訴訟の正統性が根幹から揺らぐ。被害者等の事件関係者はなおのこと、社会一般に、検察官の公訴権が正しく行使されることに大きな利益が認められる。そこで、検察官の公訴権行使に対して、一定のコントロールを行う必要が生じる。

2) 不起訴処分に対するコントロール

検察官が、被疑者を不起訴とした場合、告訴等のあった事件については、告訴人等に通知し、告訴人等から請求があれば、不起訴とした理由を開示することになっている（260条・261条）。また、検察庁は、1999年より、被害者等の希望に応じて、事件処理等について通知する制度を実施している（第6章参照）。さらに、被害者等が不起訴処分に不服がある場合に備えて、次のよ

うな制度がある。

① 付審判請求

　刑法等に規定される職権濫用罪について、その被害者等が告訴・告発を行ったにもかかわらず、検察官が不起訴とした場合、告訴・告発者は、管轄地裁に対して、裁判所の審判に付することを請求できる（262条1項）。裁判所は、審理を経て、請求に理由があると認めるときは、事件を管轄地裁の審判に付する決定を下す（266条2号）。付審判決定が下されると、その事件について公訴提起があったものと擬制され（267条）、以後、裁判所から指定を受けた弁護士が検察官役を務め、刑事裁判が行われる（268条）。

　付審判請求にかかる審理手続は、「捜査に類似する性格」を有するものであり（最決昭49・3・13刑集28巻2号1頁）、非公開の職権的手続で行われる。また、付審判決定が下された後、公判の段階で、請求対象事件以外の訴因（例えば、特別公務員職権濫用罪から暴行罪）に変更することも許される（最決昭49・4・1刑集28巻3号17頁）。

　年間300件程度の付審判請求が行われているが、付審判決定が下されることは極めて少なかった。しかし、近時、2009年3月3日佐賀地裁決定、2009年4月27日宇都宮地裁決定、2010年4月15日奈良地裁決定など、請求を認める判断が続いており、本手続への関心が高まっている。

② 検察審査会

　検察審査会は、「公訴権の実行に関し民意を反映させてその適正をはかる」ことを目的として（検審1条1項）、地方裁判所およびその支部が所在する地に設けられる合議体である。裁判員と同様、選挙人名簿から抽選で選抜された11人の市民で構成され、検察官が不起訴とした事件について、告訴人等からの申立てにより、または職権で審査し、検察官の不起訴処分の当否を判断する。本制度は、第2次世界大戦後、現行刑訴法と同時期に導入されたものであり、その沿革上、アメリカの大陪審制度に範を得たものである。

　付審判請求手続と異なり、その対象事件に制限はない。審査に際して、検察官に資料の提供を要求することや、必要に応じて証人尋問を行うこともで

きる（検審35条・37条）。審理の結果、「不起訴相当」、「不起訴不当」、「起訴相当」のいずれかを議決するが、起訴相当の議決をするには、11名中8名の賛成が必要である（検審39条の5）。検察審査会の議決には、一事不再理効が認められており、同一事件について再度の審査申立てをすることはできない（検審32条）。

　検察審査会の議決について、従来は、法的拘束力はなかった。しかし、2004年司法制度改革の中で、検察審査会法も改正され、起訴相当の議決に一定の法的効力が与えられることになった。すなわち、検察審査会の起訴相当議決に対して検察官がやはり不起訴とし、検察審査会が再び起訴相当の議決を下した場合（検審41条の6）、起訴相当の議決書が管轄地方裁判所に送付され（検審41条の7）、裁判所から指定された弁護士が検察官役として公訴提起を行うことになった（検審41条の9・41条の10）。この改正は、検察審査会の権限を強化するべきとする見解に応えたものであるが、裁判員裁判と同様、市民による司法参加が拡充されたものと評価することができる。

> **コラム**　　**検察審査会の起訴議決事件**
>
> 　近時、検察審査会の存在が、クローズ・アップされている。これは、とりもなおさず、2004年法改正により、その権限が強化されたことによる。2010年8月現在、検察審査会の審査を経て強制的に起訴されたものとして、「明石歩道橋事故」と、「JR福知山線脱線事故」がある。いずれも、発生当時、大きく報道された事件であり、その被害の大きさからも、刑事責任の所在が注目されていた。これらの過失事犯は、故意犯と異なり、その立証の困難さゆえに、捜査が長期化するだけでなく、最終的に検察官が起訴を断念するということが、稀ではなかった。そのような場合、被害者は、故意犯と同じ被害を受けたにもかかわらず、刑事手続においては「泣き寝入り」を余儀なくされてきたのである。このことは、被害者多数の事件だけでなく、日常生起している交通事故に関しても同様である。
>
> 　刑事手続は、当然ながら、刑罰権の実現という公益の追求を目的とする。しかし、事件の当事者として、被害者の存在が忘れられてはならない。その意味で、検察審査会は、検察官の起訴権限の統制という公的利益だけでなく、事件処理に対する被害者の納得という私的利益も実現するものと、理解されるべきであろう。

3) 起訴処分に対するコントロール

　不起訴処分と異なり、検察官の起訴処分をコントロールするための、法定された制度はない。しかし、コントロールの必要性は、異なるものではない。そこで、裁判実務や学説において、検察官の不当な起訴をコントロールするための理論として、「公訴権濫用論」が展開されてきた。公訴権濫用論とは、検察官による公訴権の行使がその裁量を逸脱する場合、公訴提起が違法・無効とされるべきことを導く考え方である。判例も、一定の条件のもとで、この理論が妥当するべきことを承認している（最決昭55・12・17刑集34巻7号672頁）。公訴権濫用論は、適正手続原理をその背景とする（大森簡判昭40・4・5判時415号13頁）。

　公訴権濫用論は、次のとおり類型化される。
① 嫌疑なき起訴
　検察官は、自身の被疑者に対する主観的嫌疑を裏付ける十分な証拠（客観的嫌疑）が存在しないとき、起訴できるか。この問題は、前述の公訴権論と関連付けて議論されている。

　現在の支配的見解である実体判決請求権説からは、検察官は、有罪判決に限らず、無罪判決を請求することも許されてよい。この理論を純粋に貫徹させ、客観的嫌疑が存在しない場合も起訴できるとする見解もある（純粋実体判決請求権説）。この見解は、捜査を簡潔に終わらせ、公判中心主義を実効的なものとするべき、政策的考慮を背景とする。もっとも、無罪判決の請求も許されることから、ただちに、およそ有罪の可能性がない公訴提起まで許されることにはならない。被疑者・被告人の立場からすると、訴訟の場に置かれること自体が負担である。そのような負担を求めるためには、有罪判決を基礎づけるべき一定程度の嫌疑が要求されるべきである（修正実体判決請求権説）。
② 起訴猶予相当事件の起訴
　検察官は、起訴便宜主義を前提に、一定の事件について起訴猶予とすることができる。逆に、少なくとも一定の証拠が揃っている事件では、検察官が

公訴提起することについて、違法・無効の問題は本来生じないはずである。しかし、実務上、起訴猶予とされるべき場合について、ある程度の基準が存在する。それゆえ、この基準に反して検察官が起訴した場合、公訴権濫用が問題となり得る。例えば、1つの事件で被疑者の1人のみを選択的に起訴する場合や、公安事件などで一定の政治的メッセージを意図して起訴する場合などが、この類型にあたる（「悪意の起訴」といわれることもある）。

この類型について、前掲最決昭55・12・17は、チッソ水俣病事件の補償交渉で生じた暴行傷害事件において、公害病被害者団体のメンバーのみが起訴され、チッソ会社側従業員は不起訴とされたという事案において、公訴権濫用論により公訴提起が無効となり得ることを認めた。ただし、そのような場合に該当するべき基準としては、「たとえば公訴の提起自体が職務犯罪を構成するような極限的な場合に限られる」と判示し、公訴棄却とした原判決の判断を誤りであるとした（具体的事件の処理としては、原判決を破棄すべき著反正義要件は満たされないとして、検察官の上告を棄却している）。

③　違法捜査に基づく起訴

捜査段階で、警察官等が違法な行為を行った場合、公訴提起の効力に影響を及ぼすか。捜査段階での違法行為をコントロールする手段としては、公判段階での違法収集証拠排除が重要であるが（第21章参照）、すでに公訴提起の段階でその効力を無効とし、被告人を手続から解放するべきかが問題となる。

この問題について、下級審裁判例では、道交法違反の捜査に際して、警察官が被疑者に暴行し傷害を負わせたという事案について、公訴提起を無効としたものがある（前掲大森簡判昭40・4・5）。また、少年被疑事件について、捜査に日数を要しこの間に少年が成人したため、少年審判ではなく刑事裁判に付された事案について、やはり公訴提起を無効としたものもある（久慈簡判昭43・5・23刑集23巻12号1606頁）。しかし、いずれも、最高裁では、その判断は否定されている（最判昭41・7・21刑集20巻6号696頁、最判昭44・12・5刑集23巻12号1583頁）。

## 2 公訴提起の手続

### I 起訴状の作成

　公訴提起は、検察官が起訴状を作成し、裁判所にこれを提出する（256条1項）。例えば、電話など口頭で起訴の意思を伝えることや、検察官以外の者が起訴状と題した書面を作成・提出しても、それは公訴提起とは認められず、およそ存在しないものとして扱われる。このように、わが国の刑訴法は、公訴提起手続において、その権限と方式について、厳格に定めを置いている。

　起訴状に記載されるべき事項も、法定されている（256条2項）。起訴状には、書面一般の要記載事項（刑訴規58条）に加えて、①被告人を特定する事項（氏名、本籍地等）、②公訴事実、③罪名が記載されなければならない（巻末資料③参照）。また、後述のとおり、起訴状に記載してはならない事項もある。起訴状の記載について、補正が認められないほど重大な瑕疵があった場合、公訴提起は無効となる（338条4号）。

### II 起訴状一本主義

#### 1）予断排除原則

　起訴状の作成に際して、裁判官に事件につき予断を生じさせるおそれがある書類などを添付すること、またはその内容を起訴状の記載に引用することは禁止される（256条6項）。この原則を、「起訴状一本主義」という。

　旧法時代は、捜査段階で収集された資料や証拠（これを「一件記録」という）は、すべて公訴提起に際して裁判所に提出されることになっていた。裁判所は、公判が開始される前に、起訴状と合わせてそれらの資料等に目を通し、一定程度の心証を形成したうえで、公判に臨んでいた。この方法によることで、実体的真実の発見が容易となり、またそれに向けた審理計画も的確に設定されると考えられていた。しかし、現行刑訴法の制定に際して、起訴状一本主義が導入されることになり、訴訟の構造および各訴訟関係人の役割が大

きく転換されることになった。すなわち、憲法37条1項は「公平な裁判所」による裁判を受ける権利を保障しているが、そのためには、裁判所は公判が開始されるまでは犯罪嫌疑について白紙の状態に置かれなければならない。旧法までのように一件記録が起訴の時点ですべて裁判所に提出されるという方法では、裁判所は、捜査機関の嫌疑を引き継ぎ、被告人が有罪であるとの予断をもって公判に臨むことになるため、もはや公平な裁判所は保障されない。したがって、公判が開始されるまでは、極力、裁判所にそのような予断を生じさせないような方法がとられなければならない（予断排除原則）。起訴状一本主義は、この予断排除に向けた一連の制度の中で、最も中心的なものである。なお、公判前整理手続（第15章参照）は、両当事者が立会いのもとで、争点および証拠の整理にとどまるものであるから、予断排除原則に反するものではない。

2) 具 体 例

起訴状一本主義に対する違反が認められる場合、「これによってすでに生じた違法性は、その性質上もはや治癒することができない」ことから、公訴提起は無効となる（最大判昭27・3・5刑集6巻3号351頁）。他方で、刑訴法256条3項は、審判対象である公訴事実について訴因の明示・特定を要求しており、犯罪類型によっては、かなり詳細な事実の記載が要求されることから、単に、事実の記載が詳細・具体的であるというだけで、これを違法とすることはできない。そこで、具体的に、いかなるものが起訴状一本主義に違反するかが、問題となる。

まず、脅迫事件や名誉棄損事件における文書全文の引用は、当該事案における訴因の明示・特定に必要であった場合、適法であるとされている（最判昭33・5・20刑集12巻7号1398頁、最決昭44・10・2刑集23巻10号1199頁）。これに対して、詐欺事件の公訴事実の冒頭に前科を記載することは、裁判官に予断を与える余事記載として違法であるとされている（前掲最大判昭27・3・5）。

## 3 訴訟条件

公訴提起が有効であり、その後の訴訟手続を継続させるためには、一定の条件を備えていなければならない。この条件を、「訴訟条件」という。

### I 法定訴訟条件
1）刑訴法に定めがあるもの

①裁判権にかかわる条件として、裁判管轄に関する規定（338条1号・329条）、②被告人の応訴にかかわる条件として、被告人の死亡・解散に関する規定（339条1項4号）、③公訴権の存否にかかわる条件として、二重起訴や一事不再理に関する規定（337条1号・338条3号・339条1項5号）、公訴取消に関する規定（339条1項3号）、刑罰権の消滅に関する規定（337条1号ないし4号）、④公訴提起行為の瑕疵に関する規定（339条1項2号・338条4号・271条2項・339条1項1号）があげられる。このうち、公訴時効に関して、次のような問題がある。

公訴時効は、一定の期間が経過することにより、以後公訴提起できなくなる制度である。その趣旨について、時の経過による可罰性の減少（実体法説）、証拠等の散逸（訴訟法説）、被疑者の法的地位の安定（新訴訟法説）などの見解がある。法定刑により時効期間が異なるが（250条）、2010年改正により、殺人罪等の一定の重大犯罪について公訴時効が撤廃された。この改正は、被害者感情に強く配慮されたものであるが、DNA型鑑定など捜査手段の向上も大きな影響を与えている。時の経過に着目する制度であるため、その起算点が重要な問題となる。刑訴法253条1項は、「犯罪行為」の終了時点と定めているが、これは、結果犯においては結果が発生した時点であると理解されている（最決昭63・2・29刑集42巻2号314頁［熊本水俣病事件］）。また、複数の犯罪が科刑上一罪の関係にあるときは、すべて一体のものとして、最終の結果が発生した時点が起算点とされている（前掲最決昭63・2・29）。公訴

時効は、当該事件について公訴提起した時点で進行が「停止」（中断ではない！）し（254条1項）、その効力は、主観的には他の共犯者全員に及び（254条2項）、客観的には公訴事実の同一性が認められる範囲に及ぶとされている（最決昭56・7・14刑集35巻5号497頁、最決平18・11・20刑集60巻9号696頁）。また、犯人が国外にいる場合などにも時効が停止する（255条）。短期の海外旅行の場合も、本規定に該当する（最決平21・10・20刑集63巻8号1052頁）。

2）刑訴法以外に定めがあるもの

刑訴法以外の規定には、主として、刑罰以外の手段に処理を委ねるべき規定が置かれている。例えば、刑法各則における親告罪規定、道交法における交通反則手続（道交128条2項）、間接国税に関する反則手続（国税犯則取締法13条ないし17条）、少年法における全件送致主義（少42条）などがあげられる。

## II　非法定訴訟条件

法定された訴訟条件以外に、公訴提起およびその後の訴訟追行を無効とさせる場合もあり得る。このような条件は、解釈・運用によって展開されたものであり、「開かれた訴訟条件」といわれることもある。すなわち、刑事司法における真実解明の利益と、被告人の権利保障との利益衡量に基づいて、個別具体的事例において訴訟追行が否定されるべき場合がある。

具体的には、前述した「公訴権濫用論」がこれに該当する。また、迅速な裁判の保障（憲37条1項）に違反する場合にも、手続が打ち切られることがある（最大判昭47・12・20刑集26巻10号631頁［高田事件］）。

【参考文献】
指宿信『刑事手続打切りの研究―ポスト公訴権濫用論の展望』日本評論社、1995年
指宿信『刑事手続打切り論の展開―ポスト公訴権濫用論のゆくえ』日本評論社、2010年
川崎英明『現代検察官論』日本評論社、1997年
寺崎嘉博『訴訟条件論の再構成―公訴権濫用論の再生のために』成文堂、1994

年
鯰越溢弘『刑事訴追理念の研究』成文堂、2005年
光藤景皎『刑事訴訟行為論―公判前手続を中心として』有斐閣、1974年

# 第14章

# 訴因と公訴事実

## 1 刑事訴訟の審判対象

### I 審判対象論

　刑事訴訟の審判対象は何か。旧刑訴法の時代には、裁判所の審判権限は、検察官が起訴状に記載した「犯罪事実」の範囲に限定されず、その背後にある社会的嫌疑全般（事件の全容）に及ぶとされていた。したがって、例えば、窃盗罪の起訴に際して、裁判所は、詐欺罪で有罪とすることもできた。しかし、現行法に入り、起訴状における「公訴事実」の記載に際して「訴因」の明示が要求されたことから（256条3項）、刑事訴訟の審判対象は何かという点が、重要な問題となった。旧法時代と同様に裁判所の審判権限は広く社会的嫌疑全般に及ぶとする見解（公訴事実対象説）と、検察官主張の具体的事実である訴因に限定されるとする見解（訴因対象説）が対立した。しかし、現在は訴因対象説が支配的となり、この論争は、もはや終結したといってよい。

　現行法は、旧法までの職権主義を放棄し、当事者に訴訟追行の主導を認めること（当事者主義）を原則とする。このことは、審判対象の設定・構成という訴訟の本質的な場面においても、裁判所の審判権限は検察官主張の訴因に拘束されるという形で理解されなければならない。

## II 訴因の機能、本質

### 1) 訴因の機能

　審判対象と位置付けられる訴因は、訴訟において、具体的に次のような機能を持つ。

　第1に、訴因が審判対象であるということは、これによって、それ以外の事実は訴訟の対象から除外されることになる。したがって、訴因は、社会に生起した（と仮定される）無数の事実の中から、訴訟の場で審理されるべき事実を選別し、他の事実と識別する機能を持つ（識別機能）。

　第2に、識別機能により、訴訟で審理されるべき事実が選別されると、被告人側は、その範囲で防御すれば足り、それ以外の事実について争う必要がなくなる。したがって、検察官が訴因の明示により審判対象を設定・構成することで、訴因は、相手方である被告人に対し、防御するべき範囲を事前に告知するという機能も持つ（告知機能）。

### 2) 訴因の本質

　訴因は、このようにして、識別および告知という重要な機能を有するが、その本質は何か。この点について、起訴状における事実記載の部分であるとする見解（事実記載説）と、事実の法律構成であるとする見解（法律構成説）がある。判例・通説は、事実記載説に立つ（最決昭40・12・24刑集19巻9号827頁）。そのように解することで、はじめて、識別・告知の機能が果たされるというわけである。

## III 訴因の明示性・特定性

　訴因は、前述の機能を満たすために、その記述に際して、明示性および特定性が要求される。

### 1) 訴因の明示性

　刑訴法は、公訴事実の記載に際して、訴因の「明示」を要求する。訴因は、一方当事者である検察官の訴追意思の表れである。それゆえ、訴訟の原因に対する検察官の訴追意思を明らかにするものでなければ、訴因として成

立しない。例えば、殺人罪で起訴する場合、「人を殺した」(刑199条)という構成要件を満たすべき事実が記載されていなければ、訴因は明示されていない。

2) 訴因の特定性

さらに、訴因の明示に際して、「できる限り日時、場所及び方法を以て罪となるべき事実を特定」しなければならない。訴因が特定していなければ、その識別・告知機能を果たすことができないからである。したがって、検察官は、捜査段階で得られた資料や情報をもとに、可能な限り、日時、場所、方法等の事実を具体的かつ詳細に記載しなければならない。

もっとも、「できる限り」との文言からは、やむを得ない場合には、特定されなくてもよい事項があることも、法律上予定されている。その判断基準について、識別説と防御説が対立する。判例・通説は、識別説に立ち、他の犯罪事実との識別に必要であるか否かを基準とする。識別説によると、例えば、共謀共同正犯における謀議に関する事実は具体的に記載する必要はなく、単に「共謀の上」と記載されていれば足りる(最大判昭33・5・28刑集12巻8号1718頁)。また、日時、場所、方法等の事実も、他の犯罪事実との識別の観点から必要な限りで特定されていれば足りる。したがって、密出国の罪における出国日に関して約6年の幅のある記載(最大判昭37・11・28刑集16巻11号1633頁［白山丸事件］)、覚せい剤自己使用罪の使用日に関して約1週間の幅のある記載(最決昭56・4・25刑集35巻3号116頁［吉田町覚せい剤使用事件］)、被害者が白骨死体で発見された傷害致死事件について犯行日時、場所、方法等に関する概括的記載(最決平14・7・18刑集56巻6号307頁)も、適法であるとされている。これに対し、防御説の立場からは、例えば、共謀共同正犯における謀議の事実は被告人の防御にとって重要であるから、詳細な特定が必要であると主張される。また、識別説に対して、訴因の本質に関する事実記載説と適合するか疑わしい、との批判も向けられている。

## 2 訴因の変更

### I 訴因変更の意味、方法

　訴因が審判対象であるとすると、裁判所は、訴因で主張された範囲を超えて事実を認定することは許されない。もっとも、訴訟の途中で、当初の訴因とは異なる事実が真実であるとの心証が生じることもある。このような場合、常に、いったん無罪判決を下したうえで、改めて起訴からやり直さなければならないとすることも迂遠である。そこで、刑訴法は、当初の訴因を訴訟の途中で追加、撤回、変更することを認めている。これを、「訴因変更」という。

　訴因変更は、検察官の請求を裁判所が許可するという方法で行われる（312条1項）。請求は、原則として、書面を提出して行うが、公判期日内に行われる場合は口頭で行うこともできる（刑訴規209条1項・6項）。また、公判開始後に限らず、公判前整理手続の中で行うこともできる（316条の5第2号）。裁判所は、変更の前後で「公訴事実の同一性」が認められる限り、検察官の請求を許可しなければならない。訴因変更の場面でも、検察官の主導が認められているわけである。

### II 訴因変更の必要性

　検察官は、その訴因設定・構成権限に基づき、自身の判断で（任意的に）訴因変更を請求することができる。もっとも、訴訟の過程で証拠調べの状況等から、裁判所の心証が原訴因と異なると判断するとき、なおも被告人の有罪を求めようとするならば、訴因変更が必要的となる場合がある。訴因の本質は事実記載であるとの理解（事実記載説）からは、裁判所の判断権限が訴因に記載された「事実」に拘束されるため、法律構成に変化がなくても、事実に変化が生じたとき、これと異なる事実を認定するためには、訴因変更が必要的となる。ただし、訴因の一部を認定する場合は、訴因を逸脱するわけで

はないから、基本的に訴因変更は必要ではない（縮小認定の理論）。例えば、窃盗の被害金額の一部を認定する場合や、強盗の訴因で窃盗を認定する場合である。また、事実の変化はその程度において無限であるため、裁判所の心証と原訴因とのずれがわずかでも生じたとき（例えば、窃盗の犯行時刻が午後10時から10時10分に変化するような場合）、常に訴因変更が必要であるとするのも、いたずらに訴訟を煩雑にしてしまう。そこで、ずれがどのようなものであれば訴因変更が必要的となるかが、問題となる。

　この問題について、従来は、被告人の防御に着目して議論されてきた。第1の見解は、訴訟の具体的経過を考えて、被告人の防御の機会が十分保障されていたといえるかが基準であると主張した（具体的防御説）。この見解によると、例えば、窃盗罪で起訴され、途中で横領罪に訴因変更された場合、訴因が窃盗の段階で被告人が十分に防御を尽くしたと認められる場合には、変更後の横領の訴因のままで当初の訴因の窃盗罪で有罪認定することもできる。これに対し、第2の見解は、訴訟の具体的経過を捨象し、一般的・抽象的にみて、訴因と裁判所の心証のずれが被告人の防御にとって重要な影響を与える場合には、訴因変更が必要であると主張した（抽象的防御説）。この見解によると、前述の例では、横領と窃盗では被告人の防御に重要な影響を与えるから、訴因変更が必要である。判例も、当初は具体的防御説の観点から（最判昭29・1・21刑集8巻1号71頁、最判昭29・1・28刑集8巻1号95頁など）、その後は抽象的防御説の観点から（最判昭36・6・13刑集15巻6号961頁、最大判昭40・4・28刑集19巻3号270頁、最判昭41・7・26刑集20巻6号711頁など）あるいは両方の観点を折衷して（最決昭55・3・4刑集34巻3号89頁、最判昭58・12・13刑集37巻10号1581頁など）判断する傾向にあった。

　しかし、判例は、その後、防御の観点よりも、訴因の識別機能を重視するようになった。例えば、最決昭63・10・24刑集42巻8号1079頁は、過失犯における注意義務の根拠となる具体的事実については、「訴因としての拘束力」が認められないとの理由で、当該事項について訴因と異なる事実を認定するためには、訴因変更は必要ではないと判断した。そして、最決平

13・4・11刑集55巻3号127頁が、この問題を総括する形で、次のとおり判示した。訴因記載事実において、審判対象画定の見地からその記載が必要不可欠の事項については、常に訴因変更が必要的であるが、その他の事実については、訴訟の具体的状況による。例えば、殺人共同正犯における実行行為者の記載は、審判対象の画定に必要ではない。それは、確かに、被告人の防御にとって重要な事項であり、いったん訴因として掲記された場合は、原則として訴因変更が要求されるが、訴訟の具体的状況に応じて他の方法により防御の機会が与えられていたと認められる場合には、必ずしも訴因変更を必要としない。判例は、本決定により、訴因の識別機能を重視し、被告人の防御の保障を同一訴因内における争点明確化の問題と位置付けたわけである。

### Ⅲ　訴因変更の可能性（公訴事実の同一性）

1）公訴事実の同一性の機能

　訴因変更は、「公訴事実の同一性を害しない限度において」認められる（312条1項）。つまり、この範囲内であれば、1回の手続で訴因変更手続を経て、犯罪の嫌疑を解明することができる。したがって、「公訴事実の同一性」は、1回の訴訟で解決可能な事実の範囲を画する機能を有する。

　他方、1回の訴訟で解決可能であるということは、同時に、1回の訴訟で解決しておかなければならないという義務を伴う（憲39条参照）。したがって、公訴事実の同一性が認められる範囲において、時間的に並行する複数の公訴提起（二重起訴禁止）や、時間的に前後する複数の公訴提起（一事不再理原則）は許されない。

　このように、「公訴事実の同一性」は、いわば訴訟の枠組みを設定する重要な概念である。

2）判断基準

　公訴事実の同一性は、①公訴事実の単一性と、②狭義の同一性とに区別して検討されるのが一般的である。①は複数の犯罪が成立する場合になお1回

(1個)の手続の対象にできるかという問題であり、②は両立しない関係にある犯罪が実は審判されるべき事実として同一のものであるかという問題である。

① 公訴事実の単一性

旧法の時代は、裁判所の審判権限は検察官が摘示した事実に限定されず、例えば、常習犯の一部を犯罪事実として起訴された場合、実体法上一罪の関係にあるその余の事実も審判の対象とすることができた（公訴不可分の原則）。これに対し、訴因制度を持つ現行法のもとでは、単一性は、公訴不可分の原則の意味ではなく、あくまで、検察官が主張した訴因を途中でどこまで変更してよいかという意味で理解される。

判例（最判平15・10・7刑集57巻9号1002頁など）・通説によると、単一性は実体法上の一罪性と完全に合致するものであるため、もっぱら罪数論の問題として議論されるべきものと解されている。

② 狭義の同一性

他方、狭義の同一性は、訴訟法独自の問題として、活発に議論されてきた。判例は、この問題について、古くから「基本的事実の同一性」という基準をあげ、変更前後の訴因事実について、日時、場所等の近接性、被害客体の共通性などの有無により判断している。とりわけ、問題となる事実に非両立（択一）関係が認められる場合、基本的事実の同一性が肯定される傾向にある。例えば、「10月14日ごろ静岡県長岡温泉で、宿泊客Aの背広を窃取した」という窃盗罪の訴因と、「10月19日ごろ東京都内で、BからAの背広の処分を依頼され質入れしてやった」という盗品関与罪の訴因との間（最判昭29・5・14刑集8巻5号676頁）、「公務員Aと共謀のうえ、Aの職務上の不正行為に対する謝礼の趣旨で、Bから賄賂を収受した」という加重収賄罪の訴因と、「Bと共謀のうえ、右の趣旨で、公務員Aに対し賄賂を供与した」という贈賄の訴因との間（最決昭53・3・6刑集32巻2号218頁）で、それぞれ公訴事実の同一性が認められている。

これに対し、学説では、論者ごとに多様な見解が主張されてきた。ここで

は、そのすべてを検討することはできないが、狭義の同一性を判断するための2つの観点を指摘しておきたい。

第1に、公訴事実の同一性は、1回の訴訟で解決すべき犯罪嫌疑の範囲を画する概念であるから、それは、両訴因の間で国家の刑罰関心において同一であることが要求される。例えば、被害者Aから10万円が奪われたという事件で、それが窃盗罪によるものか、または詐欺罪によるものかで、当該事象に対する国家の刑罰関心は同一であり、1回の訴訟で解決が要求される。第2に、訴訟上の関心から、行為または結果に共通性が認められるとき、それを立証するための証拠もおおよそ共通することから、やはり1回の訴訟で解決することが合理的である。前述の例でいえば、被害者Aから10万円の現金が奪われたという意味で結果の共通性が認められ、その証明において1回の訴訟で行うことが合理的であるから、同一性が肯定されてよい。

## IV 訴因変更における裁判所の後見的役割

前述のとおり、訴因変更の場面でも、検察官の主導が原則である。しかし、裁判所は、訴訟の主宰者として、訴因変更の場面においても一定の後見的役割が要請される。

1) 訴因変更の不許可

訴因変更は、公訴事実の同一性を害さない限り、裁判所はこれを許可しなければならない。ただし、訴因変更により被告人の防御に実質的な不利益が生じるおそれがある場合には、公判手続が停止される（312条4項）。この規定の趣旨から、検察官が訴因変更を請求した時機が、長期の証拠調べを経て結審間近であった場合など、公判の停止ではもはや被告人に生じる実質的不利益を除去できず、それによって裁判の公平が損なわれるような場合には、訴因変更請求は不許可とされる（福岡高那覇支判昭51・4・5判夕345号321頁）。

また、公判前整理手続を経た事件では、充実した争点整理および審理計画の策定という整理手続の趣旨に反する場合、公判段階での訴因変更は不許可とされる（東京高判平20・11・18高刑61巻4号6頁）。

2) 訴因変更命令

　刑訴法312条2項によると、「審理の経過に鑑み適当と認めるとき」、裁判所は、訴因変更を命令することができる。本規定は、真実発見に向けて、判断者である裁判所に後見的役割を期待したものである。最判昭43・11・26刑集22巻12号1352頁によると、一定の重大事犯において、原訴因のままであれば無罪とせざるを得ないが、訴因変更すれば有罪とできることが明白な場合には、裁判所は訴因変更命令を発するべき義務を負う（これを行わず無罪とすることは、審理不尽となる）。

　もっとも、当事者主義を原則とするわが国の刑事訴訟においては、このような職権主義的な権限は制限的に行使されるべきである。実際には、裁判所は、まず検察官が主体的に訴因変更するよう勧告し（刑訴規208条参照）、それでもなお必要な限りで、訴因変更命令を下すことができるものと、解するべきである。また、最大判昭40・4・28刑集19巻3号270頁によると、裁判所が訴因変更命令を発しても、検察官がこれに従わずに訴因変更請求を行わない場合、依然として原訴因のままであり、変更命令によって自動的に新訴因に変更されるものではない。前述のとおり、あくまで訴因設定・構成権限は検察官にあり、少なくとも有罪方向での訴因変更が問題となる場面に関しては、支持されるべき見解である。

【参考文献】
大澤裕「訴因の機能と訴因変更の要否」『法学教室』256号32頁、2002年
香城敏麿『刑事訴訟法の構造』信山社、2005年
鈴木茂嗣『刑事訴訟の基本構造』成文堂、1979年
鈴木茂嗣『続・刑事訴訟の基本構造　上巻』成文堂、1996年
田口守一『刑事訴訟の目的』成文堂、2007年
平野龍一『訴因と証拠』有斐閣、1981年
堀江慎司「訴因の明示・特定について」『研修』737号3頁、2009年

# 第 15 章

# 公訴提起の効果と公判準備

## 1　被疑者から被告人へ

　公訴の提起により、被疑者は被告人と呼ばれるようになる。被疑者から被告人となることで、種々の法的効果、権利保障が異なってくる。公訴の提起の効果をめぐる主要な法的制度についてみてみよう。Ⅰ公訴時効、Ⅱ弁護人の選任、Ⅲ保釈（と起訴後勾留）である。

### Ⅰ　公訴時効（250条）

　公訴時効とは、一定の期間内に公訴を提起することが訴訟条件とされる制度である。公訴時効の期間は「犯罪行為が終わったとき」から進行する（253条）。期間については、250条がこれを定める。公訴時効制度は2010年（平成22年）に大幅な改正があり、殺人罪、強盗殺人罪などには時効制度の適用がなされなくなった。

　公訴時効は公訴の提起によって「停止」する（254条1項）。時効期間のリセットを意味する「中断」ではない点に注意したい。公訴の提起以外で時効が停止する場合としては、犯人が国外にいるかまたは犯人が逃げ隠れているため、起訴状謄本の送達もしくは略式命令（461条）の告知ができない場合である（255条1項）。

　公訴時効の停止範囲もまた問題になる。公訴時効の事実的範囲（客観的範囲）はどのように画されるのか。審判の対象は訴因であるが、公訴時効の範囲は訴因を超えて公訴事実の同一性の範囲（＝訴因変更可能な範囲）にまで及

ぶ、とするのが通説である。しかしながら、訴因が検察官により明示された意思表示であるという点に着目すれば、公訴時効停止の範囲は訴因にとどまるとするのが理論的にも整合性があると思われる。他方、人的範囲（主観的範囲）はどのように画されるのか。この点につき定めるのが254条2項であり、共犯者の1人に対してなされた公訴提起は、他の共犯者にも効力が及び、時効を停止させる。

## II　弁護人の選任（272条）

　裁判所は、起訴後遅滞なく被告人に対して弁護人選任権のあること、貧困その他の事由により弁護人を選任できないときは、国選弁護人の選任を請求できることを告げなければならない（272条）。ただし、被告人にすでに私選弁護人がある場合には告知を要しない（同条但書）。弁護人選任権は憲法37条3項、刑訴法30条および36条の要求するところである。

　弁護人が選任され、法廷に出廷することが公判期日開廷の要件となる場合もある。死刑または無期、もしくは長期3年を超える懲役または禁錮にあたる事件の場合がこれにあたり、これを必要的弁護事件という（289条）。必要的弁護事件にあたる事件において、弁護人がいない場合には裁判長が職権により国選弁護人を付する。

　必要的弁護事件において被告人による弁護権の放棄、または弁護人抜き裁判は可能か。1960年代の学生紛争、1960年代後期から1970年代前半にかけての過激派事件において、被告人側が「法廷闘争」と称して、職権により付された国選弁護人を解任し、他方で私選弁護人が出廷しない―公判期日が開けない―という事態が生じた（いわゆる「荒れる法廷」）。これを契機に、弁護人抜きでの公判期日運営の可能性が検討され、1978年（昭和53年）には、いわゆる「弁護人抜き法案」（刑事事件の公判の開廷についての暫定的特例を認める法律案）が国会に上程された。これは弁護士会の猛反対もあり、翌年に廃案となっている。弁護人抜き裁判に関して、最高裁は1995年（平成7年）に一定の解決方向を示している。　最決平成7・3・27刑集49巻3号525頁である

が、最高裁は弁護人には公正な審理実現のために協力する義務があるとしたうえで、以下の3つの要件が充足されれば弁護人抜き裁判を行い得るとしたのである。①裁判所が弁護人の出頭確保の方策をつくしたが、それにもかかわらず、②被告人が、弁護人が在廷しての公判審理ができない事態を生じさせ、③その事態の解消が極めて困難である場合、である。弁護人の弁護を受ける権利が憲法に由来する権利という立場に立つ限り、その相対化には慎重でなければならないだろう。

## III　保釈（と起訴後勾留）

　起訴後の勾留は起訴前の勾留とは異なる点に注意しなければならない。起訴後の勾留の期間は原則2カ月である。必要がある場合には更新し、1回の更新ごとに1カ月の期間の勾留がなされる（60条2項）。被疑者としての勾留から起訴によって被告人勾留へと変わる場合、勾留質問は行われない（61条）。しかしながら、被疑者段階よりも長期の勾留が可能となる被告人勾留が別事件の捜査に利用される危険性もあり、その弊を避けるために勾留質問が改めて行われるべきだとする立場もある。

　保釈とは、勾留という直接の身体拘束に代えて、保証金（保釈保証金）の納付を条件に拘束から身柄を解放する処分のことをいう。被疑者段階では認められない（207条1項但書）。この点で批判も多い。保釈の請求を行うのは、勾留されている被告人またはその弁護人、法定代理人等被告人と一定の関係がある者である（88条）。保釈には権利保釈（89条）、裁量保釈（90条）、義務的保釈（91条）の3つがある。

　保釈の請求がなされた場合、裁判所は検察官の意見を聴いたうえで許否を判断する（92条1項）。保釈を許可する場合、裁判所は出頭を保障するに足りる相当な保証金額を定め（93条1項および2項）、さらに適当な条件を付することができる（93条3項）。

　「被告人は有罪判決が確定するまでは無罪と推定される」という無罪推定法理からは、原則として保釈は認められねばならないところ、わが国におけ

る保釈の運用は必ずしも活発ではない（2008年は15.6％）。要因として指摘されるのは、権利保釈の除外事由にある「罪証隠滅のおそれ」の解釈である。起訴前の逮捕・勾留の場合でも同じ事由の存在の有無が問題とされるのであるが、捜査を遂げたうえでなされる起訴の後にあっては、「罪証隠滅のおそれ」は本来的に相当程度低くなっていると思われるところ、実際はかなり緩やかに解されているようである（情状に関する事実にまで「罪証隠滅のおそれ」を広げたものとして、名古屋地決昭49・11・18判時771号1109頁がある）。なお、公訴事実について否認したり、書証に不同意の場合に本事由に該当するとすることは不当というべきである。そうでないと、憲法上の権利である自己負罪拒否特権（憲38条1項）や証人審問権（憲37条2項）の保障が形骸化してしまうからである。

憲法がその34条において身柄拘束について正当な理由を要求し、また、逮捕および勾留といった処分の要件判断を厳格に求めていることを想起するとき、そこに見出さねばならないのは身柄拘束の例外的性質である。この点からすれば、権利保釈の「権利」性は常に念頭に置かれる必要があろう。

## 2　公判準備——公判前整理手続・証拠開示を中心に

第1回公判期日までの時期においては、起訴状謄本の送達（271条）、弁護人選任権の告知（上記1-Ⅱを参照）、裁判所の訴訟指揮に基づく公判期日の指定（273条）などが行われる。また、裁判所が被告人の公判期日への出頭確保のために、召喚を行い、それに応じない場合は勾引（58条）を命じる場合もある。さらに、起訴前の身柄拘束がなされていない場合には、職権により裁判所が勾留を命じる場合もある。

この段階でとくに重要な意義を有するのは、弁護側の準備活動である。弁護人は接見を活発に行い（起訴後の接見指定は許されない。39条3項の反対解釈）、被告人と綿密なコミュニケーションを図るとともに、証拠の収集・解析を十分に行わねばならない。この段階では検察官側の防御側への証拠開示が極め

て重要な争点となる。

## I 裁判員制度導入以前——証拠開示が問題

　従来、公訴の提起から第1回公判期日までの訴訟当事者の公判準備活動についてはその重要性がさほど意識されてこなかった。規則では、「裁判所が適当と認めるとき」に公判前に検察官・弁護人を出頭させて「公判期日の指定そのほか訴訟の進行に関し必要な事項について打ち合わせを行う」ことができるとされてはいたが（刑訴規178条の10第1項）、「予断が生じるおそれがある」というような理由で、ほとんどその打ち合わせは行われていなかった。また、検察官側からの証拠開示にも問題があった。現行法の起訴状一本主義の採用により、起訴時に裁判所が検察官からの証拠書面を引き継ぐことが禁じられることになった（旧法時代においては、弁護士は裁判所にて証拠の事前閲覧が可能であった）。もっとも、現行法は個々の規定で閲覧を認める。例えば、299条は検察官が公判廷で取り調べる証拠につき事前閲覧を認める。しかしながら、これは起訴状の提出から第1回公判期日までの間のことであり、そしてこの事前閲覧が第1回公判期日により近い時期に設定されると、防御側の十分な事前準備が困難となってしまう点で問題があった。さらにいえば、十全な防御活動を行うためには公判廷で取り調べる予定の証拠の開示だけでは不十分である。このため、事前の全面開示は弁護側の悲願であった。しかしながら、この点に関し裁判所は極めて冷淡であった。一例をあげよう。最決昭34・12・26刑集13巻13号3372頁である。事前の全面開示を否定する、当時の最高裁の考え方がよく表れているので、少し長くなるが引用する。「……公訴の提起後、裁判所が当事者から提出されまたは職権で作成もしくは押収して、保管する訴訟書類（証拠書類を含む）および証拠物を弁護人が閲覧、謄写する権利とその条件および弁護人を持たない被告人が公判調書を閲覧する権利と条件については、刑訴法40条、49条の一般的規定を見るのであるが、公判裁判所の管理に属せず裁判所がその存在および内容について知るところのない検察官所持の証拠書類、証拠物について検察官が公判に

おいて取調を請求すると否とを問わず、またそれらが証拠能力、事件との関連性を有すると否とを問わず、証拠調前予めこれらの全部または一部を弁護人に閲覧する機会を与えるべく裁判所が検察官に命令することができること、もしくは当然弁護人に閲覧させるべき義務あることを定めた一般的法規の存することは認められない。刑訴法299条1項は検察官、被告人又は弁護人が証拠書類又は証拠物の取調を請求する場合に関し、請求の条件として、予めその証拠方法を相手方に閲覧する機会を与えなければならないことを規定し、刑訴規則178条の3（当時）は、第1回の公判期日前に、右規定により、訴訟関係人が相手方に証拠書類等を閲覧する機会を与える場合には、できる限り、5日（簡易裁判所では3日）の余裕を置かなければならないことを規定するが、これらの規定は当事者が特定の証拠書類等の取調を請求する場合にのみ関する規定であって、その取調を請求すると否と、また証拠書類等が証拠能力、事件との関連性を有すると否とを問わず、その所持の証拠書類等の全部を無差別に相手方に閲覧させる機会を与えるべき義務を定め、もしくは裁判所がこれを命令しうべきことを定めたものではない。当事者が取調を請求することを決するに至らない証拠書類等をまで予め相手方に閲覧の機会を与えなければならないことを定めたものではない」。もっとも本件決定の後最高裁は、最決昭44・4・25刑集23巻4号248頁において、証拠開示について一定の理解を示し、①証拠調べの段階であること、②具体的必要性があること、③防御のためにとくに重要であること、④罪証隠滅・証人威迫のおそれがないこと、の4つの要件を満たす場合に、裁判所は訴訟指揮権に基づき開示を認めることができるとした。開示そのものを認めた点で画期的ともいえる判断ではあるが、「証拠調べの段階に入った後」という点に問題があった。この点は公判の進行速度そのものにも影響を及ぼし、開示が証拠調べに入ってからなされるために、防御側は長期的な訴訟戦略を立てることはできず、公判期日の延期の請求を余儀なくされる―結果として裁判は長期化する―場合が多かった。

　証拠開示について裁判所が積極的でなかった背景には「当事者主義」に対

する不十分な理解がその根底にあったとも考えられる。すなわち、刑事訴訟における「当事者主義」を民事訴訟におけるそれに近い性質を持つものであると解し、証拠の収集場面において、当事者が証拠収集の責任を負うと考える傾向があったのである。しかしながら、多様な意味を持つ当事者主義の公判手続における意義は、当事者の入念かつ十分な準備を前提とする証人尋問等の活性化による、充実した審理の実現のはずである。こうした前提に立つとき、「証拠の収集の場での『当事者』と公判廷という場での『当事者』が一致しなければならない必然性はなく」、「一方当事者である検察官が『収集』した証拠を、公判廷で再分配した上で公判廷で当事者同士が争うとしても、それは公判廷での当事者主義が全うされている点で問題はない」、といわねばならないであろう（酒巻匡『刑事証拠開示の研究』）。しかし、このような理論的にも政策的にも極めて優れた見解ですら変革を促すことはなかったのである。

　こうした状況を劇的に変化させたのが、裁判員制度に伴い導入された公判前整理手続である（ただし施行自体は裁判員裁判に先立ち2005年11月より）。この制度の導入によって、従来は形式的なものでしかなかった公判準備の重要性が増したのである。なお、裁判員裁判にはならない裁判においては叙上の問題は残っていることを付言しておく。

## II 公判前整理手続（316条の2以下）

　公判前整理手続とは、争いのある事件について、あらかじめ、事件の争点および証拠を十分に整理し、明確な審理計画を立てたうえで、裁判所の適確な訴訟指揮のもと、争点中心の充実した審理を集中的・連日的に行うことを目的とするものである。本手続においては、当事者双方が公判において行う予定の双方の主張を明示し、その証明に用いる証拠の取調べの請求を行うことで、事件の争点を明らかにし、公判で取り調べるべき証拠を決定したうえで、取調べの順序、方法を定めるなどして明確な審理計画を確定する。裁判員裁判にあっては、本手続を経ねばならない（裁判員49条）。裁判員裁判以外

の場合でも、裁判所がその必要性を認める場合には、検察官および被告人または弁護人の意見を聴いたうえで、本手続が行われることもある（316条の2）。なお、公判前整理手続とほぼ同様の機能を果たす「期日間整理手続」も導入されている（316条の28）。これは、「審理の経過にかんがみ必要があるとき」に、裁判所が、検察官および被告人または弁護人の意見を聴いたうえで、決定をもって行う争点および証拠の整理手続である。

公判前整理手続は、「訴因・罰条の明確化」「証拠調べ請求・証拠開示の裁定」「証拠調べの順序」の決定が中心となる（316条の5）。公判前整理手続の期日は裁判長により指定され、訴訟当事者に通知される（316条の6）。通知を受けた検察官は「証明予定事実」を裁判所に書面で提出し、これは被告人または弁護人に送付される（316条の13第1項）。この後、検察官側は証明予定事実を証明するための証拠が速やかに開示する（316条の14）。これ以外の証拠に関しては、防御側の請求による（以下にて説明）。なお、証拠開示を受けた被告人または弁護人は、証明予定事実および法律上の主張を明らかにする義務を負う（316条の17）。

公判前整理手続の特徴は、検察官側の証拠開示を3段階にわたり大幅に認めた点にある。法は第1段階として証拠書類の閲覧・謄写権などを認め（316条の14）、第2段階として検察官の請求証拠以外の証拠につき（これを類型証拠という）、一定の要件でこれを認めている（316条の15：証拠物、321条2・3・4項の書面、被告人の供述録取書など）。さらに、第3段階として、316条の14の開示および316条の15規定の類型証拠の開示を受けた後で、防御側の主張に関連する証拠の開示が行われる（316条の20）。これを争点関連証拠の開示という。証拠開示の態様に関しては、当事者の請求に基づき裁判所がそれを決定することができ、当事者が開示に応じない場合には、裁判所は相手側当事者の請求、または職権によって開示命令を発することができる（316条の25および26）。これを証拠開示の裁定という。この裁定のために、裁判所は当該証拠の提示、または検察官保管証拠のリストの提示を命じることができる（316条の27）。

類型証拠の開示および争点関連証拠の開示いかんによっては、事前全面開示に近い状況が現出するのではないかとの期待も大きい。

　それでは公判前整理手続でどのような類型証拠・争点関連証拠の開示が問題となったのであろうか。裁判例の傾向をみてみると、捜査機関により作成された書面の開示が問題となった事例が多い。以下いくつかみてみよう。当初は裁判所も開示判断に消極的であった。まず、①東京高決平18・10・16判時1945号166頁である。本件では、参考人などからの事情聴取結果を記載した捜査機関の報告書の開示請求が問題となった。本件書面にあっては、捜査員が参考人から供述を聴きとったことについての署名・押印はあったものの、参考人の署名・押印はなかった。裁判所は、請求対象書面のこの点に着目し、捜査記録は捜査員による「聴き取り」の性質を有し、その内容は被聴取者の供述と、それを記録した捜査員の「供述」としての性質を持つが、しかし、当該証拠は「検察官が特定の検察官請求証拠により直接証明しようとする事実の有無に関する供述を内容とするもの」にはあたらない（＝316条の15第1項6号の書面は原供述者に対する「供述録取書」でなければならない）として開示を認めなかった。ここでは、「（参考人等）が○○○といっていた」という内容を捜査員が聴きとったということしか問題にならず、「○○○」という供述より推論される事実の有無を争う証拠としては使えない、という点が問題となったのである。この点をさらに端的に示したのが②大阪高決平18・10・6判時1945号166頁である。本件では、捜査官作成の捜査報告書（関係者および被告人からの事情聴取を含む）および電話聴取書の弁護人からの開示請求が問題となった。本件では、裁判所は当該報告書が「供述書」である性質を認めつつも、それは「検察官が特定の検察官請求証拠により直接証明しようとする事実の有無に関する供述を内容とするもの」という要件には合致せず、「事実の有無に関する供述」は原供述を意味し、捜査報告書等は原供述の「聴取」にすぎないとしている。参考人たる原供述者の署名・押印の有無がここでは問題となっているが、捜査過程でつくられる書面において常に原供述者の署名・押印を期待できるわけではない。両事例のように厳格に

判断すると、防御側が供述の任意性を争うための手段が相当程度制約されるのではないか。書面を作成した者と書面の内容たる供述を行った者（原供述者）が異なる場合に、原供述者の署名・押印の有無が証拠としての使用に影響を及ぼす場合としては、328条の弾劾証拠の使用がその典型的場合であろうが、最高裁もその場合には原則として署名・押印が必要であるとしている（最決平18・11・7刑集60巻9号561頁）。弾劾証拠の証拠調請求を行う場合のように、実際に証拠としての取調請求をする場合とは異なり、防御活動の準備の場合でしかない場合に、裁判例のように厳格に判断する必要性があるかは今後さらに検討していく必要があろう。

　他方、争点関連証拠の開示（316条の20）では、捜査段階で捜査員が作成する「取調べメモ」がとくに問題となっているようである。取調べメモの開示についても、裁判所は当初消極的であった。

　しかしながら、最決平19・12・25刑集61巻9号895頁において、最高裁は取調べメモの開示を命じる判断を下している。事実経過は以下のとおりである。弁護人が、検察官が証拠調請求した被告人の供述書・警察官に対する供述調書各1通につき、任意性を争うべく、316条の20第1項に基づき「被告人に係る警察官の取調メモ（手控え）・取調小票・調書案・備忘録等」の開示を請求したところ、この請求に対し、検察官が「請求に係る取調べメモ等は本件証拠中には存在しない」と回答したので、弁護人は刑訴法316条の26第1項に基づき、本件開示請求に係る証拠（取調べメモ）の開示命令を請求した、というものである。これに対して地裁が、「当該メモは個人的な手控えの類であるから開示の対象にはならない」として請求を棄却したため、弁護人は高裁に即時抗告を行ったところ、高裁が開示命令を発したので検察官が最高裁に特別抗告を行った、という事案である。最高裁は大要以下のように判断し、取調べメモの開示を命じた。少し長いが、公判前整理手続における開示制度の意義から本件メモの開示を論じている点で参考になるので以下引用する。「……公判前整理手続及び期日間整理手続における証拠開示制度は、争点整理と証拠調べを有効かつ効率的に行うためのものであり、この

ような証拠開示制度の趣旨にかんがみれば、刑訴法316条の26第1項の証拠開示命令の対象となる証拠は、必ずしも検察官が現に保管している証拠に限られず、当該事件の捜査の過程で作成され、又は入手した書面等であって、公務員が職務上現に保管し、かつ、検察官において入手が容易なものを含むと解するのが相当である。公務員がその職務の過程で作成するメモについては、専ら自己が使用するために作成したもので、他に見せたり提出することを全く想定していないものがあることは所論のとおりであり、これを証拠開示命令の対象とするのが相当でないことも所論のとおりである。しかしながら、犯罪捜査規範13条は、『警察官は、捜査を行うに当り、当該事件の公判の審理に証人として出頭する場合を考慮し、および将来の捜査に資するため、その経過その他参考となるべき事項を明細に記録しておかなければならない。』と規定しており、警察官が被疑者の取調べを行った場合には、同条により備忘録を作成し、これを保管しておくべきものとしているのであるから、取調警察官が、同条に基づき作成した備忘録であって、取調べの経過その他参考となるべき事項が記録され、捜査機関において保管されている書面は、個人的メモの域を超え、捜査関係の公文書ということができる」。この判断は踏襲され、その後最決平20・9・30刑集62巻8号2753頁でも最高裁は上記最決平19・12・25に依拠し、メモの開示を認めている。

なお、証拠開示の裁定に関連する証拠提示の是非が問題となった事例においても捜査メモが問題となっている。最決平20・6・25刑集62巻6号1886頁は「犯罪捜査に当たった警察官が犯罪捜査規範13条に基づき作成した備忘録であって、捜査の経過その他参考となるべき事項が記録され、捜査機関において保管されている書面は、当該事件の公判審理において、当該捜査状況に関する証拠調べが行われる場合、証拠開示の対象となり得るものと解するのが相当である（上記決定参照）。そして、警察官が捜査の過程で作成し保管するメモが証拠開示命令の対象となるものであるか否かの判断は、裁判所が行うべきものであるから、裁判所は、その判断をするために必要があると認めるときは、検察官に対し、同メモの提示を命ずることができるというべ

> **コラム**　　陪審と参審
>
> 　公判前整理手続は裁判への民衆参加を基盤とする裁判員制度と密接な関連を持つ。ところで、裁判への民衆参加という点で、重要な制度が陪審と参審である。陪審制度も多岐にわたるが、基本的には、12名の陪審員により構成される「有罪・無罪」の判断のみを行うシステムを指すのが一般的である。これを審理陪審といい、英米法諸国が採用する。陪審制度では、有罪・無罪の判断の後、量刑資料を得るための調査が行われる。これを判決前調査制度という。本制度においては、保護観察官等の専門職員が調査を行う。事実認定手続と量刑手続が異なることで、陪審制度では、わが国のように有罪無罪の認定と情状の認定を2つながらに行うことの弊害がない。裁判員裁判では「国民の処罰感情」が過度に影響を及ぼすのではないかという危惧があるところ、こうした制度を導入することも今後は必要ではないか。
>
> 　陪審制度は戦前のわが国もまた一部採用していた（1923年〔大正12年〕）。しかしながら、あまり利用されずに1943年（昭和18年）に「戦争終了後」に再施行するとし、停止された。
>
> 　裁判への民衆参加の今1つの形態として、参審制度がある。ヨーロッパ諸国で多く採用されている。ドイツが代表的である。ドイツの参審制度では、基本的には職業裁判官1人、参審員（素人）2人で裁判を行う。有罪・無罪判断の手続と量刑手続を分けない点で、わが国の裁判員制度と類似する。しかしながら、わが国の裁判員制度と異なり、参審員は任期制であり、任期中に「職業化・セミプロ化」してしまう点で問題があるという意見もある。

きである」としている。

　以上のように、公判前整理手続は以前よりも広い範囲で証拠開示を認めるようになっているのであるが、他面、裁判官が事前に証拠や当事者の主張に触れる（とくに証拠開示の裁定の場合）ようになることが予断排除原則とどのように調和するのかという点が立法当時より問題とされている（この点については下記第16章2-Ⅰを参照）。また、公判前整理手続が、公判廷での当事者間のやり取りを活発にし、公判中心主義を実現させるという制度目的から整備されたものでありながら、316条の32が本手続で証拠調請求がなされた証拠以外の取調請求を制限している点も疑問なしとしない。

【参考文献】
酒巻匡『刑事証拠開示の研究』弘文堂、1985年
酒巻匡編『刑事証拠開示の理論と実務』判例タイムズ社、2009年
松代剛枝『刑事証拠開示の分析』日本評論社、2004年

# 第 16 章

# 公判手続の諸原則

　検察官の起訴により事件が裁判所に訴訟係属した後に、裁判が確定するまでの手続を公判手続という。公判手続は有罪・無罪の判断がそこで行われるという点において刑事手続の中核をなすものである。そして、その公判手続の中心をなすのは、被告人（およびその弁護人）と検察官の間で交わされる主張・立証のプロセスである。いうまでもなく、公判は結論を正当化するための形式的な儀式ではない。公判手続は有罪事実の迅速適正なる認定を行う場であり、かくあることによって国民の司法に対する信頼も得られることとなろう。そのために、種々のルールが定められている。ここでは公判手続に関する諸原則を大きく2つに分け、1では公判手続全体に関する原理を、2では公判手続と事実認定・証拠調べにまたがる原理をみることにしよう。

## 1　公判手続全体に関する原理

### I　公開主義（憲82条）

　憲法82条は次のように規定する。「1項：裁判の対審及び判決は、公開法廷でこれを行ふ。2項：裁判所が、裁判官の全員一致で、公の秩序又は善良の風俗を害する虞があると決した場合には、対審は、公開しないでこれを行ふことができる。但し、政治犯罪、出版に関する犯罪又はこの憲法第3章で保障する国民の権利が問題となつてゐる事件の対審は、常にこれを公開しなければならない」。ここに規定される公開主義は、近代以前の刑事裁判において、傍聴人による傍聴を許さない密室・秘密裁判が行われ、時の政治権力により恣意的な裁判が行われてきたことの反省から生まれたものである。2

項の規定ぶりから容易に判るように、例外の場合は厳しく限定される。また、2項但書に政治犯罪・出版犯罪の場合は常に公開が要求されることからは、裁判の公開と民主主義の保障の連関を読み取ることもできよう。

「公開」とは、不特定の傍聴人による傍聴の自由を意味する。国民は裁判を自由に傍聴することはできるが、さらに一歩進んで、傍聴に際してメモをとることが許されるか問題になった事例がある。最高裁判所は、傍聴人がメモをとることは原則として許されるとしている（最大判平1・3・8民集43巻2号89頁）。それでは、さらに「公開」の実をあげるために一歩進んで、裁判の録音・録画についてはどうか。刑訴規則215条は裁判所の許可がない限りそれらを禁じている。

公開主義に関連して今1つ重要な制度として訴訟記録の公開がある。53条1項がこれを定め、同条4項を受けて「刑事確定訴訟記録法」が1987年（昭和62年）に制定され、現在、運用されている。

## II 継続審理主義

公判手続は迅速にこれを行わねばならない。訴訟の遅延は、被告人にもはや取り返すことのできない損害をもたらすこともあるからである（Justice delayed is justice denied.）。ところが、かつてのわが国の刑事裁判においては、月に1、2回程度しか公判が開かれておらず、裁判の長期化が問題となっていた。この状況を変化させたのが裁判員制度の導入である。裁判員が参加して行われる審理にあっては、裁判員の負担を軽減するとともに、証拠調べにおいて裁判員の記憶が新鮮なうちに審理が行われることが絶対的な条件となる。そこで、争点を中心とした充実した審理を集中的・連日的に行うことを目的として新たに導入されたのが281条の6である。同条は以下のように規定する。「1項：裁判所は、審理に2日以上を要する事件については、できる限り、連日開廷し、継続して審理を行わなければならない。2項：訴訟関係人は、期日を遵守し、審理に支障を来さないようにしなければならない」。本条により、訴訟関係人に迅速審理への協力が義務付けられることになっ

た。また、本条の導入と同時に、迅速審理を担保するために、裁判所が検察官または弁護士に、公判期日または公判準備に「出頭」「在席」「在廷」を命じることを可能にする278条の2も導入されている。

## 2 事実認定・証拠調べに関する原理

### I 公判中心主義と公平な裁判所（憲37条1項）

　有罪・無罪の事実判断は公判廷における審理に基づき行われるべきであるとする原則を公判中心主義という。公判中心主義は、有罪・無罪の事実認定が、原則として当事者からの提出による証拠資料（証人や証拠物）を取り調べることを通じて行われるべきことを要求するものである。

　この公判中心主義は、事実認定が公判廷にて行われることを単に形式的に要求するのみならず、判断者たる裁判所が公平な審理を行う存在であることをも要求するものであり、憲法上の根拠を持つ（憲37条1項）。そのため、刑事訴訟法においても、種々の制度が規定されている。代表的なものとして、起訴状一本主義（256条6項）と除斥・忌避（20条）がある。前者は起訴状に裁判所に予断を生ぜしめるような記載を行うことを禁じるものであり、それによって捜査機関から裁判所への嫌疑の引き継ぎが生じるのを遮断する制度である。裁判例においては、恐喝事件における脅迫文書全文の引用が問題となったもの（最判昭33・5・20刑集12・7・1398頁）、前科前歴の記載が問題となったものがある（最判昭27・3・5刑集6巻3号351頁）。除斥・忌避制度は特定の事情がある裁判官を審理に関与させない制度である。

　なお、裁判員制度の導入に伴う公判前整理手続（316条の2以下。これに関しては第15章を参照）の導入により、裁判官は公判に入る前に争点や証拠に触れることができるようになったために、起訴状一本主義はその制度的意義が後退してしまったという見解と、公判前整理手続は当事者双方の主張と証拠を突き合わせて争点を顕在化させるという点で公平な裁判所の理念に反しないという見解の対立が立法段階ではみられた。双方の主張に均等に接すると

いう点での「公平性」は満たされているといえようが、公判前整理手続によって事案について事前に接した裁判「官」と、公判廷にてはじめて事案に接する裁判「員」の間に事案に関する情報量の格差は生じないのであろうか。公判前整理手続においては争点整理のためにのみ事案に接するという裁判「官」の心理的控制が「公平な裁判所」実現を左右するといわねばならない。

## Ⅱ　直接主義・口頭主義

　Ⅰでみた公判中心主義を判断者たる裁判所側から眺めたとき、重要な原則が直接主義と口頭主義である。

　直接主義からは、裁判所は自ら取り調べた証拠に基づいて判断を行わねばならない（315条・320条1項）、という結論が帰結される。したがって、この直接主義からは、捜査段階で作成された書面などの使用が原則的に禁じられることになる（伝聞法則との関連にも留意せよ）。この直接主義を強調することは、裁判所が積極的に事実を探求することと結び付くという点で、次項にて検討する当事者（追行）主義との関連において、現行刑訴法の基本的な理念とは緊張関係を持つ、と理解する立場もある。しかしながら、証拠の法廷への顕出形態の相違―当事者によるものか職権により裁判所が行うものかという相違―と証拠取調べの態様は必然的な関連を持たない。現時の裁判員裁判においては、かつてはその弊害がつとに主張された書面審理を排し、事実認定者たる裁判員が法廷で生の証言に接することで事実認定を行うことが期待されるところ、書面による審理を極力排する原理としての直接主義の重要性は、今なおそれを強調しすぎてもしすぎるということはない。

　直接主義からの重要な帰結として公判手続の更新（315条、裁判員61条）について簡単に触れておこう。開廷後、裁判官または裁判員が交代した場合には証拠調べを繰り返すのが直接主義からの理論的帰結である。しかしながら、実際は「更新」で足りる。問題はその手法であるが、これに関して刑訴規則213条の2は「起訴状の要旨の告知」「被告人・弁護人の陳述」「更新前に取り調べた証拠書類・証拠物の職権による取調べ」を行う旨を規定する。

ところが実際には「相当と認める方法」（刑訴規213条の2第4号）により、裁判官の「弁論の更新を行う」と一言述べるだけで済まされている。裁判員制度が導入され、直接主義の遵守はさらに厳格たるべきことは論を俟たない現時において、かかる手法には疑問なしとしない。

　口頭主義は公判手続と証拠法則の両面に密接に関連する原則である。公判手続との関連において口頭主義が意味するのは、公判期日における手続は口頭によって行わなければならないとするものであり、証拠法則との関連においては、口頭によって提供された資料によってのみ裁判所が事実認定・判決を行うことを求める。公判廷でのやり取りを口頭で行うことにより傍聴人はその公正性を確認することができ、かくあることによってはじめて公開原則はその実質を得る。そして、その公開の公判廷にあって裁判所が直接に証人に接して証拠調べを行うことによって適正な事実認定は可能となるのである。この意味で、口頭主義は公判手続と証拠法則を有機的につなぐ側面も持つ。

　口頭主義が表れている制度としては、以下のものがある。判決が原則として口頭弁論を要すること（43条1項）。証拠書類の取調方法としての朗読（305条および307条）。判決における主文と理由の朗読・理由の要旨の告知（刑訴規35条2項）。

## III　当事者（追行）主義

　以上I、IIは、公判手続における原則を裁判所側から眺めたのであるが、現行法が審判の対象たる訴因の設定・変更権を検察官に委ねていること（256条1項・3項・312条）、また298条1項において証拠調べの請求を訴訟当事者の請求にかからしめ、2項において「必要があるときは」との留保を付して裁判所による職権証拠調べを規定している点をみるとき、公判手続の基調となるのは当事者主義である。とはいえ、民事訴訟とは異なり刑事訴訟における当事者は国家権力の担い手たる検察官と一私人たる被告人であるから、両当事者間の実質的平等を図るべく、裁判所はその職権の行使にあたっては被

告人をサポートすることも求められよう。

　また、当事者主義は証拠調べにおける証人等の尋問の順序においても現れる。証人尋問の順序について規定する304条は、はじめに裁判所が尋問を行い（1項）、その後に当事者が尋問を行う旨を規定している（2項）。しかしながら、実際にはこの順序が逆転しており、当事者の尋問が先行し、裁判所が最後に尋問を行うことになっている。なぜか。上記Ⅰでみた起訴状一本主義の影響である。起訴状一本主義のもとでは裁判所は、尋問すべき事項についての知識に乏しく、十分かつ効果的な尋問は期待できないから、尋問順序を変更し（3項）、当事者の尋問が裁判所による尋問に先行して行われるのが通例である。

---

**コラム　　平野龍一「現行刑事訴訟法の診断」**

　わが国の刑事裁判ではそのほとんどが自白事件であり、教科書等で詳論される公判手続・証拠法の実際上の運用は、書面に対する同意（326条）の多用にみられるように、形骸化されているという指摘もあった。中でも、1985年（昭和60年）に平野龍一博士によって著された表題の論文は大きな反響を呼び、今なお読みつがれているものである。

　平野博士は、供述書面が大量に裁判に流入し、結果、法が本来想定するところの活発な公判廷でのやり取りがなされなくなっている点を指摘し、公判が事実上、検察官によって提起される有罪仮説の確認場にすぎなくなっていると指摘する。とくに、供述書面の取り扱いに苦言を呈する。博士は、法廷での取調べ後に裁判所に提出された書面を裁判官が自室で読むことに疑問を向ける。すなわち、これでは法廷で心証を形成するのではなく、自室で心証を形成する危険が生じる、と主張される。ところが、博士の見解に対してある裁判官が「自室でなぜ調書を読んではならないのか」と反論したという。こうした書面偏重の審理・裁判所の傾向、自白採取偏重の捜査手続を嘆じ、博士は最後にいう。「日本の裁判所は有罪を確認するところ」であり、「わが国の刑事訴訟は絶望的である」と。

　博士の絶望から26年たった今（2011年）、われわれは裁判員制度を手にしている。そこでは、法廷での活発なやり取りが前提とされている。新たな途についたわれわれの行く道を照らす光として、博士の指摘は今後も指針となり続けるだろう。

## 3　訴訟指揮権と法廷警察権

　以下、補遺として訴訟指揮権と法廷警察権に言及しておこう。

　公判手続が被告人・弁護人と検察官の間におけるやり取りを中心に展開され、裁判所が中立的な立場から事実の認定を行うにしても、当事者間で調整のつかない要素もある。具体的には、当事者および証人等の訴訟関係人が集まって審理を行う期日（公判期日）をどのように決定するか、また証人として誰を尋問するかなどで両当事者で意見対立がある場合の調整や如何、といった要素である。そこで、迅速適正な訴訟の運営を行うために、中立的存在である裁判所に調整を行う権限が与えられている。これを訴訟指揮権（294条）という。訴訟指揮権の具体的内容としては、重複尋問の制限・証拠調べの範囲や順序などの決定（295条および297条など）、補充尋問・職権証拠調（304条・298条2項）をあげることができる。

　法廷警察権とは、裁判官の職務の執行を妨げ、または不当な行状をする者に対して、法廷の秩序を維持するために相当の処分を行う権限である。被告人の退廷（341条）、被告人の身柄の拘束（287条2項）といった処分もこれに含まれる。なお、裁判所による法廷警察権による命令に反した者は刑罰の対象となるが（審判妨害罪；裁73条）、これには検察官による起訴を要することから、法廷警察権のより効果的な行使のために英米法の法廷侮辱罪をモデルとした「法廷等の秩序維持に関する法律」（1952年〔昭和27年〕）が制定されている。同法により、20日以内の監置（拘禁）、3万円以下の過料を科すことが可能となっているが、批判も強い。

# 第17章

# 公判手続の実際

　第1回公判期日前に行われる準備などについては第15章で概観したので、ここでは公判期日の手続を中心に検討することにしたい。以下、1で公判手続の流れを概観し、2で証拠調べをめぐる各論的問題を検討し、3で最終手続、4では簡易な手続について検討することとしたい。

## 1　概　　観

　第1回公判期日では冒頭手続からはじまる。被告人に対する人定質問（刑訴規196条）から証拠調べの手続の前までを指す。人定質問においては、裁判所は被告人に対して、その本籍、住居、職業、年齢、氏名（通称も含む）など起訴状に記載されている事項を質問する。

　人定質問が終わると、検察官の起訴状の朗読が行われる（291条1項）。傍聴人を前にしての朗読は公開主義（第16章1-Ⅰ）との関連で重要であり、要約・省略はできない。なお、この場合、起訴状記載中の事実が被害者を特定する事項に関連する場合に、当該部分の朗読の制限がなされる場合もある（290条の2）。この後、防御側は起訴状の記載に関して釈明を求める発問を行う場合がある（刑訴規208条）。典型的な場合は訴因（これについては第14章を参照）の特定が不十分な場合である。起訴状朗読の後、裁判長は、被告人に黙秘権を告知する（291条3項）。この黙秘権の告知を受けた後、被告人は罪状認否を行い、意見陳述をし、これを受けて弁護人が陳述する。

　以上の手続の後、証拠調べが行われ、裁判所が採用した証拠について証人尋問などを行う。これを通じて検察官の主張・立証、弁護人による主張・立

証が行われる。証拠調べ終了後、292条の2に基づき、被害者等または被害者の法定代理人から被害に関する心情その他被告事件に関する意見の申出がある場合に、公判期日において裁判所が意見陳述をさせることが可能となっている。この後、検察官の論告・求刑、被告人の最終陳述、弁護人の最終弁論が行われる（293条）。その後終局裁判が言渡される。

## 2　証拠調手続

### I　証拠調請求の時期——公判前整理手続を経る場合とそうでない場合の違い

　証拠調べのはじめに検察官は冒頭陳述を行う（296条）。この冒頭陳述において、検察官は証拠により証明する事実を陳述する。公判前整理手続を経た事件の場合—とくに裁判員裁判の場合—には、被告人側も「証拠により証明すべき事実その他事実上及び法律上の主張」がある場合には冒頭陳述を行う（316条の30）。この両当事者による冒頭陳述は裁判員にも理解が容易であるようにするべく、主張と証拠の関係を具体的に明示するものでなければならない（裁判員55条）。この後、裁判所は公判期日において、公判前整理手続の内容を明らかにせねばならない（316条の31）。公判前整理手続導入以前においては、検察官の冒頭陳述後に証拠調請求が検察官によりなされることで証拠調手続が行われることになっていたのであるが、同手続の導入により、証拠調手続は従来のものとは少し様相を異にすることとなった。その最大の違いは証拠調請求の時期である。公判前整理手続を経ない事件においては、冒頭陳述の後に、まず検察官が証拠調請求を行い、裁判所による証拠決定が行われる（刑訴規190条1項）。その後、主張・立証が展開されることになっている。しかしながら、公判前整理手続では、証拠調請求は公判前整理手続において行われ（316条の5・4号）、証拠調べの決定・請求の却下（同7号）、さらには証拠調べの順序・範囲も同手続であらかじめ行われることとなった（同8号）。もっとも、これら証拠採否の決定（7号）、証拠調べの順序・範囲の決定（8号）は、公判廷での証拠調べの帰趨をみなければ判断できない性

質をも持つものであり、公判前整理手続では十分に詰め切れず、留保される場合もある（公判前整理手続の内容を規定する316条の5本文が「次に掲げる事項を行うことができ」るとしたうえで各号要件を定めている点に留意せよ）。

　斯くまでに事前の準備手続に関する制度が整備されたことの反面、公判前整理手続にて請求しなかった証拠を公判で請求することに制限がなされるようになっている（316条の32）。

## II　証拠調べの順序・範囲

　証拠調べの順序・範囲は、検察官、被告人または弁護人の意見を聴いたうえで、裁判所がこれを決定する（297条1項）。公判前整理手続は証拠調べの順序・範囲の決定も、当該手続で行う旨を規定する。本手続は随時行い得る。現時にあっては、証拠調べの順序・範囲の決定は公判前整理手続で行われるのが通例であるが、上記Iでも触れたように条文上は留保も可能である。順序に関して重要な点を拾っておこう。検察官による立証が先行する旨を規定する刑訴規則199条1項、自白の証拠調べが「他の証拠が取り調べられた後」でなければならないとする301条がある。後者は、自白の取調べが先行すると裁判所が予断を持ち、爾後の証拠取調が形式的なものとなってしまうことを防ぐために、法がとくに規定を設けたのである。これに対応して、被告人の自白などの供述書・身上関係書などの書面以外のもの一切を「甲号証」、自白などの供述書などを「乙号証」という分類がされている。乙号証の取調べが後になるのはいうまでもない。

　情状に関する証拠（量刑証拠）の取調べと、犯罪事実に関連する証拠の取調べとを極力分離することを規定する刑訴法198条の3も極めて重要な条文である。この規則を根拠の1つとして、公判前整理手続での審理計画策定段階において「犯罪事実の認定に関連する、証拠調べ、中間的な論告・弁論、中間評議」と、その後の「量刑に関する証拠調べ」を分離して予定することで、手続二分論的運用が可能であるという提言もある（杉田宗久裁判官；実際の運用も行ったという）。公判前整理手続段階での両当事者への協力と説得が大

前提となるが、犯罪事実の認定と量刑認定を分離させていないことが裁判員制度の問題点ともされているところ、注目に値しよう。

### Ⅲ　証拠調べの実際
1）証人適格

　証人となることのできる資格（証人適格）については、裁判官などの訴訟関係者や公務上の秘密の保持者の場合（20条4号・26条・144条・145条）、一定の近親者が刑事責任を問われるおそれのある場合（147条）、業務上の秘密が問題となる場合（149条）を除いて、法はとくに資格制限を設けてはいない（143条）。このうち149条の対象に新聞記者が含まれるかどうかが問題となった事例があるが、最高裁はこれを否定している（最判昭27・8・6刑集6巻8号974頁）。「証人」たるには、原則として宣誓を行うことが求められる（154条）。そして証人として出廷し、宣誓をすると、それ以降は虚偽の陳述をした場合には偽証罪に問われ（刑169条）、また、宣誓を拒むと制裁が科せられる（160条および161条）。

　法定要件により一律に判断される証人適格とは異なり、裁判所が個別具体的に判断するのが証言能力である。証言能力がない者の証言は証拠能力を持たず、証言を行った後に証言能力の欠如が判明した場合には、当該証言は排除される（刑訴規207条）。この証言能力と宣誓能力を区別せねばならない。法は宣誓の意味を解さない者が宣誓を欠くままに証言を行う場合を想定しており、この場合でも証言に証拠能力が認められる場合があるからである（155条）。この証言能力が問題となる典型的場合は幼児が証言を行う場合であるが、3、4歳の幼児の証言にも裁判例は証拠能力を認めている（代表的事例として、東京高判昭46・10・20判時657号93頁がある）。

　さて、証人適格でとくに問題となるのが、被告人を証人として尋問することの可否である。AとBが同じ事件の共同被告人として審理を受けている場合で考えてみよう（第19章でみる「共犯者の自白」をめぐる問題と区別が必要である）。その場合に、Aに対してBを、逆にBに対してAを証人として尋問す

ることができるか。ここで双方の立場に立ってみれば、311条の黙秘権保障と、制裁によって強制される証人の義務との調和が問題となる。共同被告人間で仲間割れをしたような場合については、被告人ごとに公判を分離（313条および刑訴規210条）すればよいという考え方もある。実際、裁判例も、共同被告人が公判分離後に証人として供述を行ったという事例で当該供述に証拠能力を認めているし（最決昭28・2・19刑集7巻2号280頁）、そのような場合の公判供述調書を、公判手続を再併合した場合にも証拠能力があるとしている（最判昭35・9・9刑集14巻11号1477頁）。

　しかし、被告人が証人となることは、自身が無罪を争っているような場合、その犯罪事実について自白を強制されることになりかねない。なぜならば、犯罪事実が同じである場合に、偽証の制裁のもと被告人が証人として公判廷で証言することは、自己の犯罪事実について自白を強制されることを意味するからである。自身が有罪判決に問われるおそれのある事項に関して、証人は証言を拒否することができるが（146条）、自身の無罪を争っている場合、宣誓して証言台に立ち、反対尋問に際して146条を根拠に証言を拒否することは自身の有罪を認めることに他ならない。したがって、公判の分離（＋再併合）という手法も、黙秘権の十分な保障という観点からは疑問を向けざるを得ない。では、いかなる対処方法があるだろうか。

　ここでアイディアとして出てくるのは、被告人質問制度（311条）の利用である。この被告人質問で共同被告人であるAがBについて不利な証言をした場合を考えてみよう。Aには311条1項で黙秘権があり、自身に不利な供述がなされたBには反対尋問権はない。そこで、AがBの質問に対して黙秘権を行使せずに十分に答えた場合には供述に証拠能力が認められるという考え方がある。換言すれば、実質的に反対尋問権が保障されていたと考えることができる場合には共同被告人の供述に証拠能力を認めようという考え方である。

　証人適格をめぐる問題としては、刑事免責も問題となる。これは、共犯等の関係にある者の一部に対して刑事免責を付与することで黙秘権を失わせ、

供述を強制させるものである。米法にこの制度がある。わが国では、ロッキード事件の際にこれが問題となったことがある。同事件では、検事総長・最高裁の不起訴宣明書がアメリカの連邦地裁に送られ、その後に行われた同地での嘱託尋問（226条）の結果を記載した嘱託尋問調書の証拠能力が後に争われた。これにつき最高裁は、「……わが国の刑事訴訟法は、この制度に関する規定を置いていないのであるから、結局この制度を採用していないと言うべきであり、免責を付与して得られた供述を事実認定の証拠とすることは許容されない」（最大判平7・2・22刑集49巻2号1頁）と判示した。これに関しては、組織犯罪対策立法との関連で今後も議論は続くものと思われる。

2）証人尋問、鑑定人・通訳人等の尋問、被告人質問

　証人尋問の手続は人定質問（刑訴規115条）よりはじまり、1）でみた宣誓が行われる。証人尋問の順序であるが、第16章2-Ⅲでみたように、法が予定する原則と例外が逆転し、実際には当事者尋問が先行し、最後に裁判所が尋問を行うことになっている（304条3項）。

　尋問の形式は交互尋問である。交互尋問は「主尋問→反対尋問→再主尋問（→補充尋問）」という順序で進む（刑訴規199条の2・1項）。主尋問は証人尋問を請求した者がこれを行う。立証すべき事項およびこれに関連する事項について行う（刑訴規199条の3・1項）。主尋問で注意せねばならないのは、誘導尋問が原則的に禁じられていることである（刑訴規199条の3・3項、例外的に許される場合は3項但書各号を参照）。誘導尋問とは、尋問者の期待する答えを暗示したうえで行う尋問であり、暗示に迎合して被尋問者が供述する危険性──主尋問においては尋問者と供述者は友好的な関係にある──ゆえに禁じられるのである。

　反対尋問は主尋問の後にただちに行われ（刑訴規199条の4・2項）、その対象は、主尋問に現れた事項・これに関連する事項・証人の供述の証明力を争うために必要な事項である（刑訴規199条の4・1項）。反対尋問では誘導尋問も許される（刑訴規199条の4・3項）。主尋問での誘導尋問の場合のような危険は存在しないからである。

反対尋問が終わった後に、再主尋問が行われる。再主尋問は、反対尋問に現れた事項およびこれに関連する事項においてこれを行う（刑訴規199条の7・1項）。再主尋問の後に裁判所が補充尋問を行う場合もある。裁判員裁判の場合には裁判員も証人に対して尋問できること、もちろんである（裁判員56条）。
　以上が証人尋問の基本形であるが、尋問に関する重要なルールを拾っておこう。尋問はできるだけ個別的・具体的でなければならない（刑訴規199条の13・1項）。威嚇的・侮辱的な尋問、重複尋問等（刑訴規199条の13・2項）。また、法が伝聞法則（320条以下；これについては第20章を参照）を規定することで供述書面の公判廷への顕出を厳格に制限していることとも関連し、尋問における書面の取扱いに関しても厳格なルールが存在する。尋問時に証人の記憶が定かでない場合に記憶の喚起のため書面または物を示すこともできるが（刑訴規199条の10）、この場合の書面は供述を録取した書面は除かれる（刑訴規199条の11・1項）。以上の他、供述を明確にするために、写真・模型などの使用も許される（刑訴規199条の12・1項）。ここでの「記憶喚起のための書面・物」や「写真」などにつき、伝聞法則との関連が問題になることもある。
　公判廷で尋問の対象となるのは証人だけではない。鑑定人と通訳人も尋問の対象となる。証人尋問の規定が準用される（171条、刑訴規135条）。鑑定人とは、「学識経験を有し」（165条）、必要がある場合に裁判所の許可状を得て、鑑定留置（167条）他、必要な処分（168条）を行うことができる。また、鑑定人には報酬が支払われる（173条）。
　鑑定人による鑑定は鑑定書面の場合と、口頭による鑑定の2つがある。鑑定書面の鑑定の場合には、鑑定人は尋問を受け鑑定書面が真正に作成されたことを法廷で述べることが証拠能力付与の要件となっている（伝聞法則との関連を意識したい。；321条4項）。口頭による鑑定結果の報告の場合は、証人尋問と同様、鑑定人尋問が行われる（304条）。
　国語に通じない者（外国人証人）に証言をさせる場合には通訳人に通訳をさせねばならない（175条）。耳の聞こえない者または口のきけない者に陳述を

させる場合には通訳人に通訳をさせることができる。国語でない文字または符号はこれを翻訳させることができる（176条）。通訳・翻訳は鑑定に準じる性質を持つことから、法は鑑定に関する規定の準用を規定している（178条）。

　次に被告人質問に触れておこう。被告人には黙秘権があり、終始沈黙し、または個々の質問に対して供述を拒むことができるが（311条1項）、被告人が自発的に発言を行う場合には被告人質問を行う（同条2項・3項；裁判員も行い得る。裁判員59条）。通常は証拠調べの最終段階に行われる。起訴状朗読の後に黙秘権の告知がすでになされているのであるから、被告人質問での被告人の供述内容は被告人の有利にも不利にもなることはいうまでもない（刑訴規197条1項・322条2項）。

3）証人尋問と被害者——刑事手続における「客体から主体へ」？

　公判廷での活発なやり取りが刑事訴訟法の想定する本来の姿であるが、しかしながら、公開の法廷で被告人を前にして証人が緊張・萎縮してしまうことは十分に考えられる。刑事訴訟における典型的な証人は事件の被害者であるが、そのことに思いを致すとき、公判廷での緊張・萎縮はなおのこと当然に考えられよう。また、証人が年少者の場合も同様であろう。そこで証人尋問に関しても制度上あるいは運用上の種々の工夫が必要となろう。以下において紹介と若干の検討を加えよう。

　まず裁判所外の尋問の活用が考えられる（158条）。本制度は、「裁判所は、証人の重要性、年齢、職業、健康状態その他の事情と事案の軽重とを考慮した上、検察官及び被告人または弁護人の意見を聴き、必要と認めるときは、裁判所外にこれを召喚し、又はその現在場所で尋問を行うことができる」とするものである。証人が年少者の場合などに本制度の適用が考えられる（159条）。この158条規定の期日外尋問とほぼ同様の機能を果たすものとして、証拠調べの段階に達した後に行われる、期日外尋問（281条）に目を向けてみよう。本条は158条規定の要件が存在する場合に、「裁判所構内」で公判期日外の尋問をすることを定めた規定である。両制度とも、広く活用されると公開主義・直接主義との緊張が生じるであろうし、尋問実施時に当事者が必

ずしも立ち会わない点で証人審問権の十全な保障という点からは若干の問題がある（159条、281条の場合にも同条は準用される）。また、281条の2においては、被告人が立ち会う場合において、証人が被告人の面前においては圧迫を受け十分な供述をすることができないと認めるときは、弁護人が立ち会っている場合に限り、検察官および弁護人の意見を聴き、その証人の供述中、被告人を退席させることができる旨、規定されている。なお、同条はこの場合に、供述終了後被告人に証言の要旨を告知し、尋問する機会を与える旨も規定するが、「要旨の告知」で十分な反対尋問権の保障といえるかどうか、かねてより疑問が呈されている。同様の問題は、公判期日での証人尋問に際して被告人の退席を規定している304条の2にも生じる。

　証人の保護と証人審問権の保障のバランシングという点からは、上記で述べた制度は不十分なものであったといわざるを得ない。また、公開主義との関連も看過できないものを含む。そこで、刑事司法における被害者の権利保護という視点から、これら問題を克服すべく整備されたのが、付添人（157条の2）、遮蔽措置（157条の3）、ビデオリンク（157条の4）といった諸制度である。前二者は「証人を尋問する場合において、証人の年齢、心身の状態その他の事情を考慮し、証人が著しく不安又は緊張を覚えるおそれがある」と裁判所が認めるときに、裁判所が検察官および被告人または弁護人の意見を聴いたうえで、適用が可能となる制度である。これに加え、モニター画面を通して証人尋問を行うことを可能とするビデオリンク制度（157条の4）は、とくに性犯罪の被害者を証人する場合を念頭に置いた制度になっている（同条1項および2項）。157条の3の遮蔽措置と157条の4のビデオリンクが併用された事案で、それら制度の違憲性が争われた事例があるが、最高裁は両制度ともに憲法82条1項および37条1項・2項前段に反しないとしている（最判平17・4・14刑集59巻3号259頁）。個々の制度について合憲性を肯定し得るにしても併用いかんによっては「適用違憲」となる可能性は残っている点に注意が必要である。他、証人保護の見地からみた重要な制度としては、証人等の住所や勤務先などの特定事項の尋問を制限する295条2項、同様の事

項に関連する証拠の開示を制限する299条の2がある。

　以上はいわば、被害者が証人尋問等の「客体」となって手続に登場する場合の制度等について紹介を試みたのであるが、近時における被害者に関する刑事訴訟法の改正をみると、刑事手続における被害者がかつての「客体」から「主体」的性質を帯びるようになってきたことが判る。2000年（平成12年）の改正法では、292条の2の被害者等の意見陳述が導入された。また、2007年（平成19年）の改正法により被害者参加制度が導入され（316条の33以下）、一定の要件のもと、被害者に証人尋問と被告人質問が認められるようになった（これに加え、316条の38は検察官の「論告・求刑」の後に被害者参加人の意見陳述を規定する）。被害者参加制度は、被害者の手続参加という点においてさらに歩を進めたのである。これについて簡単にみておこう。

　被害者による証人尋問は（316条の36）、被害者参加人または弁護人の申出に基づき、裁判所が審理の状況等を判断し、相当と認めた場合に行われる（同1項）。ここで注意せねばならないのは、尋問の対象たる事実は「情状に関する事実（犯罪事実に関するものを除く）」とされている点である。被害者による被告人質問は316条の37がこれを規定する。規定ぶりから容易に判るように、本条もまた一般的に質問権を被害者に認めたものではなく、316条の36の場合と同じく、その必要性判断につき裁判所の判断を介在させている。質問の対象たる事実は情状に関する事実である。

　被害者参加制度の導入により、情状事実の審理はその内容がさらに豊かになることは想起されるところである。しかしながら、わが国の裁判制度が犯罪事実の認定と量刑の認定の手続を分離させていない点をここで想起したい。量刑の認定手続で取り調べられた証拠から得た心証が犯罪事実の認定に影響を及ぼす可能性はゼロではないからである。職業裁判官による裁判の場合には、「事実認定のプロ」たる職業裁判官に、1つの手続において犯罪事実の認定と量刑の認定という2つのものを個別に行うという心理的控制が期待できたのかもしれないが、裁判員には必ずしも期待できない。この意味で、情状事実の取調べ—被害者の請求のみにかかるものでないことはもちろ

んである——には慎重な態度が必要である。

4) 証拠書類・証拠物の取調べ

　証拠方法の取調べ方として本章では証人尋問を中心に検討してきたが、最後に証拠書類と証拠物の取調べについて触れておこう。証拠書類とはその事件の手続で作成されたものを指す。証拠書類の取調方法は「朗読」であり、当該書類の取調べを請求した者がこれを行う (305条1項)。また、裁判長自ら朗読し、または陪席の裁判官もしくは裁判所書記官に朗読をさせる場合もある (同項但書)。157条の4によるビデオリンク方式を利用した場合においては、朗読に代え、その状況を記録した記録媒体を再生する場合もある (305条2項)。朗読で問題となるのは、刑訴規則が朗読に代え、相当な場合に「要旨の告知」に代えることができるとしている点である (刑訴規203条の2)。この点は口頭主義・公開主義の観点から問題がある。少なくとも、反対当事者の承諾を要すると解する立場があるが、正当といわねばならない。また、裁判員裁判にあっては、とくに供述書面の公判廷への流入を厳格に行ったうえで公判廷での証人尋問が活発に行われることが期待されるのであるが、かかる観点からは刑訴規203条の2の適用は厳格に行うことが要求されよう。

　証拠物の取調方法は展示である (306条)。証拠書類における朗読の場合と同様に、証拠調請求を行った者がこれを行う。録音テープやビデオテープ、映画フィルムなどの公判廷における再生もまた「展示」と解される。

　証拠書類・証拠物とも、その取調べが終わった後は、遅滞なくこれを提出しなければならない (310条)。これは取調べ済みの証拠を裁判所が保管するためである。裁判官が公判廷外で、供述書面に再度接すると、それが心証に影響を与えるのではないかという点がかねてより指摘されてきた。この点は、裁判員裁判のもとにあってはさらに慎重な配慮・運用が必要である。

5) 証拠調べに関する異議申立て

　証拠調べに関しては、当事者は異議申立てができる (309条1項)。対象となるものは多岐にわたり、証拠調べに関するすべての訴訟行為が対象となる。具体的にいえば、証拠決定、証拠調べの範囲および順序・方法の決定、

証拠開示命令、証拠排除の決定、尋問・陳述の制限等である。

異議申立てについては、裁判所は遅滞なく決定をせねばならない（309条3項）。裁判所が異議申立てに理由ありと判断する場合には、決定でもって、対象となった行為の中止・撤回・取消し・変更を命じる（刑訴規205条の6第1項）。取り調べられた証拠の証拠能力が問題となった場合には排除決定を行う（刑訴規205条の6第2項）。

異議申立てに対する決定に対してさらに異議申立てを行うことはできない（刑訴規206条）。また抗告もできない（420条1項）。ただこれには例外があり、公判前整理手続における証拠開示の裁定に関しては即時抗告が認められている（316条の25・3項・316条の26・3項）。

## 3 最終手続

証拠調手続が終了すると、検察官による論告・求刑（293条1項）、その後に被害者の意見陳述（316条の38・1項）、弁護人の最終弁論（293条2項、刑訴規211条）、被告人の最終意見陳述が行われる。

論告とは、検察官による、証拠調べの結果を基盤として弁護人の主張に反駁を加えながら行われる法律上の意見陳述を意味する。求刑は量刑に関する検察官の意見表明である。求刑以上の刑を裁判所が下すことが許されるかどうかという問題があるが、現行法の当事者主義構造を前提とする限り、許されないように思われるところ、判例はこれを認めている（最判昭25・7・1刑集4巻8号1338頁）。

弁護人の最終弁論は、検察官の論告・求刑に対応するものであるという点で重要であり、これを行わないことは許されない（最決昭41・12・27刑集20巻10号1242頁）。弁護人の最終弁論は、現行法が犯罪事実の認定と量刑事実の認定を制度上分離していないことの強い影響を受けており、弁護人は無罪の弁論をしつつ、情状弁護も同時に行わざるを得ない。しかし、最終弁論は単なる意見表明にとどまらず、弁護人が裁判官・裁判員を説得する最後の機会

といわねばならないものである（佐藤博史）。こうした前提に立つとき、無罪弁論と有罪を前提とした情状の弁論を同時に行うことは、弁論の効力を阻害するのではないか、疑問なしとしない。

以上の手続が終了すると、結審し、判決期日が定められる。裁判所はこの後に評議に移る。

評議は裁判員裁判の場合とくに重要である。評議の後に行う評決は過半数でもって行うことになっているのであるが（裁77条）、裁判員裁判の場合は、過半数の中に裁判官および裁判員の意見が含まれていなければならない（裁判員67条）。裁判員裁判は、裁判官3名と裁判員6名により行われるのが基本形であるから、裁判官だけで過半数を構成できないようになっているのである（裁判員2条3項は争いのない事件の場合は裁判官1名と裁判員4名で行う場合があるが、この場合でも同じである）。

判決は、公判期日たる判決宣告期日において、裁判長が宣告する（342条、刑訴規35条1項）。裁判長は主文および理由を朗読し、その要旨を告知する（刑訴規35条2項）。

## 4　簡易な手続

以上でみてきたように、公判手続はその準備段階を含め、かなり大部なものである。その半面、迅速な処理が求められる。すべての事件においてこのような手続が行われるのであろうか。答えは否である。軽微な事件であること、被告人が有罪を自認していることなどを要件にして審理形式を簡略化して迅速な手続を行うことを法は予定している。以下、検討しよう。

まず簡易公判手続（291条の2）をみてみよう。簡易公判手続は、①対象となる犯罪が死刑または無期もしくは短期1年以上の懲役もしくは禁錮にあたる事件を「除く」事件で、②起訴状の朗読後の黙秘権告知の後で、被告人が有罪である旨を陳述した場合に、裁判所の決定でもって適用される制度である。「簡易」の内容であるが伝聞法則の適用と証拠調べに関連する。すなわ

ち、簡易公判手続においては、被告人または弁護人が異議を述べない限り、伝聞法則の適用はない（320条2項）。証拠調べの方式も、法は「適当と認める方法で行う（具体的には、書証の内容を口頭で明らかにするだけで足りる、といった運用がなされているようである）」とする（307条の2）。

　手続対象から除外されている事件が同一である点で、上記簡易公判手続と共通点を持つのが即決裁判手続（350条の2）である。本手続は、捜査・公判に関する限られた人的資源等を裁判員対象事件などの重大事件に重点的に投入すべく導入された制度である。本手続を適用するための要件は、①事案が明白かつ軽微であり、②証拠調べが速やかに終わると見込まれること、である（同条第1項）。検察官は公訴提起と同時に書面により本制度適用の申立てを行う（同条第1項）。本手続には被疑者の同意が必要である（同条2項および3項）。以上の他、簡易公判手続との違いとしてあげておかねばならない点を拾っておこう。①科刑制限、②上訴制限である。①については350条の14が規定し、即決裁判手続において懲役または禁錮の言渡しをする場合には、その刑の執行猶予を裁判所は言渡さねばならない、と規定されている。②に関してであるが、403条の2第1項が、犯罪事実に関する事実誤認（382条）を理由に、控訴することはできない旨を規定する。事実誤認の場合に控訴制限をする本規定について、憲法32条違反が争われた事例があるが、最高裁は大要次のように判示し、合憲性を肯定している。「403条の2第1項は、即決裁判手続制度を実効化するために被告人に対する手続保障と科刑の制限を前提に、同手続による判決において示された罪となる事実の誤認を理由とする控訴の申し立てを制限しているものと解されるから、同規定については、相応の合理的な理由があるというべきであって、審級制度については、憲法81条に規定するところを除いては、憲法はこれを法律の定めるところに委ねており、事件の類型によって一般の事件と異なる上訴制限を定めても、それが合理的な理由に基づくものであれば憲法32条に反するものでない……」。

　以上は、公判手続の簡略化という点からみた簡易手続であるが、上記以外

の簡易手続についても便宜上みておこう。略式命令（461条以下）と、交通事件即決裁判手続の2つがある。

略式命令は「公判前」になされる（461条）、書面審理によって一定範囲の財産刑を科す簡易な手続である。略式命令の請求は、検察官が公訴の提起と同時に書面でこれを行う（462条1項）。対象となる事件は簡易裁判所の事物管轄に属する事件（裁33条1項2号；罰金以下の刑にあたる罪、選択刑として罰金が定められている罪、刑法の常習賭博罪、窃盗罪およびその未遂罪）である。略式命令は、公判を経ずになされる裁判であるから、被告人の裁判を受ける権利（憲32条）との関連が問題となる。そのため、検察官は略式命令を請求するに際しては、被疑者に対し本手続について必要な説明を行い、通常の規定に従って審判を受けることができる旨を告げたうえ、本手続によることに異議がないかどうかを確認せねばならない（461条の2第1項）。この他、略式命令を受けた者または検察官はその告知を受けた日から14日以内に正式裁判の請求をすることができる（465条1項）。正式裁判の請求は書面で行う（同2項）。交通事件に関しては、略式命令が使われることが多い。略式命令を行う場合、被疑者が勾留中の場合はすぐに謄本を同人に送達・交付して釈放する場合、在宅の場合被疑者を呼び出して即座に略式命令を請求し、その謄本を発付・交付する場合がある。これを「在庁略式」と呼称するが、在庁略式で罰金の納付まで行う方式を「三者即日処理方式」という。この三者即日処理方式が、事案軽微な交通事件では多用される。裁判を受ける権利の保障という観点からは、慎重な運用が望まれるところである。

以上の他、簡易な手続としては交通事件即決裁判手続があるが現在はほとんど使われていない。

**【参考文献】**

この分野で参照すべきものは多岐にのぼるが、裁判員制度による大変革を実務家（特に裁判官）がどのように受けとめ、対処しているかという点について教示してくれる文献として次のものをあげておく。

『新しい時代の刑事裁判―原田國男判事退官記念論文集』判例タイムズ社、2010年
　また、刑事弁護の第一人者の一人である佐藤博史弁護士の次の著作からは、生き生きとしたイメージを公判手続について持てるようになるだろう。
　佐藤博史『刑事弁護の技術と倫理』有斐閣、2008年

# 第 18 章

# 証拠法総論

## 1 証拠裁判主義

　人に対して刑罰を科すためには、その根拠となる犯罪事実を認定しなければならない。古来の裁判では、この犯罪事実の存否の確認を、「盟神探湯」のような非科学的な「神判」に委ねていたが、そのような不合理な判定方法で人を罪に陥れることがあってはならないことは明らかである。また、明治以前の時代には、犯罪事実の認定が「口供結案」（自白）によることを法律で認めていたが、確たる証拠もなしに自白のみで有罪と決定する裁判は、誤判・冤罪の温床であるだけでなく、権力者の恣意的な運用を招く原因ともなってきた。そのような歴史的経験も踏まえて、自白中心の裁判に訣別し、客観的な証拠による合理的な判断を確保するために、現在の刑事訴訟法は、「事実の認定は、証拠による」(317条)ことを定めている（証拠裁判主義）。このときの「事実」の中には、犯罪事実はもちろん、刑の加重減免にかかわる事実や、それを推認させる間接的な事実等も含まれる。一般には、およそ被告人にとって不利益な立証についてはすべて、証拠としての適格性を備えた証拠を用いた適正な方法で、証明がなされなければならないが、（厳格な証明）情状に関する事実や、手続上の問題に関する事実の中には自由な証明で足りるとされるものもある。

## 2 自由心証主義

　事実認定の際に、証拠をどのように評価するかは、裁判官の自由な心証に委ねられている（318 条）。特定の証拠があれば必ず有罪にしなければならないとか、特定の証拠がなければ有罪にできないシステムは、特定の証拠（とくに自白）を獲得するためには、拷問等の無理な方法を用いることもやむを得ないとの考えを招きやすい。そのような過去の経験を踏まえて、裁判官を法律上の制約から解き放つことで、正しい事実認定を実現しようとしているのがこの自由心証主義である。もっとも、いくら自由とはいっても、裁判官は、証拠としての適格性を持たない証拠を用いることは許されないし、主観的・恣意的に証拠を評価してよいわけでもない。憲法 31 条の適正手続原則は事実認定においても適用されるので、その判断はあくまで、注意則・経験則を踏まえ、客観的・分析的な認定方法を用いた、適正なものでなければならない。

　そもそも被告人は、裁判の結果として有罪が確定するまでは「無罪推定」を受けており、また、「疑わしきは被告人の利益に」が刑事裁判の鉄則でもあるので、被告人が犯したとされる犯罪事実につき、検察官が「合理的な疑いを超える」証明を行わない場合には、無罪を言渡されなければならない。被告人が「正当防衛」「心神喪失」等の事由やアリバイを主張しようとする場合等には、被告人側に立証を求める方が合理的なようにもみえるが、アリバイ等の立証は必ずしも容易ではないうえに、立証できないからといって、被告人が犯人であることが積極的に証明されたことにもならない。犯罪事実の存在について真偽不明のまま、立証に失敗したというだけで被告人を犯人と決めつけ、有罪とすることは、「疑わしき」原則に反し、許されない。検察側の負担を軽減するために、被告人側にも一応の証拠提出責任があるとか、少なくとも争点を形成する責任があるといわれることもあるが、その場合でも、実質的な挙証責任を負うのは検察官であり、検察官が、被告人が主

張したような犯罪不成立事由が存在しないことを立証しなければならないのである。いずれにしても、被告人が犯行を否認ないし黙秘するからといって、被告人の側に、自分の無実を積極的に立証する義務や、検察官が主張する以外の方法等で犯罪が遂行された可能性を示す、いわゆるアナザーストーリーを提示する義務が課されるものではないことには注意が必要である。

## 3 証拠能力総論

### I 証拠能力と関連性

　事実認定に用いられる証拠は、証拠としての適格性（証拠能力）を持たなければならない。「神のお告げ」や占いのように、ある証拠を取り除いた場合と比較したときに、当該証拠を加えても、訴訟上重要な事実が存在する蓋然性が高まるとか低まることがない場合には、当該証拠を用いても意味はなく、むしろ判断を誤らせる危険性の方が高い。そのような場合には、当該証拠に証拠能力は認められず、関連性（自然的関連性）がないものとして、事実認定から除外されなければならない。

　また、事実を推認させる力を有していても、不当な偏見を生じさせるとか、争点を混乱させるとか、不当な不意打ちを与えるような場合には、「法律」上、関連性（法律的関連性）がないものとして扱われ、証拠能力を認められない。

　例えば被告人の悪性格や前科等の類似事実に関する証拠は、普段から素行が悪い人や、一度悪事に手を染めたことのある人は、善良な人間よりも犯罪に関与する蓋然性が高いという限度では事実を推認させる力を持つかもしれないが、悪人が必ず罪を犯すとは限らない以上、当該犯罪を被告人が遂行したということについては、弱い推測を与える程度にしか証明力を持ち得ない。しかし他方で、事実認定者には、悪人であるなら犯人であってもおかしくない、という無用な偏見を抱かせる可能性が高いうえに、被告人が悪人か善人かという、当該犯罪事実とは無関係な事柄が争点となることにより、審

理が混乱する危険も高い。ゆえに、そのような証拠は、原則として用いられてはならないと考えられているのである。

　判例の中には、特殊な手口が類似していることを示す場合（水戸地裁下妻支部判平4・2・27判時1413号35頁）や、犯罪を故意に行ったかどうかなどの主観的要素を証明する場合（最決昭41・11・22刑集20巻9号1035頁）に、類似事実による証明を認めたものもある。しかしその場合も、被告人が犯人であるという事実そのものについては、別の証拠によって立証されていなければならないことが前提とされている。不十分な証明を、偏見によって補うことは許されないからである（いわゆる和歌山カレー毒物混入事件の最高裁判決も、類似事実による犯人性の証明まで認めたものではない。最判平21・4・21裁時1482号12頁）。

　このように、関連性の認められない証拠には証拠能力が認められない。さらに、後述のように（第21章）、関連性のある証拠であっても、違法な手続によって収集された証拠等、その証拠を用いることが適正手続の面から許されない場合等には、証拠の証拠能力が否定される（証拠禁止）こともある。

## II　科学的証拠と関連性

　関連性について、最も議論になるのは、DNA型鑑定等のいわゆる科学的証拠の証拠能力をどう考えるかである。従来、判例では、専門家の経験等を重視して、鑑定等に用いられた技術の科学的原理には注意を払わない傾向がみられていた。しかし、筆跡鑑定のように専門家の「経験と勘に頼る」（最決昭41・2・21判時450号60頁）非科学的なものや、犬の臭気選別（最決昭62・3・3刑集41巻2号60頁）のように、科学性が必ずしも明らかではないものを証拠として用いることは、危険である。結論が間違っている可能性が高いにもかかわらず（実際、臭気選別の困難さが明らかになった例として大阪高判平13・9・28）、「科学」としての装いをもって提出されるために、事実認定者の誤った判断を導きやすいからである。最高裁も、最近では、鑑定の基礎となった「科学的原理が理論的正確性を有」することを、DNA型鑑定の証拠能力を認めるための要件としてあげている（最決平12・7・17刑集54巻6号550頁〔足

利事件])。

　科学的原理の理論的正確性は、発展途上の分野の場合、確認することが困難であり、厳密に要求しすぎると、有用な証拠が利用できなくなってしまうのではないかとの懸念もあり得る。確かに、自白偏重型の司法から脱却するためには、客観的証拠をできる限り確保することが望ましい。しかし、科学的証拠の場合、それが鑑定人の「主観」ではなく「客観的」証拠であるといえるかどうかがまさしく問われているのである。裁判官や裁判員が、当該科学についての専門家ではなく、正しい認定ができるとは限らない以上、誤りを回避するために、できる限り厳格に「科学性」が求められなければならない。しかも、上記判例が科学的に正しいと評価していたDNA型鑑定が、後に誤りであったことが判明したという事実も踏まえるならば、単に、鑑定の一般的な原理が正しいと認められているだけではなく、捜査・裁判で用いられた具体的鑑定方法が科学的原理の適切な応用であることも確認されなければならないだろう。科学的証拠の場合、科学技術の進展により、過去には確かだと考えられていた鑑定方法が実は誤りであったことが発覚する可能性は常にあることを、念頭に置いておかなければならない。

　さらに、科学的証拠については、個々の具体的検査方法の適正さも確認される必要がある。一般に、必要な資格を有した検査者が、正確な機器を用いて、適切な手続により検査を実施したことが証拠能力付与の要件とされるが、とくに、DNA型鑑定のように、犯罪現場から収集された微細な資料をもとに行われる鑑定では、原資料の汚染・混同のおそれ、その後の保管状態による変質のおそれもあることから、鑑定資料の採取と保管の適正性、鑑定の経過と結果にも注意が払われる必要がある。もっとも、この点については、鑑定が警察組織の中で行われることが多く、事後の検証と追・再試の手段が確保されていないことも問題とされている。

　科学的証拠、とくにDNA型鑑定については、法律的関連性の面からも証拠能力が問題となる。最も問題となるのは出現頻度である。一般には、検査結果を掛け合わせて天文学的数字を示すことが多い。しかし、いくら数字上

は稀少であるとしても、被告人以外の者が犯人である可能性を否定できない以上、DNA型鑑定だけで被告人が犯人であるとは断定できないので、偏見を与えるような数字をあげるべきではないとの批判がある。また、科学的証拠の危険性を考慮して、他の証拠で被告人の犯人性が立証されている場合でなければ、有罪証拠として用いるべきではないとの指摘があることも留意されるべきであろう。

# 第19章

# 自　　白

## 1　自白とは何か

　自白は、被告人自身による、犯罪事実の全部または主要部分を認める供述のことをいう。殺人事件において、殺害行為そのものは否定したが、殺害に用いられた凶器と同じものを所有していたことを認める場合のように、犯罪事実のうち一部を認めることを「不利益な事実の承認」という。この「不利益な事実の承認」のうち、たとえ正当防衛等（違法性阻却事由）や心神喪失等（責任阻却事由）を主張していたとしても、犯罪事実の主要部分である殺害行為自体を認めるものを、自白というのである。

　なお、法律上は、他に「有罪である旨の自認」という言葉も用いられている（319条3項）。英米法では、起訴事実について有罪である旨を被告人が認めると、事実審理が省略されて量刑の手続に移るが、日本ではそのようなことはなく、有罪であることを認めることも自白の一種にすぎない。いずれにせよ、上記の性質を持つ被告人の供述は、書面でも口頭でも、誰になされたものでも、また、いつなされたものでも、当該供述を被告人に対して用いる場合は、自白として扱われる。

　自白は、かつては「証拠の女王」として特別な証拠上の地位を与えられていた。しかし、現在では、無実の人でも虚偽の自白をする可能性があるというのが国際的な常識となっている。そして自白は、いったんなされてしまうと無条件に信頼され、誤った有罪判決を導きやすい。また自白を重視することは、強制的な取調べによる自白追求を促しかねない。したがって、現行法

のもとでは、自白は単なる証拠の1つにすぎないだけでなく、危険な証拠として扱われ、その危険性を回避するために、使用する際の特別な制限が設けられている。

## 2 自白法則

### I 自白法則の根拠

　自白の危険性を回避するための方法の1つは、自白の利用を制限することである。憲法38条2項は、「強制、拷問若しくは脅迫による自白」または「不当に長く抑留若しくは拘禁された後の自白」を証拠とすることを禁止し、刑訴法319条1項は、さらに、「その他任意にされたものでない疑のある自白」の使用を禁止する（自白法則）。

　このように自白が排除される根拠と基準として、従来から3つのものがあげられてきた。

　まず虚偽排除説は、強制等の手段により獲得された、任意によらない自白（不任意の自白）には、虚偽が含まれている可能性が高いことを排除の根拠とする。もっとも、自白を証拠として用いることができるか否かという証拠能力の判断は、証拠として用いたときにどう評価できるかという証明力の判断よりも先に行われなくてはならないので、自白に虚偽が含まれているかどうかは、本来は、自白内容ではなく、自白の採取過程（通常は取調べ）で、類型的にみて、虚偽自白を誘発する状況が存在したといえるかどうかで判断しなくてはならない。ところが、そのような状況を類型化することは困難であるので、どちらともいえるような事案の場合には、まず先に自白内容をみてから考えるということにもなりかねない。また、もし仮に、実際には強制等の手段が用いられたにもかかわらず、他の証拠で真実性が裏付けられたという理由で自白の証拠能力を認めることになると、法の趣旨にも反することになる。

　これに対して人権擁護説は、被告人に対する黙秘権等の人権保障の趣旨に

鑑みて、権利を侵害して獲得された自白を排除すべきとする。自白の虚偽性をもはや問題としない点で、虚偽排除説とは異なる。しかしこの説では、実際に自白が排除されるか否かは、自白採取の過程（取調べ）での強制等の手段が、自白する側に心理的圧迫を与え、供述の自由を侵害するに至ったかどうかで判断される。人の心理状態について判断することはもともと困難であるし、そもそも密室で行われる取調べの状況を正確に把握することは不可能である。ゆえに、これまでの裁判では、取調べにおいて強制的なムードがあ

---

**コラム　　取調べの可視化**

　取調べの密室性は、取調官による強制や誘導を誘発し、被疑者に虚偽の自白を促すもとになるだけではなく、自白が本当に被疑者による自発的なものなのか、それとも捜査官から押しつけられたものなのかの事後的検証も不可能にさせてきた。

　日弁連は、この取調べの密室性を打破するために、取調過程の全部録音・録画制度の実現を求めてきた。

　しかし、現在実施されているのは、すでに作成された自白調書に関して質問を行う場面や読み聞かせを受けて署名する場面等、自白した後の取調べの一部を記録するものにすぎない。したがって、自白に至るまでの過程で何が行われたかを本当に知ることはできないし、検察側が都合のよいところだけを切り取り、証拠化する危険性もある。しかも、映像によるインパクトから、事実認定者が、録画されていない他の取調べも適正に行われていたという誤った印象を受けてしまう可能性もある。実際、アメリカでも、ビデオの中では流ちょうに自白していた被告人が、実は無実であったという例が複数報告されている。最近では、市民の側からも、自分たちが裁判員制度に参加して、適正な裁判を行うためには、取調べの全部録音・録画が必要であるとの主張が示されてきている。

　もっとも、全部録音・録画が実現しても、現行通りの取調べが続くのであれば、なお誤判の危険性は残る。たとえ捜査官の口調が穏やかで、あからさまな暴行や脅迫がなくとも、被疑者を孤立無援の状態に置き、心理的圧力を加え続けることそのものが、虚偽自白の誘因となり得るからである。アメリカでは、有名なミランダ法則のもとで、被疑者を一段低い立場に置き、被疑者の主体性を失わせた状態で取調べを行うこと自体が黙秘権侵害ととらえられていることも、参考とされるべきである。適正な事実認定のためには、自白に頼る捜査・裁判を改め、取調べを極小化することが本来必要であろう。

ったことがうかがわれる場合でさえ、その程度の強制ではまだ供述の自由が侵害されるほどの圧力があったとはいえない、という判断が行われる傾向があることが批判されてきた。

　そこで違法排除説は、自白する側への心理的影響の有無ではなく、自白を採取する側の違法行為を自白排除の基準とする。すなわち、自白を排除するのは、自白強要を防止し、自白採取過程における適正手続を担保するためであるので、黙秘権侵害に限らず、例えば別件逮捕や弁護人依頼権の侵害のように、適正手続を侵害する行為があった場合には、そこで得られた自白は排除されなくてはならない。このとき、自白排除の根拠となる条文を憲法31条の適正手続条項になり、憲法38条2項、刑訴法319条1項はその中に含まれる典型的なものを確認的に保障したものとみるべきであるのか、それとも並存してそれぞれ別の観点から排除を要請するものとみるのか等、根拠条文の解釈については見解が分かれている。しかし少なくとも違法排除説の立場から出発し、手続が違法とまではいえないが虚偽のおそれがある場合等も含めて、危険な自白を排除すべきと考える点で、現在の学説は一致しているといってよい。

　判例も、自白すれば起訴猶予になるとの検察官の言葉を信じてなされた自白（最判昭41・7・1刑集20巻6号537頁）や共犯者が自白したとの嘘を告げることによって獲得された自白（最判昭45・11・25刑集24巻12号1670頁）等の最高裁判例をはじめとして、最近では違法排除説の立場を取り入れてきている。

## II　自白の証拠能力についての挙証責任

　自白の証拠能力が問題となるのは、捜査段階では自白していた被告人が、公判では無罪を主張し、自白は「取調べで強要されたものであり、虚偽である」等と訴えたときである。自白の証拠能力を立証する責任が検察官にあることに疑いはないが、取調過程全体に問題がなかったことを一般的に立証するのは困難であること等を理由として、まずは被告人が「取調べ中に殴られ

た」等の具体的な事情を立証させられ、その具体的事情のあるなしが問題とされるのが通常である。

　しかし最近では、捜査官が特別な暴力等を用いなくとも、長時間にわたって説得を続け、理詰めで責めたり、「証拠があるから、逃げようとしても無駄だ」等の情報を与えたり、様々な心理的技法を駆使して行われる取調べの過程全体が、孤立無援の状態に置かれ、ただでさえ心理的に不安定になっている被疑者を、無力感・絶望感に陥らせ、今の苦しい状態から逃れるためには自白するしかないという心理状況に追い込むことが知られている。したがって、自白が本当に任意になされたものか否かを判断するためには、捜査官による有形力行使等の個別の事情のみならず、捜査官からの働きかけの過程全体が被疑者に対してどのような影響を与えたかが検討されなければならない。従来の裁判では、密室で行われる取調べの状況を客観的証拠で示すことは困難であったため、どうしても、「殴られた」等と主張する被告人と、「そのような事実はない」と主張する取調官による証言との水掛け論に陥り、結果として、自白の証拠能力が認められるのが常であった。しかし、挙証責任の原則からすれば、本来、水掛け論に陥って真偽不明の状態になる場合には、被告人に有利な判断がなされるはずである。また、裁判員制度の導入とともに取調べの録音・録画が物理的に可能となっている状況に照らして、今後は、取調過程を録音・録画等の客観的証拠（この点につき、一部録音・録画では意味がないとの指摘がある）として記録し、提出することを訴追側に義務づけるべきとの主張があることも注目される。

## 3　自白の証明力

### I　補強法則の趣旨

　自白の危険性を回避するもう１つの方法は、自白を利用した際の証明力評価に制限を設けることである。

　「人は自分にとって不利となる嘘をつくはずがない」という思い込みや、

被告人は最もよく真実を知っているのだから、被告人本人から話を聞くのが事案の解明にとって最も効率がよいという思い込みから、自白は過大に評価されやすく、偏重されやすい。そこで、憲法と刑事訴訟法は、自白が「自己に不利益な唯一の証拠」である場合には、被告人に対して有罪判決を下してはいけないことを定めた（憲38条3項、刑訴319条2項）。たとえ詳細な自白があり、その自白の信用性が高く、自白だけで事実を認定したとしても何も問題がないように思える場合でも、自白の内容を裏付ける別の証拠（補強証拠）がなければ、人を有罪とすることはできないのである。これが「自白の補強法則」であり、自白偏重による誤判の危険性を回避するとともに、捜査機関に対しては、自白以外の証拠を収集するよう促すためのルールである。

なお、判例は、公判廷での自白には補強法則は適用されないと解している（最大判昭23・7・29刑集2巻9号1012頁）が、学説では、公判廷での自白にも虚偽の可能性はあり得るので、補強証拠が要求されるというのが通説である。

## II　補強法則の範囲

もっとも、自白以外の証拠が要求される範囲をどう考えるかによっては、誤判の危険性がそのまま残る場合もあり得る。

例えば、「被害届」のように、自白の中で示された事実が架空のものではないことを裏付ける何らかの証拠があれば、その他の事実についての裏付けがなくともよいとする考え方がある（実質説）。実際、かつての判例では、強盗の事実について何も補強証拠がなくても、「傷害」部分についての被害者の供述があるというだけで「強盗傷人罪」の事実を認定した事案等（最判昭24・4・30刑集3巻6号691頁）のように、自白した犯罪事実の一部に裏付けがあれば、自白全体を信用できるものとして扱い、自白に現れた犯罪事実の全部を認定しても問題がないとする立場がとられていた。

しかし近年では、犯罪事実の主観的要素については自白のみで認定できるとしても、犯罪事実の客観的な側面（罪体）については、自白以外の独立した証拠がなければならないというのが通説である（罪体説）。判例において

も、「無免許運転」の事実を認定するためには、単に「被告人が運転行為をしたこと」のみならず、「無免許であった」ことについて補強証拠がなければならない（最判昭42・12・21刑集21巻10号1476頁）という考え方が現在ではとられている。

　もっとも、このときの「罪体」の範囲を、特定の被害が生じたという点（例えば、殺人事件において、「死体」が存在すること）に絞ると、実質説と異ならない。通説は、その被害が犯罪行為によるものであるというところまでを「罪体」として、自白以外の独立した証拠による一応の証明を求める。

　しかしさらに一歩進んで、自白に基づく誤判の危険性は、架空の犯罪について有罪とされることよりもむしろ、別の人が犯した行為について誤って被告人が有罪とされてしまう点にあることから、誤判防止のためには、犯罪の行為者がまさしく被告人であるというところまで補強証拠を要求すべきという主張も有力である。

　なお、このときの補強証拠にどの程度の証明力が必要かについては、自白と補強証拠とが相まって犯罪事実を証明できればよいので、自白の証明力が高い場合には補強証拠の証明力はそれほどでなくともよいと考える立場（相対説）もある。しかし通説は、刑訴法301条が、自白以外の証拠を取り調べた後にしか自白の取調べができないとしている趣旨にも鑑みて、上記のように、自白以外の証拠だけで、犯罪事実につき一応の証明がなされなくてはならないとする立場（絶対説）をとっている。通説が、被告人の犯人性まで罪体に含まないとしているのは、この絶対説の立場を前提として、「補強証拠のみによる犯人性の証明」を常に求めるのは訴追側にとって酷であるという考えによるものであり、犯人性について何も証拠がいらないという趣旨ではないことに、注意が必要である。

　また、証拠を補強証拠として用いるためには、その証拠が証拠能力を備えたものであるだけでなく、自白とは独立した証拠であることが求められる。被告人自身の自白を補強証拠として用いることができないのは当然であるが、第三者の供述でも、被告人の自白を繰り返したにすぎないような場合に

は、実質的には被告人の自白と独立したものといえないので、補強証拠として用いることはできない。

## Ⅲ　自白の証明力に関する注意則

　自白の証明力をいかに評価するかは、補強法則を別にすれば、他の証拠と同様に、原則として裁判官の自由な心証に委ねられる。しかし一般に、自白は過度に信頼されやすい。市民だけではなく、職業裁判官も、やってもいない犯罪について人が軽々に自白するはずがないという思い込みから離れることは難しい。過去の誤判事例に関する研究からは、虚偽自白が最大の誤判原因であり、とくに捜査段階で作成された詳細な自白調書が証拠として提出された場合、その虚偽性を見抜くことは極めて困難であることが明らかにされてきている。

　虚偽自白による誤判を防ぐためには、自白の信用性評価も、注意則に沿った科学的な方法で行われる必要がある。判例でも、かつては、自白内容の具体性・迫真性・詳細性を重視し、多少の変遷があっても大筋が通っていればよいとする判断方法（直感的・印象的判断方法）がとられていたが、近年では、自白の変遷状況や他の証拠との対比等の具体的分析を通じて自白を評価する、客観的・分析的方法が採用されてきている（最判平12・2・7民集54巻2号255頁等）。

　その際に用いられる評価基準としては、一般に、①客観的事実ないし証拠との符合性、②「秘密の暴露」といわれる、犯人しか知り得ない事情で、かつ、その後客観的事実であることが確認されたものがあるか否か、③当事者でなければ体験できないような臨場感のある供述が含まれているかどうか、④自白内容の矛盾・変転の有無等があげられている。

　もっとも、これらの評価基準も、自白調書の作成方法（自白の変遷等をそのまま記録したものではなく、捜査官が数日分の被疑者の供述をまとめ、客観的証拠との整合性や内容の矛盾等をチェックしたうえで作文する方法）を踏まえると限界があるし、犯罪の一部に関与した者などが身代わり犯人として自白する場合や、捜

査官が意識的に評価基準にあてはまる供述を作成する場合などには、誤った評価を導いてしまう危険性もあることも指摘されている。

## 4 共犯者の自白

　被告人Xは犯罪事実を遂行したことについて黙秘ないし否認しているのに、共犯者とされる者が、自分の犯行を自白するだけでなく、「被告人Xと一緒にやった」等と被告人Xを「巻き込む」供述をする場合があり得る。被告人にとって不利益となる証拠が、そのような共犯者供述だけであるとき、それだけで被告人を有罪とすることが許されるだろうか。

　例えばXが否認していて、共犯者とされるYだけが「被告人Xと一緒にやった」と自白しているとき、Yの自白をXに対する唯一の不利益証拠として用いてよいことになると、他に何も証拠がなくても、Xは有罪となる。しかし、Y自身を有罪とするためには自白以外の補強証拠が必要となるので、他に何も証拠がなければ、Yは無罪となる。巻き込まれた方だけが有罪になるという不都合を回避するためには、Xとの関係でも、補強証拠を必要と解するべきではないかということが問題となる。

### I　共犯者供述の証拠としての利用方法

　共犯者は、互いに利益が相反する等の理由から、分離して審理を受ける場合もあるし、別の裁判所での審理になるとか、一方だけが起訴猶予処分等を受ける等の事情により併合審理にならない場合もあるが、「共同被告人」として併合して審理を受ける場合もある。

　共同被告人Yも被告人である以上は黙秘権が保障されているので、Yをその立場のまま証言台に立たせ、「なぜ自分を巻き込むのか。本当のことを話してくれ」とXが追及することはできない。

　判例では、いったん審判を分離して、Xの審理における証人としてYを尋問する形をとれば問題ないとされているが（最判昭31・12・13刑集10巻12号

1629頁等)、このときのYの供述は、その後の審理において、Y自身に対する不利益証拠としても用いられる可能性がある（最判昭35・9・9刑集14巻11号1477頁）。Yには証人としての証言拒絶権は認められる（146条）が、証言拒絶権を行使すると、「証言すれば刑事責任を問われる」ことを暗示することになるので、Yは、そのように推測されることを覚悟しながら証言拒絶権を行使するか、あるいは、証言台で供述せざるを得ない状況に置かれるかという厳しい選択を迫られることになる。それではYに対する黙秘権を侵害することになるので、学説ではむしろ、通常被告人に対して行われる「被告人質問」の形式で（311条3項）、共同被告人Yに対して任意の供述を求めるべきだとする見解が有力である。

　もっとも、このときも、Yが必ずしもXの質問に十分に答えるとは限らないので、Yを証人尋問した場合と同様の効果が得られた場合には、Yの供述をXに対する不利益証拠として用いてもよいが、Yが返答を拒否した場合等には、もはやYの供述を用いない等のことも考えられるべきである。

## Ⅱ　共犯者による公判外供述

　Yの供述が公判外で作成された書面の形式で提出される場合には、後述の伝聞法則（第20章）のもとで、その証拠能力が検討されることになる。

　被告人Xが同意する場合には書面の証拠能力は肯定されるが（326条）、Xが反対する場合には、「被告人以外の者による」公判外供述に関する321条各号の要件を満たすことが必要となる。

　共犯者Yが共同被告人でもある場合には、Yは公判に出廷している（321条1項1号前段・2号前段等の「供述不能」には該当しない）ので、一般に問題となるのは、Yが、捜査段階で述べたこととは別の供述をした場合である。321条1項1号後段・2号後段の「自己矛盾供述」の要件が満たされると、書面の証拠能力が認められることになる。また、共犯者の供述も「自白」としての性質を持つ以上は、321条各号の要件に加えて、自白の証拠能力に関係する322条の充足も要求すべきとする見解もある。

もっとも、Yが供述を翻してXに有利な公判証言をした場合、Xにはもはやから不利益な情報を引き出す動機は存在しないし、今の有利な証言の方の信用性を損なわないようにしながら、不利な情報の方だけを攻撃する尋問をするのは極めて困難である。もともと、書面の内容について十分な尋問をすることは困難であるし、共同被告人Yに対する尋問には限界があり得る（本章4-Ⅰ）ので、少なくとも、書面の内容についてもXが十分に尋問できたという場合でなければ、Yの供述に関する書面をXに対する不利益証拠として用いてはならないとの見解も有力に主張されている。

## Ⅲ　共犯者の供述と補強証拠

　「被告人Xと一緒にやった」という共犯者Yの供述は、自白強要と自白偏重のおそれという点で、その危険性は「本人の自白」と異ならない。それどころかむしろ、共犯者の自白には、自己の刑責を軽減するために他人に責任を転嫁するとか、無関係な人を巻き込む等の危険性がある。しかも、犯行への関与を認めながらもXに主たる責任を押し付ける供述は、本当はY自身にとっては利益となるにもかかわらず、不利益な事実を隠さず正直に述べているようにもみえるため、信用性が過度に見積もられてしまう可能性がある。それでも共犯者の自白だけで被告人を有罪にできるとなると、人を巻き込む自白をした方だけが無罪となり、巻き込まれた方が有罪となるという不都合も生じる。

　ゆえに学説では、共犯者の自白にも、「本人の自白」と同様に、補強証拠が求められるべきだと主張されてきた。また、公判廷での自白の場合には反対尋問の機会があり得るので補強証拠は必要ないが、公判外の自白には補強証拠を要求するとの説も唱えられてきた。

　判例は、自由心証主義の例外としての補強法則の範囲を厳格に限定すべきとの理解を前提として、共犯者も、被告人との関係では第三者であり、他の証人と本質を異にするものではない（最大判昭33・5・28刑集12巻8号1718頁）として、共犯者の自白には補強証拠は必要ではないと解しているが、少数意

見の中では、共犯者自白の危険性に注意が向けられていた。

　最近の学説においては、合理的な事実認定を確保するという趣旨から（318条ないしその趣旨の具体化としての憲法38条と319条の準用）も、責任転嫁という点での共犯者自白の危険性に注目し、本人の自白だけで有罪とできない以上、それよりも危険な共犯者の自白だけで有罪とすることはなおさら許されないとする説が有力である。そして、捜査官の誘導に従って、無実の者が虚偽の「共犯者の自白」をする場合はもちろんのこと、犯行に何らかの形で関与して、犯罪事実について知る者が被告人を巻き込む場合、真実が巧妙に織り交ぜられた嘘を暴くことは、たとえ反対尋問が十分に行われたとしても極めて困難であり得るので、共犯者が公判廷で自白した場合にも補強証拠が要求される。しかもその際、共犯者の自白の危険性は、「巻き込み」の点にあるので、補強の範囲は、共犯者Yとの関係ではなく、被告人Xと犯人との同一性について求められなければならない。

【参考文献】
木谷明『刑事裁判の心―事実認定適正化の方策』（新版）法律文化社、2004年
小早川義則『共犯者の自白』成文堂、1990年
下村幸雄『共犯者の自白』日本評論社、1996年
守屋克彦『自白の分析と評価』勁草書房、1988年

# 第20章

# 伝聞法則

## 1 伝聞法則とは何か

　目撃者や被害者等が、自分が目撃したことについて、「犯人はXだ」等と述べたことが、証拠として用いられることがある。人がそのような供述を行うためには、一般に、出来事を知覚し、記憶し、その内容を表現・叙述するというプロセスを経ることになる。しかし、知覚のプロセスには、聞き間違い、見間違い等の誤りの危険があるし、記憶のプロセスには、記憶の歪み、変遷、忘却等による誤りの危険がある。さらに、表現・叙述のプロセスには、言い間違いや表現の未熟さ、ニュアンスの違いなどにより誤りが生じる危険があり得るし、場合によっては、供述者が意図的に虚偽を述べる危険性もあり得る。したがって、人の供述を裁判で証拠として用いるためには、誤りの危険性を避けるために、知覚、記憶、表現・叙述の適切さと真摯性について、吟味を受ける必要がある。
　通常、この吟味のために必要とされるのは、公判廷での証人尋問および反対尋問の機会である。
　供述者が公判廷に出廷し、尋問を受ける場合、供述者は、嘘をつくと偽証罪に問われることになるという威嚇を受けながら、真実だけを述べることを宣誓したうえで証言をする。
　しかもその際、証人と被告人とは直接対面することになる。被告人を前にして証言をするのは証人にとって酷であるという考え方もあるので、特定の場合には、被告人と証人との間に遮蔽措置を設けたり (203条の3)、ビデオ

カメラを通じて別室で証人を証言させたりする（204条）ことが認められることもある（第17章）。しかし、本来は、直接の対面は、証人尋問の重要な要素の1つである。人は、本人を目の前にして人を貶めることは困難であるが、本人のいないところで陰口を叩くのは非常に容易であるという経験則もある。証人に事の重大性を認識させて慎重に証言をさせることも、誤りを回避するためには必要な手段なのである。

それでももちろん、供述内容には誤りが含まれる可能性があるので、反対尋問が必要とされる。このときの反対尋問は、供述と同時に行われるので、供述者が事後的に誤りを言い繕ったり嘘を塗り固めたりする前に、その誤りを正すことができる。そして事実認定者は、主尋問で自分の見たことについて主張し、反対尋問で動揺させられる証人の態度を直接観察することにより、供述の真実性を総合的に判断することができる。

このように、宣誓、直接の対面、反対尋問、事実認定者による態度観察の機会という手続的措置が備わった公判供述に対し、公判外の供述が書面等の形で提出される場合には、供述内容を吟味する手段が存在しない。したがって、刑訴法320条は、公判廷での尋問を実施せずに、その代わりとして、書面、「又は公判期日における他の者の供述を内容とする供述」を証拠とすることを、原則として禁止している。一般に、公判廷外の供述を内容とする証拠で、その供述内容が真実であることを立証するために用いようとする証拠を伝聞証拠といい（これに対し、反対尋問を経ていない証拠を伝聞証拠と定義する見解もある）、伝聞証拠を排除するルールを伝聞法則という。また、憲法は、証人尋問の機会を、被告人に対しては、権利として保障している（憲37条2項）。

## 2　伝聞と非伝聞

伝聞証拠には、供述が書面の形で示される場合と、本来の供述者（原供述者）とは別の人の供述（伝聞供述）により示される場合とがある。

書面で示される供述には、日記や手紙、被害届のように、供述者自らが作

成する「供述書」と、取調べ等で作成される書面のように、第三者が供述を記録する「供述録取書」とがある。供述録取書の場合、供述者の話した内容や真意が正確に記録に反映されているとは限らないので、記載内容に間違いがないことを供述者が確認し、署名・押印してはじめて、「供述書」と同様に、通常の伝聞証拠として扱われる。

## I 非伝聞証拠

　どの形式をとるにしても、公判外で作成された書面ないし供述は、原則として、公判期日の供述に代えて、証拠として使用することはできない。しかし、公判外供述の中にも、伝聞法則の適用を受けない「非伝聞」証拠として、公判証言と同様に用いることのできるものもある。

　例えば、「Aは殺人犯だ」というXの公判外供述を、XがAの名誉を傷つけたことの証明に用いる場合には、Aが本当に殺人犯かどうかという供述内容の真偽は問題とならないため、Xの知覚、記憶、叙述・表現の誤りを吟味する必要はなく、ただ、Xがそういう発言をしたという事実が確認されればよいことになる。

　同様に、「私は宇宙からの使者である」等の発言を情況証拠の1つとして、供述者の精神状態を認定する場合にも、供述内容の真偽は問題とならない。

　このように、立証しようとする事実（要証事実）との関係で、供述内容の真偽が問題とならない場合は、公判外供述であっても、伝聞法則の適用を受けない「非伝聞」証拠として証拠能力を認められることがある。

　判例は、例えば殺人事件に関与したとされる被告人が「Sはもう殺してもいい奴だ」等の発言をしたとされることにつき、「発言の内容」ではなく、「被告人がそのような発言をしたこと自体」を証明しようとする場合には、発言者（被告人）自身を尋問する必要はなく、聞き手の側に、そのような発言を本当に聞いたか否かを確認すればよいとしている（最判昭38・10・17刑集17巻10号1795頁）。同様に、犯行計画メモ等を「メモの存在自体」を証明す

> **コラム** **犯行計画メモは「非伝聞」か？**
>
> 　「犯行計画」メモが、「メモの存在」を要証事実として提出される場合は非伝聞となるという主張がある。しかし、契約書が、物証としてではなく、記載された「契約の存在」の立証に用いられる場合は「伝聞証拠」として扱われるのと同様に、犯行計画メモも、メモに記載された「犯行計画の存在」を認定するため、つまり、「メモの内容」の真実性を認定するために用いられる場合には、伝聞法則の適用を受けなければならない。伝聞か非伝聞かの区別は難しいが、実際の用いられ方が明らかに伝聞的なものであると予測されるならば、当事者の主張にかかわらず、ルールを厳格に解さないといけないのである。
>
> 　また、犯行計画メモは、「犯行計画」という形で示された作成者の「意図」を示す（精神状態の）供述として、非伝聞証拠であると主張されることもある。しかし、「咄嗟の発言」が発言者のその時点での感情を暴露する場合とは異なり、メモの作成者は、熟考のうえで、虚偽を記載する可能性もある。まして、複数人で犯罪を共謀し、そのうちの一人がメモを作成した場合、メモは、他の参加者の供述についての知覚・記憶を含めて、作成者が共謀の内容として知覚したものを書き留めたものにすぎない（非伝聞説でも、作成者以外の者との関係では、一人一人がメモの正確性を確認しない限り、メモは伝聞証拠と解されている）。それでも犯行計画メモに「非伝聞」としての証拠能力を付与しようとする背景には、「メモ」の証拠価値が高いという認識があるかもしれない。しかし、犯罪を意図した人が必ず実行に移すわけではないし、別人がメモのとおりの犯罪を実行する可能性も否定できない。結局、被告人が犯行に関与したかどうかは、他の証拠がなければ確認できないのである。
>
> 　誤りの危険のある証拠に基づく誤判を避けるためには、できる限り厳格に伝聞法則を適用しようとする姿勢が必要である。

るために用いる場合には、非伝聞であるという議論もある。しかし、書面の場合、紙の性質や形状が特異な場合は別として、通常、書面そのものを示しても意味はない。たとえ当事者が、供述の「存在自体」が要証事実だと主張しても、真の目的は、記載された内容どおりの事実を証明することにあるとみるのが自然である。伝聞か非伝聞かという区別は曖昧なところも多いが、要証事実の関係で非伝聞であると理屈をつけながら実際には伝聞的に用いるようなことは、本来許されてはならないだろう。

## Ⅱ　人の心の状態を示す供述

　伝聞か非伝聞かという点で最も議論となるのは、人の心の状態を示す供述をめぐる問題である。

　通説は、人の心の状態を示す供述を、供述内容の真偽が問題とならない場合だけでなく、供述者がその内容どおりの心理状態にあった（つまり、供述内容が真実である）ことを証明するために用いられる場合にも、非伝聞であるとする。その理由としてあげられるのは、その時点での人の心情を吐露する供述は、外界の出来事を知覚して報告する通常の供述とは異なり、知覚・記憶の過程が欠けていること、そして、表現・叙述の過程の正確性および真摯性は、供述時の外形的事情から推認することができるため、反対尋問の必要性は高くないこと等である。また、実際的な理由としては、心の状態を吐露した供述は、その時点での発言者の内心の事情を知るうえで最善の証拠であり、証拠として用いる必要性が高いのに、伝聞証拠として扱うと、それを用いるための規定がないため、使用できなくなってしまうこと等もあげられる。

　これに対して、学説の中では、人の心の状態を示す供述であっても、供述者が供述どおりの心の状態であったことを証明するものとして用いる場合には、通常の伝聞証拠として扱うべきだとの主張も根強い。その理由は、たとえ知覚・記憶の過程が問題とならないとしても、表現・叙述の問題のうち、とくに真摯性の問題が無視できないということにある。というのも、供述者本人が証言する場合には、被告人の面前で供述させることにより、供述者に事の重大性を認識させ、嘘やでまかせの証言を回避させる等、真摯性がある程度確保されることが期待され得るが、供述を聞いた第三者に尋問してもそのような効果はあり得ないからである。確かに、供述時の客観的状況や、供述者の態度・表情等については、第三者から聞き知ることもできるかもしれないが、供述時の状況が供述者に与えた心理的影響や、供述の背景となる動機等までを第三者に確認することはできない。少なくとも、外形的な状況のみからの推測が、供述者本人に対する尋問を不要にするほど有効なものとは

言い得ない。

　とくに、心の状態を示す供述が、書面として提出された場合には、供述の外形的状況を確認する手段もないことになる。結局は、書面自体から、作成過程に問題がないことを推定し、真摯性を認定するしかないが、そのような方法が、供述者の尋問を不要とするほどに十分なものとはいえない。しかも、書面の場合には、そもそも「知覚・記憶」の過程が欠けるといえるかという点にも疑問が生じる。心の状態を示す供述に「知覚・記憶」の過程が欠けるといわれるのは、当該供述が、供述者がとっさに、思わず（自然発生的に）してしまったものであることが前提とされているためであるが、書面は、熟考のうえで、過去を振り返りながら書くことも可能である。判例は、犯行計画メモのような書面も、その内容たる「意思、計画」を立証するためであれば非伝聞として扱い得るとしている（東京高判昭58・1・27等）が、学説の中には批判も多い。

　なお、判例においても、被害者の当時の心の状態を証明するためではなく、実際には過去の出来事を証明するために用いられる場合には、心の状態を示す供述であっても、伝聞証拠とされている。例えば、最高裁は、「あの人は好かんわ。嫌らしいことばかりする」という被害者の生前の供述は、強姦致死事件における審理においては伝聞証拠にあたると判断した（最判昭30・12・9刑集9巻13号2699頁）。一見すると、被告人に対する被害者の嫌悪感を示す供述のようであっても、実際には、被告人がもともと被害者に対して淫らな野心を持っていて、被害者に対して「嫌らしいことばかり」していたという過去の出来事につき、被害者の供述どおりに認定するために用いられていることが明らかであったためである。

## 3　伝聞の例外

### I　伝聞例外の要件

　伝聞証拠であるからといってすべての供述が排除されるわけではない。現

行法は、321条以下に詳細な伝聞例外規定を置いているが、一般に、要証事実の認定のためにその証拠を求める特別な「必要性」があり、かつ反対尋問を経なくともそれに代わるだけの「信用性の情況的保証」(特信情況) がある場合には、公判外供述の使用が例外的に認められる。

例えば、戸籍謄本等の公務員が職務上作成する文書や、商業帳簿のように業務の過程で作成された文書等は、類型的にとくに信用性の高いものとして、使用を認められる (323条各号)。

また、当事者が「証拠とすることに同意した」場合は、証拠に関する反対尋問の権利が放棄されたものとして、伝聞証拠をそのまま用いることが許される (326条。ただし、違法収集証拠のように、本来排除されなければならない証拠〔第21章〕は、当事者の同意があっても、証拠能力を認められるべきではないというのが通説である)。もっとも、その際の同意は、裁判所に対して明確かつ積極的な行為として行われる必要がある。このときの同意権者は、「検察官および被告人」である。弁護人の同意・不同意の決定は被告人の代理として行っているものにすぎないので、被告人の明示ないし黙示の意思に反して効果を持つことはない (弁護人と被告人の主張に食い違いがない場合等には、弁護人の同意を被告人が黙示的に追認したとみなされる場合もある)。なお、同意していても、証拠の証明力等を争うために原供述者の証人尋問を求めることは許される。

さらに、被告人自身の供述は、書面の場合 (322条) と、被告人以外の者の証言の中に含まれる場合 (324条) とがあるが、いずれにしても、「不利益な事実の承認」を内容とする場合は「任意性」の要件のみで、証拠能力が認められる。これに対して、被告人にとって利益な供述である場合には、特信情況がある場合にのみ証拠能力が認められる。

なお、321条ないし324条の規定により伝聞例外となり得る書面または供述であっても、任意性がない供述は証拠として用いることはできない (325条)。

## II 伝聞例外に関する解釈・運用上の諸問題

### 1) 供述不能の場合

「供述者が死亡、精神若しくは身体の故障、所在不明若しくは国外にいる」ため公判で供述できないとき（供述不能）、裁判官の面前での供述を録取した書面（1号書面）は、証拠能力を認められる（321条1項1号前段）。226・227条に基づく証人尋問や証拠保全のための尋問（179条）等を実施した場合等がこれにあたる。特信性の要件が付されないのは、原則として供述者は宣誓し、当事者の立会も保障されているなどのことと、裁判官が公正な立場から尋問すると推定されること等から、信用性の情況的保障が高い状況で供述がなされたものと考えられているからである。

これに対して、司法警察職員による取調べで作成された書面や弁護側提出の書面等（3号書面）の場合には、321条1項3号のもとで、供述不能の要件だけでなく、その供述がとくに信用すべき状況のもとでなされたという要件（絶対的特信性）と、その証拠が犯罪事実の存否の証明に欠くことができないという要件（不可欠性）が満たされなければならない。この要件を満たすことは一般に困難であるので、外国での公判調書等（最決平15・11・26刑集57巻10号1057頁）の限られた場合にしか、書面の証拠能力は認められない。

他方、321条1項2号前段は、検察官の取調べにおいて作成された書面（2号書面）には、3号の場合とは異なり、絶対的特信性や不可欠性を要求せず、1号の場合と同様に、供述不能の要件だけで、証拠能力を認める。

しかし、検察官による取調べには、裁判官の尋問の場合のような宣誓や当事者の立会等の手続的保障がない。検察官も当事者の一方であり、警察の場合と同様、密室での取調べにおいて作成される供述に信用性の情況的保障があるとはいえない。学説では、憲法ができる限りすべての証人に対する審問の機会を保障していることに鑑みても（憲37条2項）、安易にその代用としての書面を用いることは許されないので、少なくとも、解釈上、特信性の要件を付加すべきであると主張されている。

判例は、かつては、「供述者死亡」等の要件にあたらない場合でも、供述

者が証言を拒否したり記憶を失ったなどと主張して供述が期待できない状態にあれば、それだけで2号書面の証拠能力を認めてきた（最大判昭 27・4・9 刑集 6 巻 4 号 584 頁）。しかし、近年では、最高裁も、伝聞法則と証人審問権の趣旨に鑑みて、供述者が裁判の前に、国家による国外退去強制処分を受けたような場合には、供述者が条文のとおりに「国外にいる」状態にあたるとしても、必ずしも書面の証拠能力を認めることはできず、書面作成と証拠請求に至る事情を考慮して、2号書面を「証拠請求することが手続的正義の観点から公正さを欠くと認められる」場合には、これを証拠とすることができないことを示している（最判平 7・6・20 刑集 49 巻 6 号 741 頁）。そして検察官には、供述者が供述不能になることをあらかじめ予測できるのであれば、できる限り証人尋問の機会を確保するよう努力することが求められている。

2）自己矛盾供述

供述に含まれる危険性をテストするための反対尋問は、原則として、供述がなされると同時に行われる必要がある。誤った供述は、「供述者が再考の機会を持ち、真実よりも嘘を主張することに利益をもつ他人の示唆の影響を受けるにつれて、強固になり、真実の打撃に屈しなくなる」ため、事後的な尋問の機会は、誤りの危険性を払拭するに十分とはいえないからである。

しかし、供述者が公判で証言台に立っている場合には、事後的な不十分なものとはいえ、以前の供述についてもある程度の尋問が可能だという考え方もある。もちろん、通常、供述者が公判で証言すれば、以前の供述を用いる必要はない。ところが、供述者が公判で以前とは異なる供述をする場合には、その証人を用いて立証することを予定していた事実が事実認定者の面前に提示されないという不都合が生じる。そのため、刑訴法は、以前の供述が有罪立証に必要かつ不可欠な証拠である場合には、一定の要件のもとで、証拠能力を認めている。

321 条 1 項 1 号後段は、以前の供述が裁判官の面前での尋問の結果である場合（1 号書面）に、供述者が後の公判等で「その供述と異なった供述」をしたことを要件として、証拠能力を認めている。このときに、特信性等の要件

が要求されていないのは、現在の公判廷に供述者が在廷していて、もとの供述についても一定程度の尋問が可能であるということに加えて、1号書面の場合には、以前の供述時にも当事者の立会等の手続的保障があり、中立的な立場からの尋問の結果が記載されていると想定されるからである。

ところが、刑訴法は、検察官による尋問の結果を録取した書面（2号書面）にも、供述者が公判等で「前の供述」と「相反する」か「実質的に異なる」供述をしたとき（相反性）に、証拠能力を認める。しかもその際、特信性の要件として要求されるのは、以前の供述自体が信用性の情況的保障を持つことではなく、以前の供述の方が公判供述「よりも」信用できるという「特別の情況」（相対的特信性）があることだけである。

しかし、検察官は一方当事者にすぎず、密室による取調べには、被告人や弁護人の立会、宣誓、反対尋問等の手続的保障はない。判例では一般に、証人が被告人の母親や兄弟分である等の事情がある場合や、証人の公判での態度が信用できないような事情がある場合に相対的特信性を認めているが、公判でしどろもどろの供述しかできなかった証人が、密室での取調べでは理路整然と供述していたという保障はどこにも存在しない。書面が電磁的・同時的・逐語的に記録されたものではないことからすると、公判での供述者の態度が信用できないからといって、相対的に以前の供述の信用性が高まると安易にいうことはできないはずである（なお、このときの「信用性」は、供述を取り巻く外部的情況から判断されるものである）。

この場合にも、一般には、書面の内容についても公判廷で反対尋問の機会が与えられることを条件とすれば問題がないとされることが多い。しかし、被告人は、証人が以前の供述を放棄して、自分に有利な供述をしてくれているときに、あえて厳しく反対尋問をして、自分に不利益な供述を引き出す動機は持たないはずである。しかも、現在の有利な証言の方は信用性を貶めないよう注意しながら、不利益な供述の方だけを弾劾するような反対尋問を行うことは、極めて困難である。そのような高度な技術を被告人が駆使しないと、以前の供述については十分に吟味できないならば、伝聞例外の要件を緩

和するルールとして一般に妥当であるとは言い難いし、憲法37条2項の証人審問権との関係でも問題が生じる。本来は、以前の供述自体に信用性の情況的保障（絶対的特信性）が備わることを求めるべきであるし、そうでなくとも、相対的特信性は厳格に判断すべきである。

　また、自己矛盾の供述の場合、証人は公判廷で証言しているのであるから、供述の「必要性」要件（つまり相反性）も厳格に判断されなければならない。かつての判例は、以前の供述の方が詳細であるというだけで「相反性」を認めたが（最判昭32・9・30刑集11巻9号2403頁）、最近では、そのような判例の立場を一般化すべきではなく、むしろ公判中心主義を徹底するために、事実認定や量刑判断に大きな影響を及ぼす程度に異なった結論を導くものでない限り、以前の供述に「相反性」を認めないとする方針が、裁判員制度との関係でも示されてきている。

　そしてこのときの「相反性」は、書面の内容が証言の中で「再現」されたか否かで判断されるべきである。いったん主尋問で再現されたならば、事実認定にとって必要不可欠な情報は、以前の供述を用いるまでもなく、公判に提出されている。仮に反対尋問等で供述が崩れることがあっても、それは、供述の中に含まれていた誤りが発覚しただけのことである。その場合に、あえて以前の供述を証拠とする「必要性」はないし、あたかもそれとは無関係なものであるかのように以前の供述を提出することは、証人尋問手続の意義を無視し、伝聞法則の趣旨を損なうことになる。判例の中には、証人が公判廷で証言した後に、証人を取り調べて作成した供述調書を2号後段書面として用いたものがあるが（最決昭58・6・30刑集37巻5号592頁）、公判中心主義に反するような方法で安易に書面を用いることは、本来許されないであろう。

3）検証調書・実況見分調書・犯行再現・鑑定書

　捜査機関による「検証」の結果を記載した書面は、その作成者が公判期日において証人尋問を受け、その書面が「真正に作成されたこと」が証明された場合には、証拠能力を認められる（321条3項）。検証調書が伝聞例外とし

第20章　伝聞法則　199

て証拠能力を認められるのは、物や場所の状態は可変的なものであるため、事件から間もない時期に記録しておく必要があること（必要性）、その記録の方法が、場所や物の状態を機械的・技術的な方法で客観的に認識したものであり、虚偽性の入り込む余地が少ないこと（特信情況）等による。しかし、裁判官による検証の場合には無条件に証拠能力が認められるのに対し（321条2項）、捜査機関による検証の場合には、作成者が一方当事者で、作成時の弁護人・被告人立会等の手続的保障がない等のことから、作成者が公判で宣誓し、尋問を受けることが要件として付加されている。

　判例では、捜査機関が任意で行う実況見分の結果を記載した書面にも、321条3項の準用を認めている。五感の作用によって物の存在および状態を認識する方法であるという点で、検証も実況見分も性質上の違いがないことがその理由である。しかし、強制処分と任意処分とでは観察・記録が意識的かつ正確に行われるかどうかに違いが生じることを理由として、反対する見方も有力である。また、弁護側の作成した実況見分調書については3項の準用が認められていない（最決平20・8・27刑集62巻7号2702頁）が、処分の性質の同一性を証拠能力付与の理由とするならば、私人作成のものについても同様に扱うべきとの批判もある。

　検証や実況見分に際して、立会人が指示説明をする部分が、検証調書や実況見分調書に記載される場合がある。対象を特定するとか趣旨を明確にするための指示にすぎない場合は、一般に、検証調書や実況見分調書と一体のものとして、指示説明の部分にも証拠能力が認められる（最判昭36・5・26刑集15巻5号893頁）。しかし、例えば「この地点で、被告人が被害者を刺した」等のように、事件に関する供述（いわゆる「現場供述」）が記載されている場合、本来は供述録取書に記載される供述が、たまたま検証や実況見分の際になされたために、便宜上同一の書面に記載されたにすぎない。したがって、その供述部分には、検証調書としての証拠能力要件とは別に、通常の供述としての伝聞例外の要件が満たされる必要がある。

　犯行現場などで犯行を再現する様子を検証、ないし実況見分した結果を記

載した書面が、検証調書ないし実況見分調書として提出される場合もある。しかし、たとえ検察官のいう立証趣旨が犯行再現「情況」とされていても、実際には、再現されたとおりに被告人が犯罪を実行したことを証明するために犯行再現が用いられる場合には、321条3項の他に、供述調書としての伝聞例外要件（321条1項3号や322条等）を満たすことが必要となる（最決平17・9・27刑集59巻7号753頁）。犯行再現は、供述内容を動作で現すことによりビジュアル化したものにすぎず、たとえ機材等により機械的・技術的に記録されていたとしても、その実質は供述録取行為そのものであり、虚偽性の入り込む危険が避けられないからである。

　鑑定書は、裁判官または裁判所の命令で行われたものについては、検証調書の場合と同様に、作成者に対する尋問の機会を保障し、作成の真正が証明されたならば、証拠能力を付与される（321条4項）。裁判所による鑑定の場合、鑑定人の選任も中立的に行われ、鑑定人が宣誓のうえで鑑定し、当事者にも立会が認められるなどの手続的保障があることに加えて、鑑定書の内容が複雑で専門的な内容に及ぶため、口頭によるよりも書面による方が正確性を確保し得るからである。判例は、このような手続的保障のない、捜査機関による嘱託鑑定についても321条4項の準用を認めている（最判昭28・10・15刑集7巻10号1934頁）が、学説では、321条1項3号によるべきとの主張も有力である。

4）伝聞供述、再伝聞

　ある人（A）の証言の中に、別の人（B）の供述が含まれていて、Bの供述内容の真偽が問題となるとき、Aの証言中の「Bの供述」は「伝聞供述」にあたる。このとき、Bの供述には、Bが被告人の場合は322条が、Bが第三者の場合は321条1項3号の規定が準用され、各条文の要件を満たす場合には、伝聞例外として証拠能力が認められる（324条）。

　判例は、Aの供述調書の中に、Bの供述が含まれていて、Bの供述内容の真偽が問題となるときも（再伝聞）、Aの供述調書が伝聞例外として証拠能力を認められるならば、前述のものと同様に、322条ないし321条1項3号の

準用のもとで、各条文の要件を満たす場合に、Bの供述にも証拠能力を認める（最判昭32・1・22刑集11巻1号103頁）。判例は、伝聞例外として証拠能力を認められる供述調書には、もはや伝聞としての劣った性質は存在せず、公判証言と同等の証拠価値を持つと考えているからである。

　しかし、Aが公判で証言する場合とは異なり、Aの供述が書面で提出される場合には、Aに対して、「Bから聞いた」というのが事実かどうかも確認することができない。例外的に証拠能力が付与されるからといって、安易に公判証言と同一視できるかという点には疑問が残る。とくに、Bが被告人で、Aが共犯者とされる者である場合、問題は大きい。なぜなら、共犯者の供述という性質上、「Bから聞いた」というAの申立てには虚偽が入り込む危険性が高いにもかかわらず（第19章参照）、Bが被告人である場合に準用される322条のもとでは、実質的には任意性の要件のみで、安易に書面に証拠能力が付与されてしまう可能性が高いからである。学説では、少なくとも、B自身が供述について確認した場合でなければBの供述部分に証拠能力を付与すべきではないとする立場が有力である。

5) 証明力を争う証拠

　321条ないし324条の規定により証拠とすることができない書面・供述でも、公判準備または公判期日における被告人・証人等の供述の証明力を争うためであれば、証拠として用いることが許される（328条）。

　しかし、だからといってすべての伝聞証拠を用いてよいという考え方（非限定説）に立つと、警察の取調段階で作成された供述調書のように、通常の例外規定のもとでは用いることができない伝聞証拠が、弾劾証拠という名目で法廷に持ち込まれて、伝聞法則が形骸化してしまう可能性がある。

　したがって、現在では、証明力を争う対象となる供述の供述者による自己矛盾供述に限定して考えるのが通説である（限定説）。自己矛盾供述のみが証拠能力を認められる理由は、自己矛盾による弾劾の場合、供述内容の真偽が問題とならないことにある。つまり、「別の機会にした供述の方が正しいから」公判証言の証明力が減殺されるのではなく、「同じ人が、別の機会に

は、現在とはまったく逆のことを話していた」という事実が、供述者の信用性に疑いを抱かせ、その結果として、その供述の証明力が減殺されることになるのである。したがって、厳密にいえば、このときの自己矛盾供述は、内容が真実であることを証明するために用いられているのではないため、伝聞証拠ではないことになる（328条は、このような用い方のみが許されることを注意的に規定したものにすぎないと解されている）。

これに対して、証人が一貫した供述をしていることを示したり、他の人の証言と一致することを示すことによる増強は、その供述内容が真実であることを前提としていることになり、「証明力を争う」といいながら、実質的にはその内容を証明するものとして用いられることになるため、許されない。もっとも、いったん自己矛盾で弾劾された供述の証明力を回復するためであれば、一致した供述を用いることができる（回復証拠）というのが通説である。ただし、真実も繰り返される一方で、嘘も繰り返されることがあり得るので、回復として用いるためには、単に供述が一致しているということではなく、例えば「証人が買収を受けて供述を変更した」という弾劾に対して、買収を受ける前にも今と同じ供述をしていた、と証明する場合のように、回復としての意味がある場合に限定されるべきであろう。

最高裁も最近では、328条のもとで証拠能力を認められるのは自己矛盾供述に限られるという限定説を前提としながら、供述者が自己矛盾に陥ったという事実（自己矛盾供述の「存在」）についても、厳格な証明が必要であるという考え方を示している（最判平18・11・7刑集60巻9号561頁）。

なお、近年、学説においては、限定説のもとでは被告人側の証拠提出も困難になることを懸念して、憲法37条2項の証人審問権の観点から、被告人側に対しては伝聞法則を緩和すべきとの見解があることも注目される（片面的構成説）。それによると、証人審問権の規定には、証人自身とは別の証拠方法により証人およびその証言を吟味する権利が含まれるので、その権利のもとで、被告人に対しては、書証等も含めた、自己矛盾供述以外の伝聞証拠による弾劾も許されることになる。

【参考文献】

石井一正『刑事実務証拠法』(第4版)法律文化社、2009年

大出良知・高田昭正・神山啓史・坂根真也『刑事弁護』(新版)現代人文社、2009年

葛野尋之・中川孝博・渕野貴生編『判例学習・刑事訴訟法』法律文化社、2010年

# 第 21 章

# 違法収集証拠

## 1 排除法則の根拠

　証拠物を収集する過程で、令状主義に違反するような重大な違法があるとき、そのような違法な手続により収集された証拠に証拠能力を認めないとするルールが違法収集証拠排除法則である。自白法則も、違法排除の観点を重視すると、排除法則の1つとみることもできる（第19章参照）。もっとも、自白法則については明文の規定がある（憲38条2項、刑訴319条1項）が、証拠物についてはそのような規定が存在しない。また、自白等とは異なり、捜索・押収等の収集手続に違法があったとしても、証拠物の証拠価値に変化は生じない。判例は当初、証拠物に排除法則を適用することに否定的な立場をとっていた（最判昭24・12・13裁判集刑15巻349頁）。

　しかし、被告人は、憲法31条のもとで、適正に収集された証拠によらなければ有罪判決を受けない権利を保障されている。学説においては、①適正手続の保障の理念（違法収集証拠の証拠能力を認めることは、憲法31条の適正手続保障、あるいは憲法35条の令状主義の保障を無にすることになるため、権利保障の担保として、ルールに違反して収集された証拠を排除することも憲法の趣旨に含まれる）、②司法の廉潔性保持の要請（違法に収集された証拠を有罪認定に用いることは、捜査機関の違法行為に裁判所が荷担することになり、司法に対する国民の信頼を損なうことになるため、許されない）、③違法捜査抑制の見地（将来の違法捜査を抑止する手段としては証拠を排除することが最も効果的である）、等を根拠として、排除法則を採用すべきと主張されてきた。

最高裁も、最判昭53・9・7刑集32巻6号1672頁において、排除法則を採用すること自体は認めている。すなわち、「事案の真相究明も、個人の基本的人権を全うしつつ、適正な手続のもとでされなければならず……憲法35条や、これを受けて刑訴法が捜索・押収等について厳格な規定を設けていること、また憲法31条が適正な手続を保障していることからすれば、証拠物の押収等の手続に、憲法35条・刑訴法218条1項等にいう令状主義の精神を没却するような重大な違法があり、これを証拠として許容することが、将来における違法な捜査の抑制の見地からして相当でないと認められる場合においては、その証拠能力は否定される」。しかし、この判決は、排除法則が「刑訴法の解釈問題」であることを明示しており、憲法上の権利として排除法則を位置付けることはしていない。憲法の条文や適正手続等にも言及はしてはいるものの、基本的には、違法捜査を抑止し、将来の適正手続を確保するという政策的考慮から排除法則の採用を認めたものであろう。

## 2　証拠排除の基準

　従来、学説では、証拠収集手続の違法性を証拠排除の基準とし、憲法違反その他の重大な違法（「違法の重大性」）がある場合には証拠を排除すべきというのが一般的であった。

　しかしこれに対して、「違法の重大性」があれば証拠を排除するというような「絶対的・画一的」な判断基準よりもむしろ、個別事案ごとの事情を考慮する方がよいとして、証拠収集行為がその後の手続全体の適正さを失わせるほどの明白かつ著しい違法がある場合は即座に証拠排除をするが、それ以外の場合には、「違法の重大性」判断以外の諸利益を比較衡量して、証拠を排除すべきか否か（「排除の相当性」）を決定すべきとする説も有力に主張された（「相対的排除説」）。「排除の相当性」判断において考慮に入れるべき要素としては、手続違反の程度、手続違反がなされた情況、手続違反についての認識の有無、手続違反の頻発性、手続違反と証拠獲得の因果性の程度、事件の

重大性、証拠の重要性等があげられていた。

このような要素を考慮することについては批判も強く、とくに、事件の重大性等が要素の1つとされている点については、処罰の必要性が高ければ違法捜査が事実上許されるという結論でよいのか等の疑問もあげられてきた。

しかし最高裁は、相対的排除説と同様の考え方のもとで、「『令状主義の精神を没却するような』重大な違法」の他に、「違法捜査抑止」の見地からみた「排除の相当性」を排除の基準としてあげ、違法な手続の存在が確認された場合にも、証拠を排除すべきか否かについては、様々な利益を比較衡量して判断することを明らかにした。

この「違法の重大性」と「違法捜査抑止」の2つが重畳的な要件であるのか（「重畳説」）、どちらか一方が充たされればよいものなのか（「競合説」）については見解が分かれている。いずれにしても、要件自体は極めて抽象的なものであり、具体的な中味を明らかにするものとはなっていない。

これまでの判例の多くは、手続の違法性を認めながら、「違法の重大性」は否定することで、証拠排除を回避してきた。例えば、実質的に検証にあたるX線検査を無令状で実施することは、明らかに令状主義に反するが、最高裁は、その違法が重大ではないと認定している（最決平21・9・28刑集63巻7号868頁）。違法性の質や程度を低く見積もり、あるいは行為の必要性や被告人の態度等の様々な事情を柔軟に考慮して、違法の重大性を否定しようとする判例の態度は、「排除法則の骨抜き」として、学説から強く批判されてきた。とりわけ、捜査官の「令状主義潜脱の意図」がその際の重要な要素とされている点については批判が強い。捜査官の違法行為は、悪質な意図からではなく、職務熱心さから引き起こされるのが通常であるが、そうであるからといって行為の違法性が弱まるわけではなく、そのような場合でも、将来に同種の行為を抑止する必要性は高い。アメリカでは、捜査官が自分の行為を適法であると信じていた場合には、違法捜査抑止の効果が働かないため、排除法則を適用しないという「善意の例外」という法理があるが、学説においては、このような法理を採用すべきではなく、客観的にみて令状主義を潜脱

するような違法があるかないかで判断すべきであることが指摘されている。

## 3 派生的証拠

### I 違法の承継

判例は、「違法の重大性」判断の対象となる「手続」の範囲については拡張的に捉えている。例えば、違法な任意同行が行われ（先行行為）、その状態を利用して採尿行為が実施された（後行行為）場合等にも、排除法則が適用される可能性があり得る。

最高裁は、このときのルールとして、当初は「先行行為」と「後行行為」とが同一の捜査目的（例えば覚せい剤事犯の捜査という目的）のもとで行われたことと（「同一目的」）、違法な「先行行為」（身体拘束状態）を「直接利用」して「後行行為」が行われたことを要求しているようにみえた（最判昭61・4・25刑集40巻3号215頁）。しかし、近年では、必ずしも「同一目的」でなくても、違法な手続と証拠収集行為との間に因果関係ないし「違法の承継」があれば、違法行為と「密接に関連する」証拠は排除されるべきことが明らかにされている。実際、最判平15・2・14刑集57巻2号121頁は、違法な逮捕行為と密接に関連する尿鑑定の結果につき、最高裁としてははじめて、証拠排除の結論に至っている。また、この判例では、違法行為を事後的に隠蔽しようとしたという事実を、「違法の重大性」判断において考慮し得ることも示されている。

### II 毒樹の果実

違法に獲得された証拠（毒樹＝第1次証拠）に基づいて発見された証拠（果実＝第2次証拠）に証拠能力を認めないとするのが毒樹の果実理論である。もともとはアメリカで発展した理論であるが、学説でも広く受け入れられている。毒樹の果実の例としては、違法に得られた自白に基づいて発見された凶器や、違法に押収された書類に基づいて発見された証拠物、反復自白等があ

げられる。このような派生的証拠を排除すべきとするのは、第1次証拠が排除されても、第2次証拠が受け入れられてしまうと、排除法則の趣旨が貫徹できないからである。

　最高裁判例の中には、別件逮捕・勾留中の自白に基づいて獲得された第2次証拠の証拠能力との関係で、補足意見の中で「毒樹の実」の問題としてこれを論じたものがある（最判昭58・7・12刑集37巻6号791頁）。しかし一般には、学説上は毒樹の果実理論が問題となる場面でも、「違法の承継」の場合と同様に扱われているようである。

## Ⅲ　証拠排除の例外

　派生的証拠を排除すべきとなると、証拠排除の範囲が拡張しすぎることを懸念して、一定の例外を設けるべきとする主張もある。

　このときに、証拠排除が不要な例としてあげられるのは、違法行為と証拠との因果関係が薄れて、汚れが除去されたといえる状態である場合（「希釈法理」）や、違法行為とは独立したルートで証拠を入手した場合（「独立入手源法理」）等である。また、実際には違法行為から獲得されているが、適法な捜査によっても発見されていたはずであるという仮定に基づいて例外を認める「不可避的発見の法理」といわれるものもある。

　判例においても、違法な捜査の結果を疎明資料として捜索差押令状が発付された場合等に、司法審査を経ていることを希釈事情とし、また別事件に関する令状が発付されていたことを理由として（独立入手源ないし不可避的発見の法理）、そこで発見された証拠の証拠能力を認める例等がある（最判平15・2・14刑集57巻2号121頁等）。

　しかし、司法審査を経たというだけで違法性が希釈されるとみることには疑問があり得るし、別件の令状が発付されて適法に捜索が行われたからといって、本件の証拠収集が許されるわけでもない。不可避的発見の法理のように、適正な捜査によっても発見されたはずだという蓋然性だけで例外を認めることになると、結局は捜査官の後知恵で行為を正当化することとなり、排

除法則を掘り崩す結果を招きかねない。学説においては、日本では排除法則が適用される範囲が極めて限定されているのに、それ以上に例外を許すべきではないとして、いずれの例外にも否定的な立場がとられている。

【参考文献】
井上正仁『刑事訴訟における証拠排除』弘文堂、1985年
大澤裕・杉田宗久「違法収集証拠の排除」『法学教室』328号、2008年
葛野尋之・中川孝博・渕野貴生編『判例学習・刑事訴訟法』法律文化社、2010年

# 第 22 章

# 裁　　判

## 1　裁判の意義

### I　裁判とは

「裁判」とは、一般には、裁判所が具体的事件について公権的に判断を下すことである。訴訟法では、これを、裁判機関の行う意思表示的な訴訟行為であると理解する。裁判所または裁判官が行う訴訟行為という意味で、裁判所書記官や捜査機関の行為とは区別され、また、意思表示的行為という意味で、証拠調べなどの事実的行為と区別される。

裁判としてその効力を持つためには、裁判機関内部で意思決定が行われ、その内容が外部的に表示されなければならない。前者を、裁判の内部的成立、後者を、裁判の外部的成立という。裁判の内部的成立は、単独裁判官による裁判の場合は裁判書が作成された時点、合議体による裁判の場合は評議・評決が行われた時点で認められる。外部的成立は、裁判を受ける者に対して告知された時点で認められる。例えば、判決は、公判廷において「宣告」の方法で告知される（342条）。判決を言い間違えた場合（例えば、懲役6月を6年と言い間違えた場合）、判決宣告期日が終了するまでは、宣告内容の訂正変更が許される（最判昭51・11・4刑集30巻10号1887頁）。

### II　裁判の種類

裁判は、次のように区別される。

1) 判決・決定・命令

43条によると、裁判には、「判決」、「決定」、「命令」の３種類がある。これは、裁判の主体および成立の手続による区別であり、また、上訴の方式とも関連する。図表化すると、表22-1の通りである。

2) 終局裁判・非終局裁判

裁判は、その終局性に応じて、終局裁判と非終局裁判とに区別される。

終局裁判とは、事件を当該審級から離脱させる効果を持つものである。例えば、有罪・無罪の判決、公訴棄却の判決・決定、免訴判決、管轄違いの判決などである。非終局裁判とは、裁判が下された以後も訴訟が継続進行されることを前提とする裁判である。例えば、証拠採否の決定、各種訴訟指揮の裁判、強制処分に関する裁判などである。

3) 実体裁判・形式裁判

裁判は、その判断対象の違いにより、実体裁判と形式裁判とに区別される。

実体裁判とは、当事者の申立てについて、その理由の有無を判断する裁判である。形式裁判とは、そのような申立ての有効性について判断する裁判である。具体的には、検察官の公訴提起（刑罰権発動の申立て）が、その手続規定に反していないか、公訴事実について訴訟条件は具備されているかなどを判断するのが、形式裁判である（無効とされる場合のみ、手続を打ち切る裁判が下される）。この判断をクリアした後、公訴事実について被告人を有罪とするか無罪とするかの判断を下すのが、実体裁判である。

この区別は、当該裁判に一事不再理効が認められるかという問題と関連し（後述3-Ⅰ参照）、とくに免訴判決（337条）の性質について、従来から見解の

表22-1 裁判の区別

|  | 主体 | 口頭弁論 | 裁判の理由 | 上訴の方式 |
|---|---|---|---|---|
| 判決 | 裁判所 | 必要的 | 必要的 | 控訴・上告 |
| 決定 |  | 任意的 | 原則として必要的 | 抗告 |
| 命令 | 裁判官 |  | 上訴を許さない裁判は任意的 | 準抗告 |

対立がある。免訴判決は、一定程度公訴事実の内容に立ち入って審理されることから、かつては、これを実体裁判と解する見解が有力であった。しかし現在は、免訴判決は公訴棄却判決・決定（338条・339条）と同じく、実体審判の前に手続を打ち切ることを本質とするとして、これを形式裁判と解する見解が通説となっている。

## Ⅲ　裁判の内容

### 1) 主文と理由

裁判は、意思表示的行為であるから、その要素である「主文」が付されていなければならない。例えば、有罪判決に際しての具体的刑の宣告が、これにあたる。

また、裁判には、原則として理由を付さなければならない（44条）。これは、①裁判機関の判断過程を客観化させ、恣意的判断を防止すること、②裁判を受ける者が納得できるようにすること、③上訴審が原裁判の判断過程の当否を審査することができるようにすること、を目的とする。したがって、理由は、できる限り合理的かつ客観的に、また詳細に示されなければならない。とくに有罪判決や各種令状発付に際しては、記載されるべき事項が法定されている（200条1項・219条1項・335条）。

### 2) 形式裁判の内容

免訴判決、公訴棄却判決・決定は、その主文と理由が付される。理由については、「訴訟条件」（第13章）参照。

### 3) 実体裁判の内容

#### ①　無罪判決

無罪判決（336条）の場合、その主文と理由が付される。無罪判決は、被告事件が罪とならないとき、または被告事件について犯罪の証明がないときに下される。法律上、理由記載事項について明示されていないが、実務では、比較的詳細な理由が付される傾向にある。

② 有罪判決

　有罪判決が下される場合、334条の場合を除いて、主文として具体的な刑の種類および量が宣告される。また、必要に応じて、執行猶予の付与、未決勾留日数の本刑算入も、言渡される。さらに、有罪判決の場合、通常は、裁判に要した訴訟費用について被告人の負担とすることも宣告される(181条)。

　有罪判決が言渡される場合、その理由として、「罪となるべき事実」、「証拠の標目」、「法令の適用」が示されなければならない（335条1項）。例えば正当防衛など犯罪成立阻却事由が主張された場合には、その判断も示さなければならない（同条2項）。法律上は指示されていないが、量刑理由の摘示も通例となっている。

　このうち、罪となるべき事実について、重要な問題がある。刑事裁判は、前述（第14章）のとおり、訴因が審判対象である。訴因記載の事実について合理的疑いを超える証明が果たされたと判断されるときに、有罪判決が下される。では、被告人の犯行であることは疑いないが、訴因の一部が詳細には認定できないという場合、罪となるべき事実の記載は、どのようになされるべきか。

　この点について、判例は、「罪となるべき事実とは、犯罪構成要件に該当する具体的事実であって、法令適用の基礎となるべき事実を指す」（最大判昭24・2・9刑集3巻2号141頁）、「該事実を判決書に判示するには、その各本条の構成要件に該当すべき具体的事実を該構成要件に該当するか否かを判定するに足る程度に具体的に明示し、かくしてその各本条を適用する事実上の根拠を確認し得られるようにするを以て足るものというべく、必ずしもそれ以上更にその構成要件の内容を一層精密に説示しなければならぬものではない」（最判昭24・12・10刑集3巻2号155頁）と述べ、「概括的認定」も許されるとしている。このような理解を前提に、例えば、犯罪の日時・場所等（最判昭23・12・16刑集2巻13号1816頁）や、共謀共同正犯における「共謀」の事実（最大判昭33・5・28刑集12巻8号1718頁［練馬事件］）も、詳細に記載される必要はないとされている。

また、これと関連して、「択一的認定」といわれる問題もある。択一的認定とは、例えば、窃盗の被害金額が、「10万円」であるか「11万円」であるか特定できない場合に、これを「10万円または11万円」と認定する方法である。とくに、択一的な関係にある事実が異なる構成要件間にまたがる場合に、困難な問題が生じる。例えば、被告人が除雪作業中の事故で動かなくなった妻を、自分の刑事責任を免れるために寒冷の戸外に遺棄したという事案で、遺棄した時点での被害者の生死が確認できなかった場合、罪となるべき事実として、被害者は生存していた（保護責任者遺棄致死罪）または死亡していた（死体遺棄罪）と択一的に認定することは許されるか。このように異なる構成要件間で事実を択一的に認定することは、否定されなければならない。なぜなら、いずれの事実も合理的疑いを超える証明が果たされておらず、また、そのような認定によって実定法にない新たな構成要件を設定するものである（罪刑法定主義に反する）からである。もっとも、人の生死といった論理的に2つの可能性しかない場合には、疑わしきは被告人の利益にという原則から、重い犯罪との関係ではそれは存在しないものとして認定されなければならないが、軽い犯罪との関係では、残された方の事実を認定してよいとの見解が有力である（札幌高判昭61・3・24高刑39巻1号8頁）。

## 2　裁判の効力

### I　裁判の確定

　裁判は、その確定前にも一定の効力が生じることがあるが（343条ないし345条参照）、原則として、その確定により効力を生じる。裁判の確定は、上訴など通常の不服申立てによってはもはや争えなくなることにより生じる。
　このようにして、通常の不服申立てによって争えなくなった状態を形式的確定といい、その不可争効を形式的確定力という。また、裁判が形式的に確定すると、それにより表示された判断内容も確定する。これを、実質的確定力（または内容的確定力）という。理論的にも、実践的にも重要であるのは、

実質的確定力である。

## II　実質的確定力
### 1）実質的確定力の種類

　実質的確定力としていかなる種類を認め、分類するかは、これまで様々な見解が主張されてきた。大まかにまとめると、実質的確定力として次のものが認められている。

　当該手続内の効果として、裁判の意思表示内容が確定することにより、その内容に従った法的効果を執行に移すことができる（執行力）。例えば、懲役・禁錮刑の場合は、被有罪宣告者を刑事施設に収容することができ、罰金刑の場合は、金銭を徴収することができる。

　他の裁判との関係においては、同一事情のもとで同一事項について異なる判断をすることができないという効力（内容的拘束力＝既判力といわれることもある）が生じる。例えば、親告罪で告訴が無効であったとして公訴棄却判決が下された場合、同一訴因で再び公訴提起がされたとき、前の裁判による判断と異なり当該告訴は有効なものであったとして、実体裁判を行うことは、この内容的拘束力に反して許されない（ただし、大阪地判昭49・5・2判時745号40頁は、被告人が自身の死亡診断書を偽装して公訴棄却決定を受けた後、偽装の事実が判明したため改めて起訴されたという事案で、被告人は死亡していないと判断して実体裁判を行うことは前の裁判の拘束性によっても妨げられないとしている）。これに対して、前の公訴棄却判決後に、改めて有効な告訴が行われたときは、判断の基礎が異なるため、起訴を有効として実体裁判することは許される。

### 2）実質的確定力の理論的根拠

　執行力および内容的拘束力の発生について、これを理論的にいかに説明するか。この点は、かつて、民訴法学と相まって活発に議論された。例えば、確定判決により新たな実体法が創設されるとする見解（実体法説）、確定判決によって具体的な規範が創設されるとする見解（具体的規範説）、確定判決は実体的法律関係に一切関係しないとする見解（訴訟法説）などが主張された。

表22-2 確定力の体系

| 形式的確定力 | | 同一手続内で上訴により争えなくなる |
|---|---|---|
| 実質的確定力 | 執行力 | 判決内容に応じた執行ができる |
| | 内容的拘束力（既判力） | 原判決と異なる内容の判断ができない |
| | 一事不再理効 | 同一事件について再訴できない |

具体的規範説が通説とされていたが、一事不再理効の説明に窮する、具体的規範は結局のところ後の裁判を広く拘束し実体的真実発見を不当に制限することになるといった批判から、現在は、訴訟法説が有力となっている。

訴訟法説によると、内容的拘束力は、確定裁判の後訴に対する影響（不可変更・拘束力）であり、これによってはじめて確定裁判が規範となる。つまり、具体的規範説のように、判決それ自体が生来的に規範となり、そこから内容的拘束力が生じるというのではなく、逆に、判決が内容的拘束力を持つことにより、そこに規範性が生じるというわけである。

図表化すると、表22-2の通りである。

## 3　一事不再理原則

### I　一事不再理の法的根拠

同一事件について、同一人物が2度以上追及を受けることはない（ne bis in idem）。この原則を「一事不再理原則」という。かつて、本原則の採用により、古く糾問主義の時代に存在した「仮放免」や「嫌疑刑」といった制度が排除された。また、日本国憲法は、39条において、この一事不再理原則を基本的人権の1つとして定めている。したがって、被告人を無罪とする裁判が確定した後に、有力な証拠が発見された場合でも、被告人を有罪とするための再審（不利益再審）を開くことは許されない。これに対し、有罪判決を覆す方向の再審（利益再審）は、被告人の人権を制約するものではないから許される（第24章参照）。

一事不再理原則は、確定裁判の持つ効力の1つであると解されている。そ

れゆえ、無罪判決に対して検察側が上訴することは許される（最大判昭25・9・27刑集4巻9号1805頁）。このような、確定裁判による同一事件について再訴を許さないとする効力（一事不再理効）は、いかなる法的根拠に基づくか。この点、裁判の内容的確定力が外部的に反映されたものである、という理解が通説であった。すなわち、訴因制度のない旧法時代には、例えば窃盗罪で実体裁判が下された場合、これと公訴事実の同一性が認められるすべての事実（詐欺罪や横領罪）についても裁判所が判断したのであり、その結果、右範囲において広く再訴が禁止されると解されたわけである。しかし、現行法に入り、訴因制度が採用されると、窃盗罪についての無罪判決は、これと公訴事実を同一にする詐欺罪や横領罪の判断を包摂するものではなく、それらの事実について再訴を禁止する基礎は存在しない。そこで、学説上、憲法39条に目が向けられた。つまり、同条が母法とするアメリカ法の「二重の危険」（double jeopardy）の法理により、一事不再理効を基礎付ける見解が支配的となった（大陸法では、刑罰権消滅〔Strafklageverbrauch〕の法理から基礎付けられることが多い）。この見解によると、同一被告人に対し、同一事件を理由として有罪判決を受ける「危険」を2度以上課すことは許されない。つまり、訴因と公訴事実の同一性が認められる範囲では、訴因変更を通じた有罪判決の危険が生じていたとして、旧法と同じ範囲で一事不再理効が認められる。

　二重の危険法理を前提にすると、形式裁判は、実体審判に立ち入る前に手続を打ち切る裁判であるため、一事不再理効は生じない。もっとも、免訴判決については、一事不再理効の発生を認める見解が通説である。その理由として、かつては、免訴判決を実体裁判またはそれに準ずる裁判であると解する見解が有力であった。現在は、免訴判決は、形式裁判であるが、国家の刑罰権が消滅することを確認する裁判であり、それに伴って訴追権限も失われるとする見解が有力である。

## Ⅱ 一事不再理効の範囲

1）主観的範囲

一事不再理効は、確定判決を受けた当該被告人にのみ及び、共犯者など他者には及ばない。

2）時間的範囲

一事不再理効は、確定判決をもって、時間的範囲を画する。例えば、常習累犯窃盗罪が確定判決を挟んでその前後に実行された場合、確定裁判以後の行為については、改めて訴追が可能である。

3）客観的範囲

判例・通説によると、一事不再理効は、実際に審判された訴因だけでなく、これと「公訴事実の同一性」（第14章参照）が認められる範囲に及ぶ。検察官は、公訴事実の同一性が認められる範囲では、訴因変更を通じて1回的に解決を求める権限を持つが、それは同時に、1回で解決すべき義務を伴うというわけである。したがって、例えば、複数の住居侵入・窃盗行為が常習特殊窃盗罪として実体法上一罪とされる場合、その一部について確定裁判が

---

> **コラム　不起訴処分の一事不再理効**
>
> 一事不再理効は、実体裁判の効力であり、他の機関の処分には生じない。それゆえ、検察官が捜査の結果を踏まえて不起訴とする処分を下しても、これには一事不再理効はなく、理論上は、公訴時効が完成するまでは無制限に手続を再開し、起訴することも可能である。もっとも、実際は、特定の被疑者に対して捜査が行われたうえで不起訴とされた事件は、起訴されることがほとんどない。また、立法論として、従来から、不起訴処分にも一事不再理効を導入することが主張されてきた。
>
> 一事不再理効の根拠を二重の危険に求め、そこでいう危険を実体裁判における有罪の可能性とするならば、理論的には、不起訴処分に一事不再理効が生じることはない。もっとも、不起訴処分の実務上の意義を考えると、対象者（被疑者）の処分に対する信頼も、一定程度保護される必要はある。それゆえ、手続再開のためには、新たな重要証拠の発見など、一定の条件が要求されるべきであろう（340条類推適用）。また、逮捕勾留一回性の原則（第9章参照）なども、捜査段階における二重の危険法理の具体化と理解することもできよう。

あった場合は、後訴において残りの行為を起訴することは許されない（最判昭43・3・29刑集22巻3号153頁。なお、最判平15・10・7刑集57巻9号1002頁によると、公訴事実の同一性を判断する事実は、検察官が主張する訴因の範囲に限られる）。もっとも、このような検察官の同時訴追義務という観点から、捜査の進展具合などにより同時訴追が不可能であった場合、公訴事実の同一性の範囲内においても再訴を許す見解もみられる（東京地判昭49・4・2判時739号131頁）。

【参考文献】
大澤裕「刑事訴訟における『択一的認定』(1)〜(4完)」『法学協会雑誌』109巻6号、111巻6号、112巻7号、113巻5号、1992〜1996年
白取祐司『一事不再理の研究』日本評論社、1986年
田口守一『刑事裁判の拘束力』成文堂、1980年
田宮裕『一事不再理の原則』有斐閣、1978年

# 第23章

# 上　訴

## 1　上訴総論

### I　上訴の意義

　裁判は、紛争について人が判断を下すものであるため、その内容が絶対的に正しい（真実に合致したものである）とは限らない。その判断が結果的に正しかったとしても、手続に瑕疵が存する場合もある。さらに、1回の裁判では、当事者が十分納得できないということもある。それにもかかわらず、1回の裁判ですべて終わりというのでは、真の紛争解決につながらない。当事者が原裁判に不服であるとき、他の裁判体に審理を求める制度が要請される。上訴は、そのような要請に応えるための、不服申立制度である。

　このようにして、上訴は、当事者に原裁判の是正を求める機会を与える救済制度であるが、すでに一度裁判が下されていることや、司法資源の人的・物的限界を考えると、一定の制限を置く必要がある。それゆえ、上訴の問題を考えるとき、不服申立てを求める当事者の利益と公的利益との調整に、考慮が必要である。

### II　上訴の要件

1) 上訴権者

　刑訴法351条ないし355条は、上訴権を持つ者として、次のとおり定めている。

① 裁判の当事者

　検察官と被告人は、当事者として上訴できる（351条1項）。それ以外で「決定を受けたもの」も、裁判当事者として抗告できる（352条）。例えば、証人として召喚されたが、正当理由のない不出頭または証言拒絶により過料を科される場合（150条・160条）などがこれにあたる。また、被告人の父が保釈請求したが、請求が却下された場合、その父は受決定者として352条によって準抗告できる（最決平17・3・25刑集59巻2号49頁）。

② 被告人の代理者

　被告人の法定代理人または保佐人（353条）、原審の代理人または弁護人（355条）、勾留に対する勾留理由開示請求者（82条4項・354条）は、被告人のため上訴できる。これらは、独立代理権であり、被告人とは独立に行使できるが、本人の権利が消滅するとこれに従属して消滅するものと解されている。また、これらの規定による上訴は、被告人の明示の意思に反して行使できない（356条）。

　原判決後に別の弁護人が選任された場合、その弁護人は、被告人のために上訴できるか。この問題について、判例上、見解が変遷してきたが、現在は、いかなる者に選任されたかに限らず、当該弁護人は、被告人を代理して上訴できるとされている（最大決昭63・2・17刑集42巻2号299頁）。

2）上訴の利益

　上訴は、原判決の是正を求める救済手段であるから、上訴によって実現されるべき利益がなければならない。言い換えると、原裁判に対する当事者の不服（不利益な効果）が必要である。例えば、有罪判決に対し無罪判決を求めることや、より寛大な刑を要求すること（検察側の場合はその逆）などである。

　原裁判が形式裁判により手続を打ち切るものであった場合、被告人は、無罪判決を求めて上訴することができるか。純理論的にみれば、形式裁判は、実体審理にすら立ち入らずに手続を終わらせるものであるため、有罪の危険を伴う実体裁判を求めることに利益は認められない。もっとも、被告人として訴追を受けたという事実は残るため、形式裁判によっては社会における有

形・無形の不利益がすべて払拭されることにはならない。このことは、近時の「横浜事件」再審でも問題となった。しかし、最判平20・3・14刑集62巻3号185頁は、形式裁判に対して無罪判決を求めて上訴することはできないとする従前の判例を維持した。

3) 上訴の手続

上訴の申立ては、原裁判を下した裁判所（原裁判所）に、申立書を提出して行う（374条・414条・423条・434条）。その際、通常抗告には期限がないが（421条）、控訴・上告は14日、即時抗告は3日の期間が定められている。この上訴期間は、裁判が告知された日から起算されるが（358条）、上訴権者に帰責事由なく上訴期間が徒過した場合は、原裁判所に上訴権の回復を請求できる（362条）。

控訴・上告の場合、不服申立ての理由を記載した趣意書を、所定の期間内に（刑訴規236条・252条）、上訴裁判所に提出しなければならない（376条1項）。趣意書の提出がやむを得ない事由（刑訴規238条）なく遅滞した場合、上訴は棄却される（386条1項1号・414条。最決平18・9・15判時1956号3頁参照）。

## III 上訴の効果

1) 停止の効力

判決に対し控訴・上告が提起されると、その裁判は確定せず、それゆえ執行力も生じない。このような効力を、「停止の効力」という。停止の効力は、上訴提起によりただちに生じる。これに対し、抗告は、即時抗告を除いて、停止の効力が生じない。ただし、原裁判所または抗告裁判所は、裁判の執行を停止できる（424条・434条）。

2) 移審の効力

上訴が提起されると、当該事件は、原審から上訴審にその係属が移る。これを、「移審の効力」という。

移審の効力が手続のいかなる段階で生じるかについて、争いがある。例えば、1審無罪判決に対して検察官が控訴した場合、控訴審公判の前に被告人

を勾留する権限は、どの裁判所に帰属するか。この点について、上訴提起の時点とする見解と、訴訟記録が原裁判所から上訴裁判所に送付された時点とする見解が対立している。現在の判例は、後者の見解に立っている（最決昭41・10・19刑集20巻8号864頁［八海事件］、東京高決平12・4・20判タ1032号298頁［東電OL殺人事件］）。その理由として、申立てが上訴権消滅後にされたことが明らかな場合は原裁判所が上訴棄却すること（375条・414条）、勾留・保釈に関する処分は訴訟記録が上訴審裁判所に到達するまでは原裁判所の権限とされていること（92条、刑訴規92条2項）があげられている。

## Ⅳ　上訴の諸問題

### 1）攻防対象論

　複数犯罪に対して複数の刑罰を科すなど、原裁判が可分の場合、その一部に対して上訴できる。一部上訴の場合、上訴された以外の部分は確定する。

　これに対し、例えば住居侵入罪と窃盗罪の牽連犯など、原裁判が一罪に対するものである場合、その一部に対する上訴は許されない。もっとも、前述の例で窃盗罪のみ有罪とされ、被告人のみが控訴した場合、なおも無罪とされた住居侵入罪まで控訴審に係属すると考えるべきであろうか。この点、判例（最大決昭46・3・24刑集25巻2号293頁、最判昭47・3・9刑集26巻2号102頁）は、いわゆる「攻防対象論」により、検察官が控訴しなかった1審無罪の部分は控訴審の審判の範囲から除外されるとしている。その理由として、当事者主義の理念と、訴因制度の採用による検察官の審判対象設定権限があげられている。

### 2）不利益変更禁止原則

　被告人が控訴・上告し、または被告人のため控訴・上告された場合、原判決の刑より重い刑を言渡すことができない（402条・414条）。これを「不利益変更禁止原則」という。本原則は、被告人がより重い刑への変更を恐れることなく上訴権を行使できるようにすることを配慮したものである。また、検察官が上訴していない場合に被告人に不利な判断へ変更することは、当事者

主義の理念にも反する。したがって、被告人だけでなく、検察官も上訴した場合は、不利益変更は許される。また、検察官が被告人の利益となる上訴をした場合も、これは公益の実現を図るためのものであるから、不利益変更は許される。

　本規定により禁止される不利益変更とは、具体的にどのような場合であるかは問題である。この点について、もっぱら刑の軽重を定めた刑法9条・10条に基づいて判断するべきという見解（形式説）と、問題となる刑を実質的に比較考察するべきとする見解（実質説）とが対立する。例えば、形式説によると、懲役3年の刑を禁錮5年に変更することも許されるが、実質説によると許されない。判例は、当初は形式説に立っていた（最判昭25・3・3刑集4巻3号305頁）が、現在は実質説に立っている（最大判昭26・8・1刑集5巻9号17頁、最決平18・2・27刑集60巻2号240頁）。

3) 破棄判決の拘束力

　英米のように判例法主義をとる国と異なり、わが国は制定法主義を採用し、裁判官は「憲法及び法律」にのみ拘束を受ける（憲76条3項）。もっとも、当該事件内で、上訴審が原判決を破棄し、事件を差し戻した場合、上級審の判断は下級審の裁判を拘束する（裁4条）。これは、事件が当該審級間でいたずらに往復することを阻止することを目的とする。例えば、殺人罪で有罪とした1審判決を、控訴審が殺意なしとして破棄した場合、差戻し後の第1審は、控訴審の殺意なしとする判断を前提に審判しなければならない。ただし、破棄判決の拘束力は、その判断の基礎が同一である場合に限られ、例えば差戻し審で新たな証拠が追加された場合、従前の判断を繰り返すことは禁止されない（最判昭26・11・15刑集5巻12号2376頁、最判昭30・12・16刑集9巻14号2797頁）。

　また、拘束力は、差戻しを受けた下級審だけでなく、当該判断を行った上級審も拘束する（最判昭39・11・24刑集18巻9号639頁）。これに対し、控訴審の判断は、その後の上告審まで拘束するかは争いがある。少なくとも法律判断に関しては、最高裁に最終の判断権限が留保されるべきであるから、消極

に解するべきである（最判昭32・10・9刑集11巻10号2520頁）。

4）上訴の放棄・取下げ

　上訴は、上訴期間内に提起しなければならず、この期間を途過した場合には確定する。さらに、検察官、被告人、352条所定の者は、上訴を放棄し、またはいったん提起した上訴を取下げできる（359条）。相手側の上訴がない場合、放棄または取下げによって、判決はただちに確定する。この規定は、早期の終結を望む当事者の意思を尊重することを目的とする。もっとも、原判決が死刑または無期の懲役・禁錮刑の場合、上訴を放棄することはできない（360条の2）。この規定は、重大事件における拙速な判断を回避させることを目的とする。

　実務では、とくに死刑事件について、被告人の上訴取下げの有効性が問題となる。被告人は、1審死刑判決に対して上訴を放棄できないが、弁護人が控訴した後、これを取り下げることは可能である。このようなとき、しばしば、弁護人から、被告人の控訴取下げの有効性が争われる。その際、360条の2の類推適用の可否、被告人の訴訟行為能力いかんが問題となる。判例は、前者の点について、はっきりと類推適用を否定している（最判昭39・9・25裁判集刑152号927頁）。これに対し、後者の点について、死刑宣告のもたらす衝撃や公判審理の重圧に伴う精神的苦痛から生じる精神障害により、被告人がそのような苦痛から逃れようとして上訴を取り下げた場合は無効であるとしている（最決平7・6・28刑集49巻6号785頁）。

　なお、上訴放棄は、ただちに裁判を確定させるため、外国の例によると、司法取引の一材料として用いられることもある。判決の瑕疵を是正するべき上訴審の意義と、上訴放棄に向けた被告人への不当な圧力を防止するためにも、司法取引の場面での上訴放棄の約束は無効であると解されている（ドイツ刑訴法257c条2項）。

## 2 各種の上訴

### I 控　　訴

1）控訴の意義

　控訴は、第1審判決（高裁が第1審の管轄を持つ事件を除く）に対する高裁への不服申立てである（372条）。法律問題だけでなく、事実問題についても控訴理由とされているため（382条）、控訴審はいかなる範囲で審判する権限があるか、その構造について議論がある。

　この点について、覆審（原裁判をいったんご破算にし、審理を一からやり直す形式）、続審（原裁判の審理を承継し、かつ新たな証拠調べを補充して行う形式）、事後審（事件そのものではなく、原判決の当否を審理する形式）の、3つの形式が考えられる。かつては、覆審または続審とする考え方が強かった。しかし、現行刑訴法において当事者追行主義が基本とされたため、控訴審の審判権限は当事者の申立ての範囲に限られる、その範囲で原判決の当否が審理されるべきとする事後審説が通説となっている。もっとも、原判決を破棄し、控訴審裁判所が自判する場合は（392条）、控訴理由として述べられた範囲について続審の形式がとられることになる。

2）控訴審の手続

　控訴の提起は、14日以内に、申立書を原裁判所に提出する（373条・374条）。その後、控訴人は、所定の期間内に、控訴の理由を記載した控訴趣意書を、控訴審裁判所に提出する（376条）。控訴理由は、①訴訟手続の法令違反（377条ないし379条）、②法令適用の誤り（380条）、③量刑不当（381条）、④事実誤認（382条）、⑤原判決後の事情変更・その他（382条の2・383条）である。ただし、原判決が即決裁判手続（第17章参照）によって下された場合は、事実誤認を理由としては控訴できない（403条の2）。判例は、裁判を受ける権利の保障に反するものではないとして、本規定の合憲性を認めている（最判平21・7・14刑集63巻6号623頁）。

控訴審の公判では、検察官および弁護人がその控訴趣意書に基づいて弁論を行い（389条）、必要があるときは事実の取調べを行う（392条・393条）。申立てにおける法令違反があった場合、または控訴に理由がない場合は、控訴棄却判決が下される（395条・396条）。控訴に理由があると認められる場合、控訴審裁判所は、原判決を破棄し（397条）、原裁判所に差戻しまたは移送するか（398条ないし400条）、または自ら判決する（400条但書）。被告人に利益な方向で原判決を破棄する場合、その理由が共通であるときは、共同被告人のためにも原判決が破棄される（401条）。

## II 上　　告

### 1) 上告の意義

　上告は、高裁の下した控訴審判決または1審判決に対する不服申立てであり、刑事訴訟では、すべて最高裁判所に管轄がある（405条以下。なお、民事訴訟では高裁が上告審となることもある＝民訴311条1項参照）。上告審も、基本的に事後審の性質を持つ。また、上告理由が憲法違反および判例違反に限定されているため（405条）、基本的に法律審である。もっとも、職権による原判決破棄の理由として、事実誤認や量刑不当が法定されているため（411条2号・3号）、実際には、事実審としての機能も有している（最決平19・10・16刑集61巻7号677頁、最判平21・4・14刑集63巻4号331頁、最判平22・4・27刑集64巻3号233頁参照）。上告審の裁判体は、最高裁の全判事が関与する大法廷と、5名ずつの小部で行う小法廷とがある。判例変更を行う場合や、重要な憲法判断を行う場合には、必ず大法廷で審理が開かれる（裁9条）。

### 2) 上告審の手続

　上告審の手続は、基本的に、控訴審の手続を準用する（414条）。これと異なるのは、次の点である。上告理由が憲法違反と判例違反に制限されている（405条）。最高裁は、当事者の申立てにより、職権で事件を受理することもできる（406条）。上告審は、基本的に書面審理であり、当事者の弁論を開かずに判決で上告棄却とすることができる（408条）。上告裁判所は、当事者の

申立てを受けて、自身の判決に誤りがあることを発見したときは、これを訂正することができる (415条)。したがって、上告事件の裁判が確定するのは、右申立てに対する裁判が下された時点または申立期間が経過した時点ということになる (418条)。

## III 抗　告

### 1) 抗告の意義

抗告は、裁判所の決定または命令に対する不服申立てである (419条以下)。裁判官の命令、捜査機関の処分に対する不服申立ても、これに準じる (429条・430条)。

抗告には、法律に特別の定めがある場合のみ認められる「即時抗告」と、それ以外の「通常抗告」の2種類がある。高裁の決定に対しては、抗告できないが、異議申立てにより再考を促すことはできる (428条)。法律上不服申

---

> **コラム　最高裁判所調査官の仕事**
>
> 　裁判所には、裁判官をはじめ多くの職員が在籍するが、その中に「裁判所調査官」という仕事がある (裁57条)。この調査官制度は、当初は、最高裁の裁判官が少数であることを考慮し、その補佐として設置されたのであるが、その後、高裁、そして現在は地裁にも拡充されている。調査官は、裁判官の命を受けて、審判に必要な調査を行い、これを裁判官に対して報告することを職務とする。最高裁の場合、調査官は現役判事の中から任命され、彼らの働きは、最高裁の活動にとって重要である。
> 　最高裁に事件が係属すると、各小部に配分され、さらにその内部で各裁判官に事件が割り当てられる。各裁判官にはそれぞれ補佐する調査官が配属されているが、調査官が、事件について記録全体を精読し、裁判に必要な学説・判例の状況、外国の事例や法律状況の調査を行う。必要に応じて、各当事者と面談し、その主張を聞き取ることもある。調査官は、これらの調査を経て、事件主任裁判官に報告書を提出するが、さらに判決の原案も作成し、合議に出席するのが一般的であるなど、結論に与える影響も大きい。また、調査官は、判決後に、重要事件について「解説」を公表する。彼らの役割を考えると、この解説は、最高裁判例を理解するうえで必須のものである。

立てが認められていない場合も、憲法違反または判例違反を理由とする場合に限り、最高裁に「特別抗告」できる (433条)。

2) 抗告審の手続

　抗告は、即時抗告の場合は原決定・命令から3日以内、通常抗告の場合はいつでも、原裁判所に申立書を提出して行う (421条ないし423条)。原裁判所は、申立書を受理すると、申立てに理由があると認めるときには自ら更正する決定を下し、理由がないと認めるときは3日以内に意見書を添えて抗告裁判所に送付する (423条2項)。抗告裁判所は、審理の結果、抗告棄却または原決定の取消し (必要がある場合はさらなる裁判) を決定する。

【参考文献】
後藤昭『刑事控訴立法史の研究』成文堂、1987年
高田昭正『刑事訴訟の構造と救済』成文堂、1994年
真野英一『刑事上訴審の研究』一粒社、1970年
光藤景皎編『事実誤認と救済』成文堂、1997年
宮城啓子『裁量上告と最高裁判所の役割―サーシオレイライとヘビアス・コーパス』千倉書房、1998年
横川敏雄『刑事控訴審の実際』日本評論社、1978年

# 第24章

# 非常救済手続

## 1 非常救済手続の意義

　裁判が確定すると、当該事件についてもはや争うことはできず、これに伴って、裁判所の審判権限は消滅する。これにより、同一事件について、これを蒸し返して再度審理することはできなくなる（一事不再理原則）。もっとも、確定判決に瑕疵がある場合、これを放置しておくことは、瑕疵の内容や程度によっては、正義に著しく反する。とくに、それが被告人に不利な結果をもたらす場合、人権保護の観点から救済の必要がある。

　そこで、刑事訴訟には、通常の不服申立て手段である上訴が尽きた後にも、さらに、2つの救済・是正手続を置いている。事実誤認の是正手段である「再審」と、判決の法令違反の是正手段である「非常上告」である。

## 2　再　　審

### I　再審の意義

　再審は、確定判決の事実認定に誤りがあるとき、その是正を求める手続である。裁判は、いったん確定すると、もはやその正当性をめぐって争うことはできない。判決の確定は、法的安定性の利益に基づく。しかし、真実は無実である被告人が、誤った裁判によって処断されることは、正義に反する結果となる。それゆえ、再審は、法的安定性の利益を害しても、誤った裁判による処罰という不正義を是正することを目的とする。再審が、常に「冤罪」

と密接に結び付いて論じられるのも、この正義の追求の観点から理解されるべきであろう。

　もっとも、再審は、必ずしも、論理必然的に、冤罪を晴らすための制度として純化されるわけではない。例えば、諸外国の例をみても、無罪判決が確定した後に被告人を処罰する方向での再審（不利益再審）を認めるものもある（例えばドイツ刑訴法362条）。そこでは、むしろ、実体的真実の追求に、再審の意義が求められる。わが国でも、旧刑訴法では、不利益再審が認められていた（旧刑訴486条）。しかし、日本国憲法が、その39条において、二重の危険禁止を基本的人権の1つとして明示したことから、わが国は、不利益再審を否定するに至った。このことは、わが国の再審は、実体的真実の追求ではなく、あくまで冤罪を被った「無辜の救済」の制度であると理解するべき根拠となる。

　再審は、不当な有罪判決の是正のための制度であるから、無実の者だけでなく、本来であれば「免訴」、「刑の免除」、さらには「より軽い罪」を認められるべきであった者も、救済の対象となる（435条6号）。また、無罪判決は、「被告事件が罪とならないとき」だけでなく、「犯罪の証明がないとき」にも言渡されることから（336条）、仮に被告人が真犯人であったとしても、公判に提出された証拠では合理的な疑いを超える証明が果たされたといえない場合（第18章参照）にも、再審による救済を受けることができる。有罪を証明する決定的な証拠が捜査段階で違法に収集されたものであったなど、本来排除されるべき証拠の使用により不当に有罪とされた場合も、救済の必要があるが、この場合は、非常上告の対象となる。

## Ⅱ　再審の理由

### 1）再審理由の分類

　再審の請求は、所定の理由がある場合に行うことができるが（435条・436条）、これは、大別して2つの類型に分けられる。第1は、原確定判決の事実認定に供された証拠に偽造または虚偽の疑いがあるという場合である（435

条1号ないし5号と7号)。これを「ファルサ型」再審理由という。第2は、原確定判決後に新たな証拠が発見された場合である（同6号）。これを「ノヴァ型」再審理由という。このうち、実務上および理論上の問題点が多いのは、後者の類型である。

2）刑訴法435条6号

　435条6号は、有罪判決が確定した後に、被告人が本来無罪とされるべきであったこと等を証明するべき証拠が新たに発見されたことを、再審理由としてあげている。本規定は、実際に使用される数も多く、その運用を分析することは、わが国における再審の状況を知るうえでも重要である。本号は、規定上、証拠の「新規性」と、無罪判決等を証明することの「明白性」を要求する。

① 新規性要件

　証拠の新規性の要件は、確定有罪判決において事実認定の基礎とされたものと同じ証拠をもとにしてその判断を覆すことは、裁判の確定の意義に反し、三審制を採用したことが無効になってしまうことから要求される。したがって、まず、裁判所自身が触れることのなかった証拠という意味で、裁判所にとって新規性があることが必要である。これに加えて、当事者（とくに被告人側）にも新規の証拠であることが必要であるかは、問題である。例えば、被告人が身代わり犯人であった場合、真犯人は他に存在することを示す証拠は、新規性要件を満たすか。この点、判例は、当初は新規性を否定していたが（最決昭29・10・19刑集8巻10号1610頁）、その後、上告審（411条4号の該当性）の判断の中で新規性を肯定するに至った（最判昭45・6・19刑集24巻6号299頁）。この問題は、当事者に対する禁反言の要素を考慮するか否かで、結論が分かれる。学説上、否定説も有力であるが、近時は、実体的真実の観点から新規性を肯定する見解が多数である。

② 明白性要件

　証拠の明白性の要件は、再審の門を広くするか狭くするかの試金石となるだけでなく、刑事裁判全体の本質を問う意味からも、従来から活発に議論さ

れてきた。無罪判決を言渡すべきことが「明らか」な証拠であることの要求は、さもなければ、再審はいわば第4審と化し、裁判の確定が空洞化されたものとなってしまうことによる。他方、この要件を厳格に解すると、許容されるべき証拠は事実上皆無となり、再審の門は固く閉ざされてしまう。このようにして、明白性の要件は、裁判確定による法的安定性と、無辜の救済を求める被告人の利益との調整を図るべきものである。その判断により、一方の利益が他方の利益のために制限を受ける。

　この点、かつては、疑わしい場合は裁判の確定力を維持する方向で考慮するべきであり、当該証拠により無罪であることが証明されるべきことが高度の蓋然性を持って認められる場合に限られるという見解が、支配的であった。この見解によると、そのような証拠が確定判決後に発見されることは非常に困難であり、再審の門は閉ざされたものとなってしまう。実際、死刑に該当するような重大事犯において、再審が認められた事例は皆無であった。その後、疑わしきは被告人の利益に判断するとの原則（第2章参照）は、再審の場面でも妥当するべきとの理解から、当該証拠によって原確定判決の事実認定に合理的な疑いを生じさせるような程度のもので足りるとの見解が、支配的となった。判例も、いわゆる「白鳥事件」（最決昭 50・5・20 刑集 29 巻 5 号 177 頁）において、本原則は「刑事裁判における鉄則」であり、再審請求の場面でも適用されると判示し、学説の理解に従った。その後、「財田川事件」において、白鳥事件決定の見解が踏襲され、死刑事件においてはじめて再審請求が認められた（最決昭 51・10・12 刑集 30 巻 9 号 1673 頁）。以後、「免田事件」、「松山事件」、「島田事件」と、相次いで死刑事件で再審無罪となる事例が続き、冤罪からの救済という再審の機能が活発に働かされていくことになった。

　明白性は、いかなる判断方法により決せされるべきか。第1の見解は、明白性は新証拠のみによって判断するべきという見解（個別評価説）である。この見解は、旧証拠の評価は確定判決における証拠評価に拘束を受けるとする見解（心証引継説）と結び付き、明白性要件を厳格に解する方向で主張され

た。これに対し、第2の見解は、明白性は新証拠と旧証拠とを合わせて判断するべきという見解（総合評価説）である。この見解は、確定判決における証拠評価には拘束を受けないとする見解（再評価説）と結び付き、明白性要件を緩やかに解する方向で主張された。判例は、前掲白鳥事件において、再評価説に立つことを明らかにし、学説上も、第2の見解が支配的であった。ただし、この再評価説の理解について、再評価は個別の争点に限定して行われるべきか（限定的再評価説）、または全面的に行われるべきか（全体的再評価説）という点で、さらに見解が対立する。この点は、前掲白鳥事件、財田川事件における判例の趣旨をいかに理解するべきかが重要となる。現在の学説では、まずは、原確定判決の証拠構造（有罪認定と証拠との結び付き）を確認し、これに新証拠を加えて旧証拠の証明力が減殺されるかを検討し、これが肯定される場合に、はじめて、旧証拠の証明力減殺が全体の証拠構造にどのように影響するかが検討されるべきという見解が有力である。これによると、例えば、原確定判決が被告人の自白とこれを補強する形でのDNA型鑑定（被告人と犯人との同一性を示す）に基づいていたが、DNA型鑑定は誤りであったとする新たな鑑定証拠をもって再審請求が行われる場合、新証拠により旧証拠の証明力が大きく減殺され（る可能性があり）、その影響から、自白の信用性にも疑いが生じ、結果として、証拠構造全体に大きな動揺を与えることになるから、明白性要件は肯定される（東京高決平21・6・23判時2057号168頁［足利事件再審開始決定］）。

## III 再審の手続

再審手続は、再審の請求段階と、再審の審理段階に二分される。もっとも、請求が認められると、後の審理段階ではほとんど無罪判決が下されることから、実際上、請求段階（請求審）が重要である。

1）再審の請求

再審の請求は、原確定判決で有罪とされた者（旧被告人）だけでなく、その法定代理人や保佐人、本人死亡の場合は配偶者などの近親者、さらには、

検察官も行うことができる（439条）。通常、被告人またはその近親者などが請求する場合は、弁護人を選任して請求手続が行われる（440条）。とくに重大事犯では、弁護士会や研究者グループをあげての支援が行われなければ、実際に請求が認められることは少ない。

　請求の手続は、再審理由を記載した趣意書を作成し、これに原判決の謄本、証拠類を添付して、原確定判決を下した裁判所に提出する（刑訴規283条）。再審の請求は、刑の執行が終了した後でも可能である（441条）。再審請求は、刑の執行を停止する効力を持たないが、管轄の検察官は裁量で刑の執行を停止できる（442条）。

　再審請求審の審理は、職権で進行し、非公開で行われるが（最大決昭42・7・5刑集21巻6号764頁）、できる限り請求人をその審理に関与させ、主体的活動を認める必要がある。裁判所は、必要とあれば事実の取調べを行い（445条）、審理の結果、請求が不適法である、または理由がないと判断したときは、決定でこれを棄却し（446条・447条）、理由があると判断したときは、再審開始の決定を下す（448条1項）。再審開始の決定をしたときは、刑の執行を停止できる（448条2項）。再審請求を棄却し、または開始を決定する裁判に対して、即時抗告できる（450条）。

2）再審の審理

　再審開始決定が確定すると、再審の審理（再審公判）が開始する。管轄裁判所は、基本的に、原確定判決を下した裁判所である（451条1項）。審理方法は、通常手続と同様である。再審の裁判にも、不利益変更禁止原則が適用される（452条）。また、再審で無罪が言渡された場合、官報および新聞紙上で、当該判決が公示される（453条）。

# 3　非常上告

## I　非常上告の意義

　非常上告は、確定判決の審判に法令違反があるとき、その是正を求める手

続である。申立権者は「検事総長」に限定され、審判を行うのは「最高裁判所」に限定されている。その沿革は、フランス法における「法律の利益のための上告」に由来する。それゆえ、かつては、もっぱら法令解釈・適用の統一を目的とするものであると理解されていた。現に、非常上告の判決は、基本的に、その効力が被告人には及ばない（459条）。また、このような制度の趣旨から、被告人が既に死亡し、または外国人で既に本邦を出国していた場合でも、検事総長は、非常上告の申立てをなしうる（最判平22・7・22刑集64巻5号819頁、最判平22・7・22刑集64巻5号824頁）。もっとも、原判決に法令違反があり、その結果、被告人に不利益な判断が下されたものであった場合、その部分について原判決を破棄し、被告事件についてさらに（被告人に有利に修正して）判決をすることになっている（458条1号）。この限りで、非常上告は、被告人に不利となる誤判からの救済という機能も持つ。それゆえ、検事総長の申立権も、裁量的なものではなく、被告人の利益が不当に害されていることが発見された場合は、義務的に行使されなければならない。

## II 非常上告の理由

非常上告の申立ては、確定判決の「審判が法令に違反したこと」を理由としなければならない（454条）。これは、「原判決が法令に違反したとき」（458条1号）と、「訴訟手続が法令に違反したとき」（同2号）に区別される。この区別は、前者の場合、原判決の瑕疵により被告人に不利な判断がなされたときは、それを修正するべく、被告事件について自判されるが、後者の場合は、違反のあった手続を破棄するにとどまる。それゆえ、かつては、この区別について活発に議論された。実質的には、判決内容に直接影響する法令違反であるか、またはそうではない訴訟手続の法令違反であるか、ということで区別されるべきであろう。

なお、非常上告は、法令違反を対象とし、事実誤認を対象とする再審と区別されるが、事実の取調べが認められていることから（460条2項）、訴訟法的事実の誤認は非常上告の理由となる。

## Ⅲ　非常上告の手続

　非常上告の申立ては、検事総長が、その理由を記載した申立書を、最高裁に提出して行われる（454条ないし455条）。公判期日には、立会検察官が、申立書に基づいて陳述する（456条）。被告人側に、公判への立会権はないが、裁判所の裁量により、被告人側に依頼された弁護士に意見陳述を許すことは、差し支えない。

　審理の結果、申立てに理由がないときは、判決で、申立て棄却とされる（457条）。これに対し、申立てに理由があると認められたときは、原判決の違反部分が破棄される（458条）。また、原判決の法令違反に際して、被告人に不利な判断がされていた場合、さらに当該部分について自判される（458条1号但書）。

【参考文献】
川崎英明『刑事再審と証拠構造論の展開』日本評論社、2003年
鴨良弼編『刑事再審の研究』成文堂、1980年
齊藤誠二『刑事再審制度の基本問題』多賀出版、1979年
田中輝和『刑事再審理由の判断方法』信山社出版、1996年
K. ペータース（能勢弘之・吉田敏雄訳）『誤判の研究―西ドイツ再審事例の分析』北海道大学図書刊行会、1981年

# 第 25 章

# 裁判の執行

## 1 裁判の執行

### Ⅰ 裁判の執行の意義
　裁判の執行とは、刑を言渡した有罪判決が確定した後、その判決内容を国家の強制力によって実現することをいう。裁判は、確定した後に執行するのが原則である（471条。もっとも、これには広範な例外がある）。そして、裁判の執行は、その裁判をした裁判所に対応する検察庁の検察官が指揮するのが原則である（472条1項）。ただし、上訴があった場合は、上訴裁判所に対応する検察庁の検察官が指揮をする。
　執行指揮の方式は、書面（「執行指揮書」と呼ばれている）で行うのが原則である。これに裁判書の謄本等を添付することとされている（473条）。

### Ⅱ 執行の順序
　2つ以上の主刑の執行が競合する場合には、同時執行可能な罰金・科料を除いて、重い方を先に執行する（474条）。

### Ⅲ 死刑の執行
　死刑の執行は慎重でなければならないので、法務大臣の命令を要件とした（475条1項）。この命令は、判決確定後6カ月以内にしなければならない（475条2項）。実際には、法務省・検察庁の関係者により慎重・綿密に審査したうえで、執行起案書を作成し、最後に法務大臣が命令するのである。執行命令

があれば、5日以内に執行しなければならない。ただし、死刑の言渡しを受けた者が、心神喪失の状態にあるとき、懐胎している女子の場合には執行が停止される（479条）。

　死刑の判決が確定した者は、執行までの間、刑事施設に拘禁され、執行はこの刑事施設内で絞首して行われる（刑11条）。検察官は、死刑執行指揮書によって執行を指揮し、検察事務官および当該施設の長またはその代理人とともに執行に立ち会わなければならない（477条1項）。執行に立ち会った検察事務官は執行始末書を作成しなければならない（478条）。

## IV　自由刑の執行

　自由刑、すなわち、懲役刑、禁錮刑、拘留刑の判決が確定した場合には、その者がすでに拘禁されているときには施設の長に対する検察官の指揮によってただちに刑の執行が開始される。拘禁されていないときには、検察官は執行のためにこれを呼出し、呼出しに応じないとき、あるいは逃亡のおそれがあるときには、収監状が発付される。収監状の発付者は検察官またはその指揮を受けた司法警察員である（484条・485条・487条）。

## V　財産刑の執行

　財産刑の執行も原則として裁判確定後に行われるが、執行の時期については、仮納付の裁判による確定前執行がある。執行の方式については、執行指揮書ではなく命令書が発付される。この執行命令は、執行力のある債務名義と同一の効力を持ち、民事執行に関する法令の規定が準用される（490条）。

## VI　救済の申立て

　訴訟費用の負担を命ぜられた者が、貧困のためにこれを完納することができない場合には、その一部または全部について、訴訟費用の負担を命ずる判決確定後20日以内に、訴訟費用の執行件徐の申立てをすることができる（500条）。

刑の言渡しを受けて確定した者が、裁判の解釈について疑いを持つときは、言渡しをした裁判所に裁判の解釈を求める申立てをすることができる（501条）。

　執行に関して検察官のした処分を不当とするときは、言渡しをした裁判所に異議の申立てをすることができる（502条）。

## 2　付随手続

### I　訴訟費用

　刑事訴訟法上、訴訟費用の範囲は、公判期日または公判準備にかかわった証人、鑑定人、国選弁護人などに支給する旅費・日当・宿泊料・鑑定料および報酬などである（刑訴費2条）。

　訴訟費用の負担関係は私人の負担区分だけが規定されている。検察官に責任があるときは、国が負担することになり、これを規定する必要がないからである。刑の言渡しがあったときは、被告人に訴訟費用の全部または一部を負担させる。ただし、被告人が貧困のため納付能力がないときには負担させなくてもよい（181条1項）。刑の言渡しをしないときでも、被告人に責めに帰すべき事由によって生じた費用は負担させることができる（181条2項）。共犯の費用は共犯者に連帯して負担させることができる（182条）。検察官だけが上訴して上訴棄却などがあった場合に、上訴に関する費用を被告人に負担させることはできない（181条3項）。告訴・告発・請求により公訴が提起された事件において、被告人が無罪または免訴になったときには、告訴人等に重大な過失が認められる場合には、その者に訴訟費用を負担させることができる（183条）。被告人に訴訟費用を負担させるときには、職権でその裁判をする。この裁判に対する不服申立ては、本案の裁判について上訴があったときに限り許される（185条）。

## Ⅱ　無罪判決を受けた者への補償

　無罪判決が確定したときは、被告人であった者は、国に対して裁判費用の補償および刑事補償を求めることができる。裁判費用の補償の範囲は、被告人であった者と弁護人であった者が、公判準備ないし公判期日に出頭するのに要した旅費・日当・宿泊料および弁護報酬である（188条の6）。再審の結果無罪となった場合、再審公判以後の費用はこれに含まれるが、再審請求段階の費用は含まれないというのが判例である。刑事補償は憲法40条の補償を具体化するために制定された刑事補償法によって行われる制度である。刑事訴訟法、少年法などに基づいて未決の身柄拘束または刑の執行ないし死刑囚として拘置を受けた者について、無罪が確定したとき適用される（刑補1条）。補償の請求は、無罪判決をした裁判所に対して行う（刑補6条）。補償の対象となるのは、未決の抑留および拘禁、既決刑の執行または拘置である。なお、少年審判の結果、非行事実が認められず不処分決定を受けた場合などについては「少年の保護事件に係る補償に関する法律」（平成4年法律84号参照）。

## Ⅲ　執行猶予取消手続

　刑の執行猶予の言渡しを受けた者について、再犯による有罪判決など刑法26条などに定める執行猶予の取消事由が生じたときは、検察官が裁判所にその請求をする。保護観察中の遵守事項違反を理由とする取消しの請求は、保護観察所長の申出に基づかなければならない（349条）。

# 第 26 章

# 非行少年の処遇

## 1　少年非行の概念

　前章までは、成人の刑事手続について考察してきた。しかし、未成年の子どもであっても、学齢に達していない子どもであっても、殺人や窃盗などの刑罰法規に触れる行為を行うことは事実上可能であり、現実に日常的に発生している。そうした刑罰法規に触れる行為を行った未成年の者を「非行少年」と呼称している。最近は、少年非行と少年犯罪を、ほぼ同意義で用いられているので、ここでも同じようなものとして使用する。ところで、未成年の者は、一般的に人格形成期であり可塑性に富んでいるといわれている。したがって、成人の犯罪行為者と同じような刑事手続に沿って処遇することは望ましくない。また、健全な育成と矯正・保護のために、国が積極的に非行少年に介入することが必要な場合もある。刑法では刑事責任能力について、成人年齢によって区分するのではなく、41条で「14歳に満たない者の行為は、罰しない」と規定している。したがって、14歳以上の者は刑事責任が認められることになる。一方、非行少年の処遇手続については、少年の特質を踏まえて、少年法（昭和23年法律168号）等で成人と区別して扱うことを規定している。

　少年法3条1項によれば、非行少年は、①14歳以上20歳未満で犯罪を行った「犯罪少年」、②14歳未満で刑罰法規に触れる行為を犯した「触法少年」（刑事責任年齢に達しないために刑法上の責任を問うことができない）、③保護者の正当な監督に服しない性癖、家出、不良交際等、その行為自体は犯罪行為

ではないが、その性格または環境に照らして将来罪を犯しまたは刑罰法規に触れるおそれのある「虞犯少年」の3種類に分類され、各々別個の手続によって処遇されることになっている（図26-1参照）。

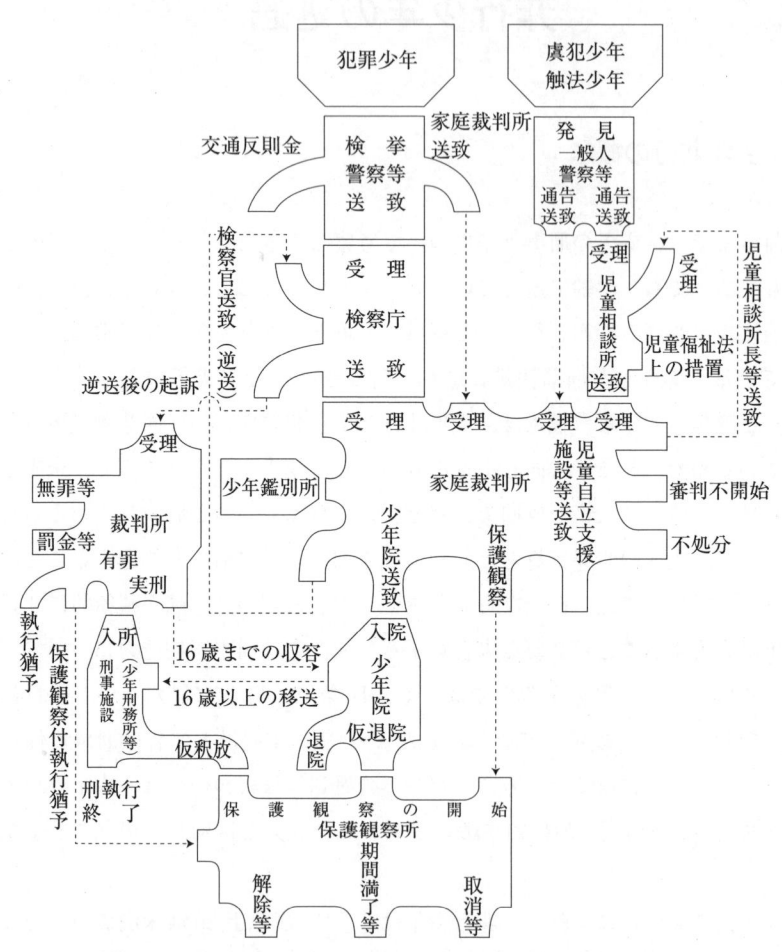

注）1　「児童自立支援施設等送致」は、児童自立支援施設・児童養護施設送致である。
　　2　法務省「平成22年版犯罪白書のあらまし」（http://www.moj.go.jp/housouken/houso_2010_index.html）、29頁

**図26-1　非行少年処遇の流れ**

## 2 家庭裁判所送致までの非行少年の処理手続

### I 犯罪少年の場合

　犯罪少年は警察官等により発見されると、すべての事件が家庭裁判所に送られ、少年保護事件としての手続が開始されることになる。これを家庭裁判所への「全件送致主義」という。警察官により発見・検挙された犯罪少年は、禁錮以上の刑にあたる犯罪の嫌疑がある場合には、司法警察員によって検察官に送致する。検察官に送致された犯罪少年は、検察官により家庭裁判所にすべて送致される。その際、処遇意見を付けることができる（少42条）。罰金以下の刑にあたる犯罪の嫌疑がある場合には直接家庭裁判所に送致される。これを「直送事件」という（少41条）。また、犯罪の嫌疑がない場合でも、家庭裁判所の審判に付すべき事由があると考えるときには、家庭裁判所に送致しなければならない（少41条）。なお、犯罪が軽微で再犯のおそれがなく、保護措置を必要としないと考えられる事案については、少年事件簡易送致書を作成のうえ、1カ月ごとに一括して家庭裁判所に送致することができる。いわゆる「簡易送致」である。

### II 触法少年および虞犯少年

　触法少年および14歳未満の虞犯少年は、児童福祉法の対象とされ、都道府県知事または児童相談所長から、家庭裁判所の審判に付するのが適当として家庭裁判所に送致されたときに限り、家庭裁判所はこれを審判に付すことができる（少3条2項）。
　14歳以上18歳未満の虞犯少年については、これを発見した者は直接家庭裁判所に送致し、または通告するよりも、まず児童福祉法による措置に委ねられるのが適当であると認められるときは、その少年を直接、児童相談所に通告することができる（少6条2項）。18歳以上20歳未満の虞犯少年については、すべて家庭裁判所に直送・通告等しなければならない。

## 3 家庭裁判所における処遇決定手続

### I 調　　査

　家庭裁判所は、受理した事件について、まず調査しなければならず、家庭裁判所調査官に命じて、少年、保護者または参考人の取調べその他必要な調査を行わせることができる（少8条）。これを「調査前置主義」という。また、家庭裁判所は審判を行うために必要があるときは、観護措置決定をして少年を少年鑑別所に送致することができる（少17条1項2号）。少年鑑別所は、送致された少年を収容し、少年、保護者また関係人の行状、経歴、素質、環境等について、医学、心理学、教育学、社会学その他の専門的知識に基づいて少年の資質の鑑別を行う。

　家庭裁判所は、調査の結果、審判の開始をするのが相当であると認めるときは、審判開始決定をする（少21条）。審判に付することができず、または審判を付することが相当でないと認めるときは、「審判不開始」を決定して事件を終局させる（少19条1項）。児童福祉法上の措置を相当と認めるときは、事件を「都道府県知事又は児童相談所長に送致」しなければならない（少18条1項）。死刑、懲役または禁錮にあたる罪の事件について、調査の結果、その罪質および情状に照らして刑事処分を相当と認めるときは、決定をもって検察官に送致しなければならない（少20条1項）。これを「検察官への逆送致」と呼んでいる。

### II 審　　判

　家庭裁判所における審判は、通常1人の裁判官が事件を取り扱う（裁31条の4第1項）が、合議体で審判をする旨の決定を合議体でした事件においては、裁判官の合議体でこれを扱う（同条2項）。審判は、懇切を旨として、和やかに行うとともに、非行のある少年に対し自己の非行について内省を促すものとしなければならない（少22条1項）。そして、審判は非公開で行われる

（同条2項）。ただし、家庭裁判所は、故意の犯罪行為により被害者を死傷させた罪および業務上過失致死傷罪の犯罪少年または被害者を傷害し生命に重大な危険を生じさせ12歳以上の触法少年で被害者から審判の傍聴の申出があった場合、少年の年齢および心身の状態を考慮して、少年の健全な育成を妨げるおそれがなく相当と認めるときは、傍聴を許すことができる（少22条の4第1項）。また、家庭裁判所は、故意の犯罪行為により被害者を死亡させた犯罪、死刑または無期もしくは短期2年以上の懲役もしくは禁錮にあたる罪の犯罪少年に係る事件において、その非行事実を認定するための審判の手続に検察官が関与する必要があると認めるときは、決定を持って審判に検察官を出席させることができる（少22条の2）。家庭裁判所は、検察官の関与の必要性が認められた場合に、少年に弁護士である付添人がないときは、弁護士である国選付添人を付さなければならない（少22条の3第1項）。

　家庭裁判所の行う終局決定には以下の、不処分決定と保護処分決定がある。

　「不処分」決定：審判の結果、保護処分に付すことができず、または保護処分に付する必要がないと認めるときは、家庭裁判所は不処分の決定をしなければならない（少23条2項）。

　保護処分の決定には、以下の3つがある。

　「保護観察」決定：少年に日常生活を続けさせながら、指導、援護しつつ改善更生を図ることを目的としてなされる（少24条1項1号）。

　「児童自立支援施設又は児童養護施設送致」決定：児童自立支援施設は児童福祉法に基づいて設置された施設ではあるが、この決定により、強制的に送致・入院させることができる（少24条1項2号）。

　「少年院送致」決定：少年の年齢、非行傾向の進度、心身の状況等に応じて、初等、中等、特別または医療のいずれかの種類の少年院に収容され、矯正教育を受けつつ更正への道を歩ませる（少24条1項3号）。

　これらの決定に際し、必要があるときは、家庭裁判所は決定をもって、家庭裁判所調査官の観察に付すことができる（少25条）。これを「試験観察」という。

また、これら家庭裁判所の保護処分の決定に対して、少年、その法定代理人または付添人は、決定に影響を及ぼす法令の違反、重大な事実誤認または処分の著しい不当を理由とするときに限り、高等裁判所に対し、2週間以内に、抗告をすることができる（少32条）。また、検察官は、検察官関与決定のあった事件について保護処分に付さない決定または保護処分の決定に対し、非行事実の認定に関し、決定に影響を及ぼす法令の違反または重大な事実の誤認があることを理由とするときに限り、高等裁判所に対し、2週間以内に、抗告審として事件を受理すべきことを申し立てることができる（少32条の4）。

　実際に、これらの家庭裁判所による終局処分によって処理される割合は、近年の犯罪白書等によれば、終局処理人員約15万人前後のうち、およそ検察官送致4％、保護処分20％、都道府県知事・児童相談所長送致0.01％、不処分18％、審判不開始57％となっている。不処分、審判不開始を合わせると、終局処理人員の4分の3が具体的な強制的な処置なしに終了していることになる。

**【参考文献】**
裁判所職員総合研修所監修『少年法実務講義案』（改正版補正版）司法協会、2004年
田宮裕・廣瀬健二編『注釈少年法』（改訂版）有斐閣、2001年

资 料

① 接見等の指定に関する通知書

接見等の指定に関する通知書

平成 23 年 4 月 18 日

神田警察署長　殿

　　　　　　　　　　　東京地方　検察庁
　　　　　　　　　　　検察官　検事　　山　崎　道　夫　㊞

　　　　　　　　　　　被疑者　　　　　髙　橋　信　之

　上記被疑者と弁護人又は弁護人を選任することができる者の依頼により弁護人となろうとする者との接見又は書類（新聞、雑誌及び書籍を含む。）若しくは物（食糧、寝具及び衣類を除く。）の授受に関し、捜査のための必要があるときは、その日時、場所及び時間を指定することがあるので通知する。

② 接見指定書

様式第49号（刑訴第39条、規定第28条）

## 指　定　書

平成 23 年 4 月 20 日

弁護人
　　　山内　英子　殿

東京地方検察庁
　　検察官検事　　山崎　道夫　㊞

被疑者　　　高橋　信之

捜査のために必要があるので、上記の被疑者との接見又は書類若しくは物の授受に関し、下記のとおり指定する。

| 接見等の日時及び時間 | 平成23年4月21日 | 午後0時30分　から<br>午後3時30分　までの<br>30分間 |
|---|---|---|
| 接見等の場所 | 神田警察署留置場接見室 | |
| 備　考 | | |

③ 起訴状

平成23年検第9300号

# 起　訴　状

平成23年5月6日

東京地方裁判所　　殿

　　　　　　　　　東京地方検察庁
　　　　　　　　　検察官　検事　　山　崎　道　夫　㊞

下記被告事件につき公訴を提起する。

記

本　籍　　長崎県長崎市城町3丁目2番3号
住　居　　東京都千代田区三崎町2丁目2番13号水道橋ビル205号室
職　業　　会社員

　　　　　　　　勾留中　高　橋　信　之
　　　　　　　　　　　　昭和57年10月25日生

公　訴　事　実

　被告人は
第1　平成23年3月5日午後11時15分ころ、東京都品川区東八潮2丁目3番5号先路上において、木村淳（当時29年）に対し、殺意をもって、所携のナイフ（刃体の長さ約16.5センチメートル）でその左前胸部を1回突き刺して心臓刺創の傷害を負わせ、よって、即時、同所において、同人を上記傷害により失血死させて殺害し
第2　同日午後11時30分ころ、東京都品川区東八潮2丁目3番5号先東京港暁埠頭から、上記木村の死体を東京湾に投棄し、もって死体を遺棄し
たものである。

　　　　　　　　　　罪　名　及　び　罰　条
　　　　第1　殺　人　　　　　　　刑法第199条、第60条
　　　　第2　死体遺棄　　　　　　刑法第190条、第60条

# 索　引

## ◆ア　行

悪意の起訴　116
移審の効力　223
一事不再理原則　128, 217, 231
一事不再理効　218
　　──の範囲　219
１人制　25
一件記録　117
一般司法警察職員　29
違法収集証拠排除法則　97, 205
違法捜査に基づく起訴　116
違法の承継　208
疑わしきは被告人の利益に　12, 172
大阪覚せい剤事件　67
乙号証　157

## ◆カ　行

概括的認定　214
回避　28
科学的証拠　174
下級裁判所　23
家庭裁判所　23
簡易公判手続　167
簡易裁判所　26, 33
簡易送致　245
管轄　26
監置　153
鑑定　90
鑑定人・通訳人等の尋問　160
関連性　173
期日外尋問　162
期日間整理手続　140
起訴後勾留　135
起訴裁量主義　111
起訴状　117
起訴状一本主義　117, 149
起訴相当の議決　114
起訴便宜主義　111

起訴法定主義　111
起訴猶予相当事件の起訴　115
既判力　216
忌避　27
基本的事実の同一性　129
義務的保釈　135
求刑　166
糾問主義　51, 111
糾問主義訴訟構造　9
狭義の同一性　129
強制採血　95
強制採尿　95
強制処分法定主義　53
強制捜査法定主義　71
共同被告人　185
挙証責任　172
緊急執行　73
緊急処分説（限定説）　91
緊急逮捕　74
具体的防御説　127
虞犯少年　244
グリーンマンション事件　70
警視　29
警視監　29
形式裁判　212
　　──の内容　213
形式的確定力　215
警視正　29
警視総監　29
警視長　29
刑事免責　159
継続審理主義　148
警部　29
警部補　29
血液の採取　95
決定　212
厳格な証明　171
嫌疑なき起訴　115
現行犯逮捕　73

253

検察官　30
　　──の客観義務　31
　　──の同一体　30
　　──への逆送致　246
検察事務官　29
検察審査会　32, 113
検察審査会法　37
検視　64
検証　88
検証調書　199
権利保釈　135
公益　41
公開主義　147
合議制　25
甲号証　157
抗告　229
抗告審の手続　230
交互尋問　160
控訴　227
公訴権　112
公訴権濫用論　115
公訴時効　119, 133
公訴事実対象説　123
公訴事実の単一性　129
公訴事実の同一性　126, 128
控訴審の審判権限　227
控訴審の手続　227
公訴提起　111
公訴不可分の原則　129
交通事件即決裁判手続　169
高等裁判所　23
口頭主義　150
口頭弁論　151
公判期日への出席　47
公判記録の閲覧及び謄写　45
公判中心主義　149
公判手続の更新　150
公判前整理手続　36, 118, 139
公平な裁判所　27, 149
攻防対象論　224
合理説（相当説）　91

「合理的な疑いを超える」証明　172
勾留　77
勾留取消請求権　102
国選弁護制度　34
国選弁護人　33-4, 134
国選弁護人契約弁護士　35
告訴　39, 61
　　──の客観的不可分の原則　63
　　──の主観的不可分の原則　63
告訴期間が撤廃　39
告訴権者　39
告発　63
国法上の裁判所　23
国家訴追主義　111
個別評価説　234

◆サ　行

最高裁判所　23
最高裁判所長官　24
再主尋問　160
再審　231
　　──の審理　236
　　──の請求　235
　　──の手続　235
再審理由　232
裁定合議事件　26
再伝聞　201
裁判　211
　　──の確定　215
　　──の効力　215
　　──の内容　213
裁量保釈　135
差押え　83
三者即日処理方式　169
識別説　125
事件単位の原則　79
自己矛盾供述　197, 202
事実記載説　124
事実認定　44
自首　64
私人訴追主義　111

自然的関連性　173
私選弁護人　33
実況見分調書　200
執行力　216
実質的確定力　215-6
実体裁判　212
　──の内容　213
実体的真実主義　7
実体判決請求権説　112
自動車検問　68
自白　177
　──の証拠能力　107
自白法則　178
事物管轄　26
司法過疎地域　34
司法警察員　29
司法警察職員　29
司法巡査　29
写真撮影　93
遮蔽措置　163
終局裁判　212
自由心証主義　172
修正実体判決請求権説　115
自由な証明　171
縮小認定の理論　127
主尋問　160
主文と理由　213
準現行犯逮捕　74
準抗告申立権　102
巡査部長　29
準司法官的　31
証拠開示の裁定　140
上告　228
上告審の手続　228
証拠裁判主義　171
証拠調請求の時期　156
証拠調べに関する異議申立て　165
証拠調べの順序・範囲　157
証拠能力　173
証拠保全請求権　102, 108
上訴　221

──の効果　223
──の手続　223
──の放棄・取下げ　226
──の要件　221
──の利益　222
上訴権者　221
証人尋問　42, 160
　──のビデオ記録媒体　43
証人審問権　42
証人への付き添い　42
証明力　173
触法少年　243
職務質問　64
所持品検査　66
除斥　27
除斥・忌避　149
職権主義　11, 51
職権証拠調べ　151
職権による選任　35
書面による陳述　44
新規性要件　233
審級管轄　26
親告罪　39, 62
真実義務　32
迅速な裁判　11
身体検査　89
人定質問　155
審判対象論　123
請求による選任　35
誠実義務　32
精密司法　22
セカンド・レイプ　40
接見交通権　104
接見指定　106
絶対的控訴理由　28
絶対的特信性　196
全件送致主義　245
訴因対象説　123
訴因の機能　124
訴因の特定性　125
訴因の本質　124

訴因の明示性　124
訴因変更　126
　──の可能性　128
　──の必要性　126
　──の不許可　130
訴因変更命令　131
総合評価説　235
総合法律支援法　35
捜査機関　30
捜索　83
捜査の端緒　39, 61
捜査比例の原則　54
相対的特信性　198
争点関連証拠の開示　140
即時抗告　229
訴訟指揮権　25, 153
訴訟条件　119
訴訟的捜査観　52
訴訟法上の裁判所　23
即決裁判手続　168, 227
その他の被告事件に関する意見　44
損害賠償命令（犯罪被害保護17条）　45

付添人　163
罪となるべき事実　214
DIVO　36
停止の効力　223
提出命令　83
適正手続の保障　8
手続の打切り　97
伝聞供述　201
伝聞証拠　190
伝聞法則　186, 190
伝聞例外　194
電話接見　105
当事者　39
当事者主義　10, 32, 51, 123, 151
盗聴　→通信傍受
当番弁護士制度　33
毒樹の果実　208
特別抗告　230
特別司法警察職員　29
特別弁護人　33
土地管轄　26
取調受忍義務　72

◆タ　行

退廷命令　25
逮捕　71
逮捕勾留一回性の原則（再逮捕・再勾留の禁止）　80
逮捕前置主義　77
択一的認定　215
弾劾主義　51, 111
弾劾主義訴訟構造　10
弾劾証拠　202
治罪法　2
地方裁判所　23, 33
抽象的防御説　127
調査前置主義　246
直接主義　150
通常抗告　229
通常逮捕　72
通信傍受　94

◆ナ　行

内容的拘束力　216
二重起訴禁止　128
2004年刑訴法改正　42
日本司法支援センター（法テラス）　35
任意捜査の原則　52

◆ハ　行

陪審　44
　──と参審　144
破棄判決の拘束力　225
発言禁止命令　25
判決　212
犯行再現　201
犯罪少年　243
犯罪地　26
犯罪の認知　39
犯罪被害者　39

犯罪被害者等基本計画　45
犯罪被害者保護法　45
判事　25
判事補　25
反対尋問　160
被害者参加制度　31, 41, 46, 164
被害者参加人等　47
　——による証人尋問　48
被害者参加人による弁論としての意見陳述　44
被害者証人　42
被害者対策要綱　40
被害者等通知制度　41
被害者等に対する公判手続の優先的傍聴　45
被害者等による意見の陳述　44
被害者特定事項の秘匿　46
被害者による証人尋問　164
被害者による被告人質問　164
被害に関する心情　44
被疑者　101
　——の義務　102
　——の権利　102
　——の取調べ　70
被疑者国選弁護人制度　103
被告人勾留　135
被告人質問　160
被告人に対する直接質問　48
微罪処分　31
非終局裁判　212
非常救済手続　231
非常上告　231, 236
　——の手続　238
　——の理由　237
必要的弁護事件　34, 134
ビデオリンク　163
ビデオリンク方式による証人尋問　42
人単位説　79
評議　167
開かれた訴訟条件　120
付審判請求　113

不利益変更禁止原則　224
別件逮捕・勾留　80
弁護人依頼権　34, 103
弁護人選任権　33, 102, 134
弁護人の最終弁論　166
弁論としての意見陳述　48
法益侵害説　57
防御説　125
法曹一元制　25
法廷警察権　25, 153
法定合議事件　26
冒頭手続　155
法務大臣の指揮権　30
法律構成説　124
法律審　228
法律的関連性　173
補強法則　181-2
保釈　135
補充尋問　160

◆マ行

民事上の和解　45
明白性要件　233
命令　212
面会接見　105
黙秘権　102, 178

◆ヤ行

有形力説　56
誘導尋問　160
予断排除原則　117
米子銀行強盗事件　66

◆ラ行

略式命令　169
量刑　44
領置　83
類型証拠の開示　140
令状主義　54, 71
　——の例外　90
論告　166

正誤表

## 『刑事訴訟法入門』

表記に誤りがありました。訂正してお詫びいたします。

・ⅲページ8行目、39ページ下から2行目
　（誤）2　わが刑事国の刑事手続における被害者への配慮の芽生え
　　　　　↓
　（正）2　わが国の刑事手続における被害者への配慮の芽生え

・40ページ12行目
　（誤）これにより、2004年5月19日「刑事訴訟法及び検察審査会法の一部を改
　　　　　↓
　（正）これにより、2000年5月19日「刑事訴訟法及び検察審査会法の一部を改

**編著者紹介**

橋本雄太郎（はしもと・ゆうたろう）

　現　　職：杏林大学総合政策学部教授
　主要著書：『病院前救護をめぐる法律問題』東京法令出版、2006年
　主要編著：『救急活動の法律相談』新日本法規出版、2010年

　　　　　　刑事訴訟法入門

2011年4月20日第1版1刷発行

　編著者 ── 橋 本 雄 太 郎
　発行者 ── 大 野 俊 郎
　印刷所 ── 壮 光 舎 印 刷
　製本所 ── グ リ ー ン
　発行所 ── 八千代出版株式会社
　　　　　　〒101-0061 東京都千代田区三崎町2-2-13
　　　　　　TEL　03-3262-0420
　　　　　　FAX　03-3237-0723
　　　　　　振替　00190-4-168060

　　　　＊定価はカバーに表示してあります。
　　　　＊落丁・乱丁本はお取替えいたします。

ISBN 978-4-8429-1544-9　　　　© 2011 Printed in Japan